O propósito do poder

Alicia Garza

O propósito do poder

Vidas negras e movimentos sociais no século XXI

Tradução:
Denise Bottman

Copyright © 2020 by Alicia Garza

Publicado mediante acordo com a One World, um selo da Random House, uma divisão da Penguin Random House LLC.

Grafia atualizada segundo o Acordo Ortográfico da Língua Portuguesa de 1990, que entrou em vigor no Brasil em 2009.

Título original
The Purpose of Power: How to Build Movements for the 21st Century

Capa
Oga Mendonça

Preparação
Fernanda Cosenza

Índice remissivo
Probo Poletti

Revisão
Clara Diament
Ana Maria Barbosa

Dados Internacionais de Catalogação na Publicação (CIP)
(Câmara Brasileira do Livro, SP, Brasil)

Garza, Alicia
  O propósito do poder : Vidas negras e movimentos sociais no século XXI / Alicia Garza ; tradução Denise Bottman. — 1ª ed. — Rio de Janeiro : Zahar, 2021.

  Título original: The Purpose of Power: The Purpose of Power: How to Build Movements for the 21st Century.
  ISBN 978-65-5979-021-0

  1. Movimentos sociais 2. Negros 3. Poder 4. Sociologia I. Bottman, Denise. II. Título.

21-65666   CDD: 303.4840905

Índice para catálogo sistemático:
1. Movimentos sociais : Século 21 : Sociologia 303.4840905

Aline Graziele Benitez – Bibliotecária – CRB-1/3129

[2021]
Todos os direitos desta edição reservados à
EDITORA SCHWARCZ S.A.
Praça Floriano, 19, sala 3001 — Cinelândia
20031-050 — Rio de Janeiro — RJ
Telefone: (21) 3993-7510
www.companhiadasletras.com.br
www.blogdacompanhia.com.br
facebook.com/editorazahar
instagram.com/editorazahar
twitter.com/editorazahar

À mãezinha

Sumário

Introdução   9

PARTE I   **Como chegamos aqui: Uma breve história**

1. De onde venho   19

2. Minha geração   26

PARTE II   **Surge uma nova geração**

3. Primeiras lições   71

4. A primeira briga   81

5. Unir para lutar   113

6. Trayvon, Obama e o nascimento do Black Lives Matter   125

7. Rebelião e resistência   158

PARTE III   **Notas sobre o próximo movimento**

8. O significado de movimento   177

9. Unidade e solidariedade   186

10. Novos movimentos, nova liderança   199

11. Votar pode ser um movimento   206

12. O poder da política identitária   226

13. A síndrome do impostor e o patriarcado   239

14. Sem base não há movimento   257

15. Educação política e senso comum   265

16. Frentes unidas e frentes populares   281

17. Plataformas, pedestais e perfis de destaque   289

18. No fim: o poder   321

Epílogo: Cuide de si   331

Agradecimentos   343

Índice remissivo   345

Introdução

SETE ANOS ATRÁS, lancei a Black Lives Matter Global Network com minhas irmãs Patrisse Cullors e Opal Tometi. A hashtag do Black Lives Matter se transformou numa série de páginas em mídias sociais, como o Facebook e o Twitter, e depois numa rede mundial. Foi o movimento que gerou o maior número de protestos desde o último grande período da época dos direitos civis. Quando comecei a escrever este livro, pensei que seria sobre isso — a história do BLM, com suas origens e lições mais importantes.

O engraçado é que, ao me sentar para escrever, não era isso que saía. Nos primeiros parágrafos, falei sobre minha mãe e como ela me ensinou a enxergar o mundo. As palavras iniciais se transformaram numa história sobre a minha jornada pessoal, sobre as lições que aprendi durante mais de vinte anos organizando e construindo movimentos; palavras que eu queria e precisava ter lido quando comecei a fazer esse trabalho muitos anos atrás, e das quais, para dizer a verdade, continuo a precisar.

Desejo do fundo do coração que as palavras deste livro sejam as que você também precisa ouvir agora.

Quando o Black Lives Matter começou, fazia mais de dez anos que eu atuava como organizadora, mas pela primeira vez participava de algo que atraía tanta atenção. Ser catapultada da posição de organizadora local, trabalhando em alianças nacionais, para os holofotes internacionais foi inesperado. As pessoas mais próximas provavelmente diriam que o Black Lives Matter me fez amadurecer, mas não foi bem assim. Minha experiência com o BLM me calejou por fora e me amaciou por dentro. Confirmou coisas que eu sabia mas não conseguia expressar, desanuviou e depurou meus valores e me ensinou como retomar um trabalho que diariamente destroçava meu coração. O BLM acelerou minha aprendizagem na construção de um movimento, mas foi a década como organizadora antes do Black Lives Matter que me fez amadurecer.

Meus pais tinham um comércio de antiguidades, por isso cresci aprendendo história por meio das pessoas e dos objetos. Por exemplo: meu tipo favorito de louça é a porcelana satsuma, cujo esmalte especial faz com que a superfície pareça estar fragmentada em milhões de pedacinhos. O esmalte dá uma aparência mais profunda e mais vibrante às cores, mas também confere um ar antigo à peça, sugerindo algo elegante e aristocrático. Quando criança, eu achava a porcelana satsuma bonita porque dava a impressão de que os cacos quebrados tinham sido juntados para fazer um artefato novo. Gostava de imaginar que outras vidas aqueles fragmentos de louça podiam ter tido se tivessem sido reunidos como outra coisa. Ou as vidas futuras que os aguardavam: uma caixinha de joias, um bule de chá, um prato — qual seria a próxima transformação?

Este livro é a história de uma organizadora que se fragmenta e se reconstitui inúmeras vezes. A intenção das palavras aqui contidas, das histórias que elas formam, é acrescentar riqueza e profundidade à história maior. Embora ela esteja presente, não é a história do Black Lives Matter. O objetivo

Introdução

é ajudar a entender não só de onde veio o BLM, mas também as possibilidades que ele e outros movimentos reservam para o nosso futuro coletivo. Mais que isso, o livro pretende oferecer aos leitores as lições que aprendi no processo, as coisas que ainda estou aprendendo e a contribuição que esse meu aprendizado pode trazer numa época de profunda catástrofe e de irrestritas possibilidades. Uma época em que precisamos desesperadamente que várias ondas de movimentos vibrantes, efetivos e transformadores se espalhem por todo o país.

Ao longo dos anos, perguntaram-me muitas vezes o que uma pessoa comum pode fazer para começar um movimento a partir de uma hashtag. Sei que a pergunta costuma ser sincera, mas ainda estremeço a cada vez que a ouço. É impossível. As hashtags não iniciam movimentos — são as pessoas que fazem isso. Os movimentos não têm data oficial para começar e terminar, e nunca é uma pessoa só que dá início a eles. Um movimento é mais uma onda do que um interruptor. As ondas vão e vêm, mas são perpétuas, o ponto inicial é desconhecido e o final é indeterminado, a direção depende das condições e dos obstáculos em seu entorno. Herdamos movimentos. Ainda que nos decepcionem, voltamos a nos engajar neles incessantemente, pois são essenciais para nossa sobrevivência.

Quando digo isso, a pessoa que fez a pergunta costuma ficar... confusa. Será que não quero compartilhar o segredo de como construir um movimento? Que estou sendo modesta demais sobre minhas contribuições? Que simplesmente não sei explicar como isso acontece? Não tenho nada a esconder quando digo isso. Estou apenas me esforçando para responder com honestidade, indo na contracorrente da enxurrada de fórmulas mágicas que nos são impingidas por charlatães já há várias gerações. É impossível iniciar um movimento a partir de uma hashtag. Só o trabalho organizativo sustenta os movimentos, e quem não souber contar como esse trabalho levou a um movimento não é um organizador, tampouco devia ter muito a ver com o projeto, para início de conversa.

Um movimento é a história de como nos unimos quando tudo desmorona.

Começo este livro contando como vim a ser quem sou, quais foram as forças e as pessoas que moldaram meu ambiente e a mim. Na minha opinião, os movimentos se situam naquilo que os mais velhos chamariam de tempo, espaço e contexto. O ambiente político, físico, social e econômico, as normas e costumes, as práticas e hábitos da época moldam o conteúdo e o caráter do movimento que atua contra eles. Para entender onde cada um de nós se encaixa num movimento, qual é e qual pode ser nosso melhor papel, precisamos antes nos situar num contexto que dê sentido a ele. Por isso, a história de como vim a participar de movimentos sociais ocupa a primeira parte deste livro.

Contar essa história também ajuda a entender como chegamos ao ponto em que estamos agora. Então passo algum tempo falando sobre o surgimento do consenso conservador nos Estados Unidos, para ajudar o leitor a entender como viemos parar no atual dilema político. Todas as histórias têm protagonistas e antagonistas, heróis e vilões. O problema dessa estrutura é que ela simplifica demais a narrativa, que passa a ser sobre gente boa e gente ruim, em vez de tratar das vitórias e fracassos dos movimentos, das estratégias e sistemas. A polícia é violenta com as comunidades negras não porque há gente boa e gente ruim na força policial do país, mas porque o

Introdução 13

sistema de policiamento foi concebido de forma a tornar essa violência inevitável. A razão pela qual Donald Trump chegou ao governo não tem nada a ver com ele ser um sujeito bom ou ruim. Existe um monte de gente boa que faz coisas medonhas ao desempenhar seu papel dentro dos sistemas. Mas a ascensão dessas pessoas que vieram a ter poder sobre a nossa vida, e cujas ações podemos achar deploráveis, também ilustra como um movimento muito poderoso se uniu para remodelar a sociedade que conhecemos.

Além disso, passo algum tempo falando sobre o surgimento do Black Lives Matter e a revolta que ocorreu em Ferguson, no Missouri, no verão de 2014, um ano depois da criação do BLM. Essa parte do livro faz uma espécie de ponte — um caminho que vai da minha formação e começo do meu trabalho de organização até as lições aprendidas, que moldam a maneira como, a meu ver, podemos nos unir outra vez depois de nos fragmentarmos. Acho importante dizer que não tenho a pretensão de apresentar uma história definitiva.

Pouco tempo atrás, eu estava num retiro de trabalho com minha equipe do Black Futures Lab, organização que comecei em 2018 para dotar as comunidades negras de poder na política. Estávamos debatendo um problema de comunicação, tentando entender como aquilo tinha acontecido para evitarmos que acontecesse de novo. A certa altura da conversa, a mediadora interveio: "Quando eu era menina e começava a brigar com minha mãe, ela me dizia: 'De tudo que acontece entre nós, metade é sua e metade é minha'. Quero incentivá-los a adotarem essa abordagem aqui — se todos reconhecerem que metade do ocorrido cabe a vocês e metade cabe a eles, de que forma isso altera a história?".

Achei boa a intervenção, que cito para contextualizar o conteúdo desses capítulos. Empenhei-me ao máximo em contar a história de acordo com a minha perspectiva — onde entro, o que considero caber a mim e o que considero caber a você que me lê. Não posso e nem pretendo contar a história de Ferguson. Conto a história apenas das minhas experiências, que me moldaram e continuam a me moldar.

Só posso falar sobre o que conheço. Existem montes de histórias mundo afora sobre o que aconteceu em Ferguson e quem deu início ao Black Lives Matter; o que posso dizer sem margem de dúvida é que Patrisse Cullors, Opal Tometi e eu pusemos as coisas para andar, mas há muitos líderes nesse movimento, e alguns deles ganharam destaque. As histórias aqui contadas pretendem mostrar honestamente como a transformação de pessoas do nosso movimento em celebridades, inclusive eu (metade minha, metade sua, lembra?), reforçou velhos paradigmas que acabam sendo prejudiciais a movimentos bem-sucedidos. Sou muito franca neste livro sobre o fenômeno dos ativistas-celebridades e o impacto deles/nosso, sendo DeRay Mckesson um exemplo, mas não o único, da capacidade de distorção da fama. Nossa cultura dá mais valor ao estilo do que ao conteúdo, como ficou evidente na eleição de Donald Trump. Nossos movimentos não precisam ser assim.

O surgimento da figura do ativista-celebridade é importante para entendermos como se dá a mudança (é só protestar, e pronto), pelo que estamos lutando (as pessoas viram ativistas para criar plataformas pessoais de "influência digital" ou porque estão engajadas na mudança?) e para construirmos o mundo que queremos. Se movimentos puderem partir de hashtags, precisamos entender o que está por trás delas e as

Introdução 15

plataformas em que aparecem: o poder corporativo que está se reunindo rapidamente para remodelar o governo e a sociedade civil, a democracia e a economia.

Em alguns aspectos, são também questões e conflitos antigos. Ecoam os atritos dentro do Comitê Não Violento de Coordenação Estudantil (Student Nonviolent Coordinating Committee, SNCC) nos anos 1960, as desavenças que Ella Baker e outros tiveram com o reverendo dr. Martin Luther King e assim por diante. Mas isso não significa que nunca conseguiremos superar esses conflitos. Em vez de repetirmos os mesmos erros e nos decepcionarmos ao obter os mesmos resultados, como podemos cometer erros novos e aprender lições novas?

A parte final do livro examina alguns dos componentes que considero necessários para isso. Nessa seção, tento imaginar movimentos que abalem as profundezas da terra, tão poderosos que nada se interponha em seu caminho. Imagino movimentos que contenham muitos outros, que nos levem mais longe, sem medo.

Minha esperança é que estas reflexões nos levem a pensar de maneira diferente sobre o momento em que estamos, como chegamos aqui, quais são os obstáculos que se interpõem pelo caminho e aonde podemos ir juntos. Espero que este livro reforce sua confiança em nossa capacidade de união depois de nos fragmentarmos tanto.

PARTE I

Como chegamos aqui: Uma breve história

1. De onde venho

FRANTZ FANON DISSE: "Cada geração deve, numa relativa opacidade, encontrar sua missão, cumpri-la ou traí-la". Tal é a história dos movimentos: cada geração tem uma missão que lhe foi transmitida pela geração anterior. Cabe a nós decidir se aceitaremos essa missão e trabalharemos para efetivá-la, ou se nos afastaremos e deixaremos de realizá-la.

Não há muitas maneiras de descrever melhor nossa realidade atual. Gerações de conflitos no país e no exterior moldaram o ambiente em que vivemos agora. Cabe a nós decidir o que fazer quanto à maneira como nosso ambiente foi moldado e como nós fomos moldados junto com ele. De que forma sabemos qual é nossa missão, qual é nosso papel, como se afigura e no que consiste realizar essa missão? Onde encontramos a coragem para assumir o que nos foi transmitido por aqueles que determinaram, antes de nós, que o statu quo não era suficiente? Como nos transformamos nos combatentes que precisamos ser para vencer e continuar vencendo?

Antes de saber para onde estamos indo — a primeira pergunta para qualquer movimento digno desse nome —, precisamos saber onde estamos, quem somos, de onde viemos e o que nos é mais importante no aqui e no agora. É aí que nasce o potencial de todo movimento.

Todos somos moldados pelos contextos políticos, sociais e econômicos da época. Por exemplo, meus pais: ambos nasceram nos anos 1950 e chegaram à idade adulta nos anos 1960 e 1970. Meu pai foi criado em San Francisco, na Califórnia, numa próspera família judia que enriqueceu por transmissão hereditária e por ser dona e operadora de uma empresa bem--sucedida. Minha mãe, por outro lado, nasceu e cresceu em Toledo, Ohio, filha de um caminhoneiro de longas distâncias e de uma empregada doméstica. Em comparação à família de meu pai, eles pertenciam à classe trabalhadora, mas, em comparação a outras famílias negras, eram de sólida classe média. Toledo era a sede da Libbey Glass Company e de outras fábricas, que empregavam grande parte da população. A comunidade dos meus avós maternos consistia em famílias de imigrantes poloneses e outras famílias negras de classe média, até que as famílias de imigrantes começaram a se mudar para os subúrbios.

Minha mãe queria mais liberdade do que a família e a comunidade lhe proporcionavam, por isso se manteve em movimento: primeiro, quando moça, mudou-se para Nova York; depois entrou nas Forças Armadas e foi alocada no Forte Mc-Clellan, Alabama, para o treinamento básico; em seguida foi transferida para o Forte Dix, em Nova Jersey, onde recebeu treinamento mais avançado; e então tomou o rumo oeste, até o Forte Ord, para a fase final.

Minha mãe foi criada num contexto em que as mulheres negras podiam aspirar a ser secretárias, empregadas domésticas e vendedoras varejistas ou de porta em porta. No contexto em que meu pai foi criado, a família sofria alguma discriminação devido à identidade e herança judaicas, mas de modo geral era tratada como uma família branca de classe econômica elevada, o que significava acesso razoável a todas as oportunidades.

De onde venho 21

Já eu cheguei à idade adulta num contexto muito diferente, numa época e num lugar que me eram próprios. Vim a entender o mundo a partir de perspectivas diferentes das de meus pais e da maioria dos meus colegas. E no entanto aqui estamos todos nós, vivos, construindo juntos um mundo, nossas perspectivas e experiências às vezes convergentes, às vezes conflitantes, às vezes irreconhecíveis uns para os outros. Todos entramos nesse projeto de construir o mundo em tempos diferentes — meus pais apareceram num Camaro 1966, eu cheguei num carro híbrido, e os que atingiram a idade adulta nos anos 1990 e 2000 vieram em patinetes elétricos patrocinados pelo Citibank — mas todos estamos aqui agora.

Nossas perspectivas extremamente variadas não se limitam a interesses estéticos, filosóficos ou tecnológicos. Também influenciam nosso entendimento de como se dá a mudança, para quem ela é necessária, que métodos são aceitáveis para realizá--la, que tipo de mudança é possível. Minha época, meu lugar e minhas condições moldaram solidamente a maneira como vejo o mundo e como vim a pensar sobre suas transformações. Então, vou lhe dizer quem sou e, para isso, preciso falar da minha mãe, que me deu a lição mais valiosa em política: o primeiro passo é entender o que realmente importa.

Minha mãe tinha 25 anos ao descobrir que estava grávida de mim. Ela diz meio ironicamente que, quando contou para o meu pai biológico, ele não chegou a dar pulos de alegria, mas quis que ela tivesse a criança. Pergunto se ela queria ter a criança. "Você ficou assustada, mãezinha? Quer dizer, nunca questionou se queria ou não ter aquele bebê?" Tento arrancar dela uma resposta sincera, tento deixá-la à vontade para admitir, se fosse o caso. "Não; eu sabia que queria ter você", ela diz.

"Não planejei, mas, quando aconteceu, estava pronta para me assumir como adulta e dar um jeito." Mami em sua quintessência. Firme e forte como um touro em seu metro e sessenta. Por um tempo ela foi apaixonada pelo meu pai biológico, mas depois a coisa degringolou e acabou — àquela altura, não havia muito o que fazer, a não ser lutar por ela e pela criança. Para minha mãe, tudo isso ficou para trás, e ela se empenhou em desencanar e seguir em frente.

Minha mãe não se vê como feminista; na verdade, acho que nunca a ouvi usar o termo. Ela desconfia de homens e mulheres em igual medida: em sua experiência pessoal, os homens a subestimavam e tentavam se aproveitar dela, enquanto algumas mulheres tentavam sabotá-la ou competir com ela — geralmente pela atenção dos homens. Minha infância foi recheada de conselhos para me proteger das atitudes predatórias tanto de homens quanto de mulheres. "Saiba quando é hora de ir embora", dizia ela, recomendando que eu ficasse esperta e previsse quando uma situação estivesse chegando a um ponto que poderia me colocar em risco. "Saiba sempre onde fica a saída", caso eu precisasse escapar de um agressor ou de alguma outra emergência. "Guarde suas graças para si", como se houvesse alguém logo ali pronto para me roubar uma graça.

Para ela, e também para mim, a questão central não consistia em ser ou não feminista, mas na capacidade de atender e ser atendida pela família. Ela cresceu numa época em que o papel da mulher era criar uma família, manter o lar unido e facilitar a vida dos homens. Mami passou a vida se rebelando contra isso, explícita e implicitamente. Mudou-se para Nova York aos dezoito anos, na função de secretária de um cinegrafista, e morou sozinha durante dois anos. Quando entrou nas Forças Armadas, era a única mulher num pelotão totalmente mascu-

De onde venho 23

lino, negando-se a assumir os papéis reservados às mulheres. Ao trabalhar numa prisão da Califórnia, repeliu os avanços sexuais do chefe casado. E quando o homem com quem achava que ia se casar começou a sair com outras mulheres, enquanto ela estava grávida de mim, teve que descobrir uma maneira de cuidar de si e da filha. Seu feminismo — sua política — era a luta para sobreviver, por qualquer meio que fosse necessário.

Uma das minhas primeiras lembranças é de perguntar à minha mãe sobre um cartaz que ela tinha na parede do apartamento que dividíamos com meu tio. O cartaz mostrava uma negra bonita, muito parecida com ela — tanto que volta e meia eu lhe perguntava se não era mesmo ela naquela imagem. Com um lenço florido amarelo-ouro na cabeça, a mulher fita o horizonte, ao lado da frase "Para garotas negras que pensam em suicídio/ Quando basta o arco-íris".*

Eu não sabia nada a respeito do famoso coreopoema de Ntozake Shange, mas senti, como sinto agora, que havia algo único nas experiências das mulheres negras numa sociedade que de tantas maneiras parece fetichizar e desprezar as pessoas negras. Reconheci a tristeza nos olhos da mulher do cartaz. Era a mesma tristeza nos olhos da minha mãe.

Entre as muitas frases que gostava de repetir, sua favorita era "É sexo que faz os bebês". Para ela, o hábito de falar sobre sexo era importante para o bem-estar da filha negra. Nunca usava expressões como "os passarinhos" e "as abelhinhas"**

---

* Referência ao livro *For Colored Girls Who Have Considered Suicide/ When The Rainbow is Enuf*, de Ntozake Shange. (N. T.)
** Nos Estados Unidos, quando as crianças perguntavam como nasciam os bebês, costumava-se responder que era como os passarinhos chocando ovos e as abelhas dando beijinhos nas flores. (N. T.)

nem "ali embaixo". Não era uma cegonha que levava uma trouxa com um bebê para a família que queria filhos. Em casa, eu ficava sentada à mesa da cozinha até tarde da noite, minha mãe zumbindo em volta feito um beija-flor. "Não suporto como os brancos adoçam tudo", dizia ela. Zzzzum. "Não são passarinhos e abelhinhas, é sexo. Que cegonha que nada. É sexo que faz os bebês. E bebês custam caro." Zzzzum.

Era nesse tempo que passávamos juntas, Mami zumbindo em volta, preparando tudo para o dia seguinte, que falávamos desses assuntos íntimos. À mesa da cozinha, conversávamos sobre consentimento. Ela me dizia que eu nunca precisava abraçar nem beijar alguém se não quisesse, mesmo parentes. Insistia que eu contasse a ela ou a outro adulto caso alguém tocasse em mim de maneira indesejada. Treinávamos na cozinha, ela me mostrando como reagir se alguém me atacasse.

Mami dizia: "Beleza, menina, de novo. O que você faz se alguém tenta te agarrar por trás e te dá uma gravata?".

Muito obediente, eu respondia: "Dou com meu calcanhar com toda força na canela do cara, piso no pé dele e saio correndo o mais depressa que puder".

"Isso aí, menina. Não mire o chute no saco. É onde o cara vai estar esperando."

Essas foram minhas primeiras aulas de política: a sobrevivência e a dignidade eram prioridades, mas lutar por elas significava enfrentar toda uma sobreposição de desafios econômicos, políticos (sexuais e de gênero) e raciais. Foram também minhas primeiras aulas de feminismo interseccional: consentimento, escolha, ação, prazer, acesso à informação e à contracepção, inclusive ao aborto, eram elementos essenciais da verdadeira igualdade sexual. Mas, antes mesmo de ter lido

De onde venho 25

teorias feministas ou feito cursos de estudos étnicos, eu sabia que muitas vezes se negava, em particular às mulheres negras, o acesso a essas coisas. Não eram assuntos de interesse acadêmico ou teórico — eram problemas que eu enxergava só de abrir os olhos todo dia de manhã. Mas também estava aprendendo o custo de reagir. A determinação da minha mãe em criar uma garotinha negra e lhe dizer que ela podia ter toda a liberdade que quisesse, toda a independência que quisesse — e lutar para que aquela garotinha negra fosse considerada inteligente e capaz o bastante para mudar o mundo —, era um gesto revolucionário de libertação. Eram as ações de uma mulher negra decididamente feminista tentando criar uma filha, sustentar uma família, perseguir os próprios sonhos e exigir a dignidade que merecia em Marin County, na Califórnia.

A insistência da minha mãe em viver a vida nos seus próprios termos e nunca se permitir ser tratada como inferior, por quem quer que fosse, teve um peso significativo na maneira como transito pelo mundo, e também na minha concepção do mundo pelo qual luto todos os dias — um mundo em que todos possamos viver segundo nossos próprios termos. Para a maioria de nós, seja qual for o nome que damos à nossa política — esquerdista, feminista, antirracista —, a dignidade e a sobrevivência são as preocupações centrais.

2. Minha geração

CRESCENDO NOS ANOS 1980 E 1990, eu lia sobre os movimentos revolucionários negros que mudaram o curso da história. Eles iam dos programas de bairro criados para atender pobres e trabalhadores negros aos protestos pacíficos em balcões de lanchonetes; de programas de cadastramento eleitoral em massa a agricultores negros escondendo armas debaixo da cama para se defenderem da Ku Klux Klan. De Charles M. Payne a Barbara Ransby e a Max Elbaum, muitos descreveram esse período como uma época repleta de possibilidades, em que, segundo Elbaum, "a revolução estava no ar".

Ao ler sobre esses movimentos, eu sentia que havia nascido tarde demais.

Quando vim ao mundo, a revolução que a muitos parecera estar próxima já tinha se desintegrado. O comunismo fora derrotado na União Soviética. Os Estados Unidos, e a população negra no país, ingressaram num período de declínio e estagnação econômica — brevemente interrompido por bolhas catastróficas —, do qual as comunidades negras nunca se recuperaram. A distância entre as comunidades ricas e as pobres e de classe trabalhadora começou a se ampliar. E uma reação maciça contra as realizações conquistadas nos anos 1960 e 1970 levou ao enfraquecimento e à anulação de direitos recém-adquiridos.

Mas, como ocorre em qualquer período de calmaria, mesmo silenciosamente estavam sendo plantadas as sementes da próxima revolução. Muita gente acha que os movimentos surgem do nada. Ouvimos muitas histórias sobre movimentos que não mostram como eles surgem, pelo que lutam, como alcançam êxito. Por causa disso, alguns podem achar que os movimentos caem do céu — Rosa Parks estava cansada, com os pés doendo, e não queria ir até o fundo do ônibus; o Black Lives Matter inventou uma hashtag e de repente virou um movimento mundial. Essas histórias, além de inverídicas, são perigosas. Os movimentos não nascem do nada. Rosa Parks podia estar cansada, mas também trabalhava com a National Association for the Advancement of Colored People (NAACP), que estava planejando um boicote meses antes do ato de Parks servir como disparador. O Black Lives Matter foi apresentado ao mundo como uma hashtag, mas só veio a ganhar destaque mais de um ano depois de ser criado — para não falar do trabalho que acompanhou a utilização dessa hashtag para fins de organização.

Os movimentos tampouco estão reservados para os que querem paz, liberdade, dignidade e uma nova forma de sobrevivência. Todos eles se organizam em torno de uma visão, mas nem todas as visões são iguais. A história a seguir conta como um movimento moldou minha vida — e por que decidi construir outro diferente.

UM PODEROSO MOVIMENTO CONSERVADOR de direita foi ganhando força nos anos 1970; no início dos anos 1980, começou a tomar o poder. As vitórias conquistadas por movimentos sociais progressistas e radicais nas duas décadas anteriores despertaram uma onda reacionária. Nos anos 1980, os movimentos sociais das décadas anteriores recuaram, e um novo movimento começou a surgir.

O que significa ser de "direita"? Nos Estados Unidos, a "direita" geralmente se refere a pessoas que são conservadoras em termos econômicos, sociais ou políticos. O que significa ser "conservador"? Estou usando o termo "conservador" para designar pessoas que acreditam que a hierarquia ou a desigualdade resultam de uma ordem social natural, em que a concorrência é não só inevitável como também desejável, e que a desigualdade resultante é justa e reflete a ordem natural. Normalmente, mas nem sempre, considera-se que a ordem natural foi determinada e definida por Deus ou por alguma forma de darwinismo social. Os termos "direita" e "esquerda", quando utilizados para designar tendências políticas ou valores políticos, têm origem na Revolução Francesa, quando eram usados para designar o lugar em que as pessoas se sentavam na Assembleia Nacional. Se você estivesse sentado à direita, do ponto de vista do presidente da Assembleia, considerava-se que você concordava com a monarquia, com suas tendências favoráveis à hierarquia, à tradição e ao clericalismo. Só no século xx começamos a aplicar esses conceitos ao nosso sistema e atividades políticas.

Por mais que os termos sejam conhecidos, os americanos, em sua maioria, não descrevem a si mesmos com essas palavras. "Esquerda" e "direita" são usadas principalmente por pessoas que atuam em favor da mudança ou da preservação do statu quo, para as quais nosso sistema político — isto é, o governo e as instituições correlatas, como escolas, templos e

Minha geração 29

imprensa — constitui o campo de batalha para atingirem tais objetivos. Nós, ativistas, defensores de causas e organizadores, usamos essas palavras para descrever a nós mesmos, mas a maioria dos americanos não. Mais adiante voltarei a isso. Para complicar ainda mais as coisas, palavras como "democrata" e "republicano", referindo-se a filiados dos dois principais partidos políticos dos Estados Unidos, não se encaixam totalmente nesse espectro de esquerda e direita. Claro que os democratas são tidos como favoráveis a uma agenda mais progressista em termos sociais e econômicos (por exemplo, defendem o direito das mulheres ao aborto e a outros serviços de planejamento familiar), enquanto os republicanos são vistos como defensores de uma agenda mais conservadora em termos sociais e econômicos (reduzir ou eliminar as regulamentações do governo sobre o comércio). Mas a história mostra que não só essas categorias não são rígidas e claramente definidas como também, ao longo do tempo, várias vezes os partidos mudaram totalmente de posição no espectro político. Os republicanos, em especial na época da Guerra Civil e da Reconstrução Negra nos anos 1860, eram o partido socialmente progressista, e os democratas eram o partido socialmente conservador. Mudanças tão drásticas na ideologia partidária costumavam ser geradas por grandes eventos políticos e estar relacionadas a questões raciais.

O movimento conservador atual tem suas raízes na sublevação social, política e econômica dos anos 1960 e 1970. O intercâmbio entre filósofos, formadores de opinião, filantropos e políticos conservadores ajudou a desenvolver um dos movimentos de maior influência e sucesso na história americana.

O conservadorismo era impopular no pós-Segunda Guerra. Havia um vigoroso consenso nacional de que o New Deal e o êxito na guerra haviam resultado numa prosperidade inédita após a catastrófica Grande Depressão dos anos 1930. Os conservadores que diziam que a ampliação do Estado de bem-estar social ameaçava a liberdade individual eram considerados irracionais e paranoicos, injuriados com as mudanças que ocorriam nos Estados Unidos, incapazes de aceitar o que parecia inevitável.

Com essa desqualificação sumária, muitos deixaram de perceber como os conservadores estavam se dedicando à construção de um império. Claro que o movimento deles cresceu. O pensamento conservador moderno se desenvolveu em publicações como a *National Review*, lançada em 1955 porque seu fundador, William F. Buckley Jr., achava que os pontos de vista conservadores não estavam recebendo a devida atenção na imprensa nacional. Em 1960, o senador Barry Goldwater publicou *The Conscience of a Conservative* [A consciência de um conservador], um divisor de águas que vendeu mais de 3,5 milhões de exemplares (o livro, na verdade, foi escrito por um ghost-writer, Brent Bozell, cunhado de Buckley). Em 1964, Goldwater concorreu à presidência contra Lyndon B. Johnson e perdeu de lavada, mas o movimento conservador estava aprendendo a disputar o poder.

E de fato disputou. Em 1966, Ronald Reagan, um acólito de Goldwater que nunca se candidatara a um cargo público, concorreu ao governo da Califórnia e derrotou por 1 milhão de votos o governador democrata que disputava a reeleição. No começo dos anos 1970, desenvolveram-se duas novas correntes dentro do movimento conservador: a nova direita (que incluía a direita cristã ou religiosa) e os neoconservadores.

O importante a entender sobre a direita, conforme ela se desenvolveu nesse período, é que ela é uma aliança de facções

Minha geração 31

com diversos pontos de vista, interesses, ideologias e visões, tanto de curto quanto de longo prazo, que se unem com o objetivo de construir e manter poder. Essa tem sido a chave para o seu sucesso e a sua sobrevivência.

A nova direita foi uma reação à tentativa de tomada do Partido Republicano pelos liberais, enquanto a corrente neoconservadora foi uma reação ao que era visto como a tomada liberal do Partido Democrata. Não eram aliadas naturais. A nova direita desconfiava do governo e gostava da mecânica da política, enquanto os neoconservadores aceitavam o governo e preferiam os programas públicos à política. O que os unia era o desprezo pelo comunismo e pelos liberais. Nisso os neoconservadores tomaram a frente, sobretudo resistindo ao movimento da contracultura caracterizado pelas lutas dos anos 1970 contra o racismo e contra a guerra.

O projeto da nova direita era arrebanhar mais gente, para além das bases de elites econômicas e segregacionistas do Sul, a fim de aumentar seu alcance e influência em mais setores da sociedade. A direita cristã, também conhecida como direita religiosa, teve um papel fundamental nessa estratégia. A Heritage Foundation, criada em 1973 para promover as ideias da nova direita, fez parte dessa ampliação. Paul Weyrich, o estrategista que criou a Heritage Foundation, também foi responsável pela criação do Conselho Americano de Intercâmbio Legislativo (American Legislative Exchange Council, Alec), no mesmo ano. Originalmente concebido para coordenar o trabalho dos parlamentares da direita religiosa, com foco na elaboração de novas leis sobre questões como o aborto e a Emenda dos Direitos Iguais, o Alec acabou se tornando atraente para as grandes empresas. Em 1979, Weyrich cunhou a expressão

"Maioria Moral" e a converteu numa organização. A Maioria Moral se destinava a ativar e mobilizar membros das igrejas pentecostais, fundamentalistas e carismáticas para alcançar objetivos políticos conservadores. Um setor que até então fora relativamente apolítico.

Essas novas forças políticas remodelaram o Partido Republicano. Muitos agora acreditavam que a religião os conclamava a entrelaçar a política na vida cotidiana, bem como a dominar, como legião, o processo político. O ano de 1980 foi fundamental para a direita religiosa, que cadastrou mais de 2 milhões de eleitores como republicanos, conseguiu desalojar cinco dos congressistas democratas mais liberais do Senado Federal e deu a Ronald Reagan a margem necessária para vencer a eleição, derrotando o então presidente democrata Jimmy Carter, que tentava se reeleger. A chegada de Reagan ao Salão Oval em 1981 marcou um movimento em ascensão, unido a uma visão de governo limitado, com autoridade de Estado para determinar os direitos civis e humanos e uma frente para derrotar definitivamente o comunismo. Grande parte do sucesso de Ronald Reagan se deu graças à infantaria religiosa da nova direita.

Um componente da estratégia de sucesso da direita religiosa consistia em montar uma infraestrutura de organizações ativistas capazes de atingir uma quantidade ainda maior de pessoas e de influenciar todo o leque da política americana. Entre essas organizações estavam a Concerned Women for America, fundada em 1979, com um número declarado de 500 mil membros, que teve um papel importante na derrota da Emenda dos Direitos Iguais ao promover campanhas que incluíam orações e comícios; o programa de rádio *Focus on the Family*, de James Dobson, criado em 1977, e o Conselho de Pesquisas sobre a Fa-

Minha geração 33

mília, desenvolvido em 1983 para ser o braço lobista político do programa radiofônico; e o Conselho de Política Nacional, uma organização ampla que abrigava líderes de direita, criada em 1981 para elaborar estratégias, divulgar ideias e financiar causas e candidatos favoráveis à sua agenda. Outro componente da estratégia da direita religiosa foi ocupar as organizações republicanas locais e estaduais para ganhar influência e vir a controlar o Partido Republicano em nível nacional.

A direita religiosa forneceu a base mais ampla de eleitores, com maior distribuição geográfica, necessária para que os neoconservadores e a nova direita pudessem consolidar a ocupação do Partido Republicano. Essas facções tinham muitas diferenças na abordagem, nos objetivos de longo prazo, na visão geral, nos valores e na ideologia. O grande empresariado republicano queria a desregulamentação, o esmagamento dos sindicatos e um forte complexo militar-industrial. Os neoconservadores buscavam combater o comunismo e implantar a hegemonia militar americana em escala global, assim como o controle americano sobre os recursos mundiais. Os conservadores sociais queriam reverter os ganhos dos movimentos pelos direitos civis e estabelecer uma base e uma lógica religiosas para o governo americano. E mesmo assim, apesar das diferenças, a força desses grupos reside onde seus interesses se alinham; são capazes de suplantar divergências a fim de alcançar um objetivo comum. Com uma poderosa combinação de ideias firmes com que muitos podem se identificar, transformação das redes sociais existentes em máquinas políticas e uma ampla rede para divulgar sua agenda entre todos os setores da sociedade, eles foram capazes de emergir e se manter como um movimento que mudou o panorama da política americana.

E o motor secreto desse movimento sempre foi a raça.

NASCI EM JANEIRO DE 1981. Duas semanas depois, Ronald Reagan assumiu como o quadragésimo presidente dos Estados Unidos.

Sob o mandato de Reagan, os ricos ficaram mais ricos e os pobres foram demonizados. Seu lema infame — "O governo não é a solução do nosso problema; o governo é o problema" — constituía a convicção central do movimento conservador agora dominante. Igualmente idolatrado por eleitores democratas e republicanos, Reagan era visto como o Grande Comunicador, mas talvez seu maior dom oratório fosse o talento para eufemismos. Não foi o primeiro, mas foi provavelmente o político mais hábil em mobilizar um fenômeno que Ian Haney López chamou de "racismo disfarçado". Ele conseguia falar sobre a questão da raça sem mencioná-la explicitamente em momento algum e, com isso, levava milhões de pessoas a votarem contra seus próprios interesses econômicos. A longa carreira como ator fez de Reagan um líder carismático, cuja melhor atuação durante o governo consistiu em direcionar uma reação efetiva contra as comunidades negras, os pobres e o governo em si.

Com Reagan, os homens brancos da classe trabalhadora encontraram a explicação para a redução de seus salários após um período de prosperidade e melhoria: o esbanjamento dos recursos do governo em programas que atendiam às mulheres e aos não brancos. Sob o comando de Reagan, um país que antes parecia estar à beira da revolução — com movimentos pelos direitos civis e pelo Black Power, contra a guerra e em apoio a movimentos sociais de todo o mundo — recuou e se fechou em divisões de raça, gênero e classe. Havia agora um antagonismo crescente, redefinido em novos termos, com relação às

Minha geração 35

comunidades e aos direitos civis dos negros, uma reação contra a expansão de programas sociais e a intervenção do governo federal para garantir o cumprimento das leis dos direitos civis. Foi Reagan quem ajudou a levar o neoliberalismo ao centro da política americana. O neoliberalismo consiste em uma série de políticas econômicas e uma escola de pensamento econômico que resultaram em privatizações, subsídios às grandes empresas e isenções fiscais para os ricos em detrimento dos trabalhadores, desmantelamento da rede de assistência social e desregulamentação. Ele levou à anulação das conquistas alcançadas no período final da era dos direitos civis. E causou uma destruição devastadora na economia — sobretudo para os trabalhadores. Reagan foi o responsável pelos infames ataques aos controladores de tráfego aéreo, depois de convencê-los durante a campanha de que seria seu amigo e defensor. Quando mais de 11 mil controladores entraram em greve por melhores condições de trabalho, ele os demitiu e contratou novos profissionais para substituí-los, enviando a clara mensagem de que as empresas também estavam livres para descumprir as regulamentações e os direitos trabalhistas.

Reagan aumentou drasticamente o orçamento militar, ao mesmo tempo cortando verbas dos programas de assistência aos pobres e aos trabalhadores, de proteção aos consumidores e de defesa do meio ambiente. Na esfera internacional, incentivou o Fundo Monetário Internacional e o Banco Mundial a impor condições, como privatizações e políticas de austeridade fiscal, aos empréstimos feitos a países pobres; essas condições acabam por enfraquecer a economia desses países e aumentar sua dependência das nações ricas. Os mais afetados costumam ser as mulheres, as crianças e outros grupos desfavorecidos.

No governo Reagan, o país viu a riqueza ser transferida, retirada da classe trabalhadora e da classe média e dada à parcela mais rica dos americanos. Em decorrência disso, a desigualdade econômica aumentou, inclusive nos grupos raciais, sobretudo entre as comunidades brancas e negras. O corte e o desmantelamento dos programas de assistência social aumentaram exponencialmente o número de moradores de rua, que chegavam a 600 mil numa noite comum e atingiram a marca de 1,2 milhão ao longo de um ano, no fim de 1980. Muitos deles eram veteranos do Vietnã, crianças e trabalhadores desempregados. Nos dois mandatos de Reagan na Casa Branca, o salário mínimo ficou congelado em 3,35 dólares a hora, enquanto a inflação em alta aumentava o custo de vida para todos. Sob a égide de Reagan, a cada ano mais de 33 milhões de pessoas, em média, viviam abaixo da linha oficial de pobreza. Ele cortou o Medicaid em mais de 1 bilhão de dólares e eliminou mais de 500 mil atendidos com o Auxílio a Famílias com Filhos Dependentes (Aid to Families with Dependent Children, AFDC). O movimento conservador considerava isso um desperdício de recursos, dando dinheiro a pessoas que não o mereciam. Reagan teve sucesso em racializar esses programas, caracterizando-os como doações que as comunidades negras e outras comunidades pobres usavam de maneira irresponsável. Não fazia diferença que os programas também fossem utilizados por comunidades brancas.

A defesa da desregulamentação promovida por Reagan significava que o governo não monitorava mais a discriminação racial dos bancos, das corretoras e dos proprietários de imóveis. As áreas urbanas foram especialmente afetadas quando o presidente e sua administração cortaram em 60% os auxí-

Minha geração 37

lios federais aos governos municipais. Sem ajuda federal, as cidades com altos índices de pobreza e base limitada para a tributação de bens sofreram muito. Os programas de treinamento profissional, a construção de moradias para a população de baixa renda e a assistência do governo foram efetivamente desmantelados. Quando Reagan foi eleito, a assistência federal respondia por cerca de 20% do orçamento municipal das cidades grandes; no final do mandato, representava apenas 6%. Os impactos devastadores sobre hospitais, clínicas, serviços de saneamento básico, bombeiros e forças policiais, bem como escolas e bibliotecas urbanas, perduram até hoje.

A população negra foi desproporcionalmente afetada pela "Revolução Reagan", na medida em que os cortes e retrocessos mais severos ficaram reservados a nós. O desemprego entre os negros chegou a mais de 21% em 1983. Para famílias como a minha, a Revolução Reagan foi uma sentença de morte. As comunidades negras haviam se transformado no avatar de tudo o que havia de errado nos Estados Unidos, vítimas de uma reação quase indisfarçada aos poderosos movimentos liderados por negros nas duas décadas anteriores. A Revolução Reagan foi hábil em corroer a credibilidade moral que esses movimentos haviam criado — quer portassem armas e servissem ao público, quer arriscassem a vida para fazer o cadastramento eleitoral das comunidades negras. Sob o reaganismo, a senha passou a ser responsabilidade pessoal. Se você não tinha sucesso, era porque não queria ter sucesso. Se você era pobre, era por escolha própria. E se você era negro, estava exagerando ao comentar como as coisas tinham piorado.

Reagan declarou a Guerra às Drogas nos Estados Unidos no ano em que nasci. O marco legal de referência, a Lei contra o

Abuso de Drogas de 1986, determinou prazos mínimos obrigatórios de sentenças relacionadas a drogas. Essa lei, por si só, foi responsável por quadruplicar a população carcerária após 1980 e por mudar o perfil demográfico das cadeias e prisões, onde minha mãe trabalhava como agente penitenciária, passando de proporcionalmente branco para desproporcionalmente negro e latino. O projeto de Reagan resultou em novos prazos mínimos de sentenças relacionadas a crack e cocaína em pó, mudança em si mesma racializada, pois o crack era mais barato e tendia a ser mais acessível às comunidades negras, ao passo que a cocaína era mais cara e usada com mais frequência entre as comunidades brancas. A cláusula 100:1 da lei estabelecia que a posse de um grama de crack acarretava a mesma pena severa que a de cem gramas de cocaína em pó. Reagan atiçou os temores públicos com os "bebês do crack" e as "putas do crack". O governo teve tanto sucesso nessa manipulação que, em 1986, o crack foi nomeado como a Questão do Ano pela revista *Time*.

Provavelmente uma das performances mais famosas de Reagan foi vender ao público americano a imagem da "rainha da assistência social", a mulher negra que abusava do sistema. Durante um comício de campanha em janeiro de 1976, ele declarou:

> Em Chicago, encontraram uma mulher que é recordista. Usava oitenta nomes, trinta endereços e quinze números de telefone para obter vales-alimentação, assistência social, benefícios a veteranos para quatro maridos falecidos inexistentes, além da previdência. Só a renda em dinheiro, isenta de impostos, estava batendo 150 mil dólares por ano.

Minha geração

Essa distorção grosseira alimentava os persistentes receios e ressentimentos raciais gerados pelo declínio econômico e pelo tumultuado período anterior, marcado pelos direitos civis e pelo Black Power. Reagan atacava os impostos, a assistência social e seus beneficiários, muitas vezes associando esses bens públicos ao povo negro e às comunidades negras. Declarou abertamente que se opusera à Lei dos Direitos Civis de 1964, à Lei dos Direitos de Voto de 1965 e à Lei Habitacional de 1968. Acabou com a Comissão de Oportunidades Iguais de Emprego, combateu a prorrogação da Lei dos Direitos de Voto, vetou a Lei de Restauração dos Direitos Civis e se opôs à criação do Dia de Martin Luther King.

Reagan liderou a resistência popular aos movimentos contra o racismo e a pobreza no hemisfério Sul que caracterizaram os anos 1960 e 1970. De forma emblemática, dizia que os movimentos de protesto estavam sendo usados pela União Soviética como instrumentos de violência, aproveitando o receio generalizado de uma tomada comunista dos Estados Unidos e de outros países. Também usou o medo do comunismo para autorizar a invasão de Granada, país caribenho então socialista, para elevar o moral americano após a derrota fragorosa no Vietnã alguns anos antes, e para ampliar o apoio às intervenções pró-americanas em El Salvador, Nicarágua e Guatemala. Reagan também apoiava o regime de apartheid na África do Sul.

Entoava o estribilho do "racismo reverso" para eliminar qualquer iniciativa ou programa que pretendesse levar os negros a uma paridade com os brancos, e convenceu os americanos brancos de estarem sendo injustamente privados de benefícios e privilégios que mereciam.

Ronald Reagan não se limitou a demonizar os negros — também forneceu plataformas a conservadores negros abastados que ajudavam a divulgar sua mensagem, amenizando as preocupações de que houvesse algum racismo envolvido. Além de clamar pela "emancipação econômica" da assistência social e de outros programas sociais que dizia terem "escravizado a América negra", nomeou uma série de conservadores negros, inclusive Clarence Pendleton Jr., para encabeçar a Comissão Federal de Direitos Civis. Esses homens trabalharam com Reagan para desmantelar os direitos civis, e fizeram isso enfraquecendo os direitos de voto, destruindo programas de ação afirmativa, suspendendo o transporte escolar de integração racial, impedindo a dessegregação e sabotando a própria comissão.

Pendleton chegou ao cúmulo de dizer que os líderes negros eram "os novos racistas"; após a reeleição de Reagan em 1984, ele fez uma declaração que ficou famosa:

> Digo à liderança negra dos Estados Unidos: "Abram os portões da fazenda e nos deixem sair". Nós nos recusamos a ser levados a uma outra Jonestown política, como aconteceu durante a campanha presidencial. Chega de Ki-Suco, de Jesse, Vernon e Ben.[*]

---

[*] Referência aos líderes de movimentos negros Jesse L. Jackson, Vernon E. Jordan Jr., Benjamin L. Hooks e a Jonestown, comunidade agrícola na Guiana onde, em 1978, ocorreu o famoso suicídio coletivo/assassinato em massa dos integrantes da seita Templo do Povo, do pastor norte-americano Jim Jones, em que mais de novecentos fiéis se mataram ou foram obrigados a se matar bebendo refresco de uva com cianeto. (N. E.)

Minha geração 41

O JESSE A QUE PENDLETON SE REFERIA era Jesse Jackson, que montara uma vigorosa campanha para ser indicado como candidato democrata à presidência em 1984 posicionando-se explicitamente contra a "revolução" destrutiva de Reagan e angariando mais de 3 milhões de votos nas primárias. Essa campanha culminou num potente discurso na Convenção Nacional do Partido Democrata em San Francisco, não muito longe do lugar onde Mami e eu morávamos em San Rafael.

Naquele ano, aprendi a ler sozinha. Estava com três anos de idade. Um dia, sentada com minha mãe na sala de jantar, ao lado da pequena cozinha do apartamento, li em voz alta um anúncio de emprego na seção de classificados do jornal. Ela ficou paralisada, depois veio se sentar perto de mim à mesa com tampo de vidro, cheia das marcas dos meus dedos e do desjejum.

— Faça de novo — disse ela sem fôlego. — Leia este aqui — falou apontando outro anúncio.

Li para ela. Era o anúncio de uma revendedora de carros usados. Ela ficou me olhando por um longo tempo.

— Ora, ora — ela disse, enquanto se levantava para ir trabalhar. — Acho que já está na hora de ir para a escola, hein? Leve o prato para a cozinha e se apronte para sair.

A era Reagan não foi o melhor momento para crianças negras como eu. Os cortes nos programas sociais significavam cortes nas refeições que as escolas forneciam a seus alunos, como era meu caso. A polarização das relações raciais, exacerbada pela política racializada dos anos 1980, criou dificuldades quando minha mãe tentou me matricular cedo numa escola pública, e ainda mais nos programas avançados reservados para alunos dotados e talentosos. Todas as escolas diziam a ela que não poderiam me aceitar. Muitos não acreditavam que eu sabia ler, mesmo quando eu lia na frente deles. Assim, minha mãe teve de me matricular numa escola particular. E, para isso, precisava encontrar trabalhos que pagassem o suficiente, mas que também tivessem um horário flexível para que ela pudesse cuidar de mim. Não foi fácil.

Mães solo negras de filhos negros, como a minha, também não passavam muito bem sob a Revolução Reagan. Devido à figura que ele pintou das mães solo negras, recorrer à assistência pública configurava quase um crime, uma forma de se aproveitar do sistema e desviar milhões de dólares pagos por contribuintes esforçados e trabalhadores. Ao mesmo tempo, a pretexto de apoiar a autonomia e a independência pessoal, ele se negava a aumentar o salário mínimo. Então, assim como hoje, as mulheres negras davam duro naquela época — mas isso não adiantava muito.

Mesmo com as revoluções políticas e globais ocorrendo ao nosso redor, muitas lembranças minhas dessa época vêm filtradas pela cultura pop — mas esse era outro campo de batalha política. As guerras culturais dos anos 1980 eram travadas em nossas televisões, e ali estava eu, uma menina negra, sentada bem na frente delas.

A MTV estreou em 1981, o ano em que nasci. Não era só um canal de videoclipes; ela se tornou uma fonte importante de notícias, mirando num público jovem que chegava à idade adulta e muitas vezes oferecendo contrapontos à política conservadora em ascensão.

Foi assistindo à MTV que comecei a aprender sobre sexo e sexualidade, questões de gênero, HIV e aids, sobre a queda do Muro de Berlim e as lutas por justiça racial. A MTV era

Minha geração 43

minha babá. Cuidava de mim enquanto minha mãe estava no trabalho.

Assistir à MTV despertou minha consciência sobre questões que estavam rolando dentro e fora dos Estados Unidos. Tive conhecimento da queda do Muro de Berlim com o videoclipe de Jesus Jones, "Right Here, Right Now". Fiquei sabendo da fome na África, e que a África era um continente e não um país, pela MTV em 1985, quando muitos dos meus artistas prediletos cantaram "We Are the World" para arrecadar fundos e despertar a consciência social sobre a fome na Etiópia e no Sudão. Minha mãe enfrentava uma enxurrada de perguntas sobre todas essas questões. Por que construíram um muro em Berlim? Por que tinha gente passando fome e morrendo na África? Muitas vezes ela respondia: "Pesquise, menina", e lá ia eu pesquisar — não na internet, mas na enciclopédia que eu tinha, com um ou dois volumes faltantes. O que eu não conseguia encontrar na enciclopédia muitas vezes acabava aprendendo na MTV News.

Foi a MTV que despertou inicialmente minha consciência sobre a aids e o HIV, a começar pela cobertura que deram à história de Ryan White, que foi diagnosticado em 1984, após uma transfusão de sangue, e morreu em 1990. A falta de informações e de ações governamentais significava que a doença era grosseiramente mal entendida. Ryan foi perseguido por ter contraído a doença, desencorajado a continuar na escola e evitado em locais públicos.

O apoio tácito de Reagan a esse tipo de discriminação significava não só que milhões de pessoas morriam desnecessariamente por causa da doença, mas também que muitas morriam sozinhas, sem o apoio da família e dos entes queridos, por causa da crença de que a aids e o HIV eram contagiosos por vias que, na verdade, não transmitiam o vírus — dividindo o mesmo copo ou simplesmente a mesma sala de aula, como foi o caso de Ryan. A MTV usou sua plataforma para aumentar a conscientização sobre a doença, para pedir apoio a quem tinha o vírus e para retificar os cuidados de prevenção, convidando celebridades para fazer anúncios de utilidade pública.

Lembro que as pessoas falavam da aids como se apenas os povos pobres da África ou os homossexuais fossem capazes de contrair a doença. E, apesar do choque por ter sido preciso morrer uma criança para despertar a solidariedade de um público refratário, foi uma percepção importante da política daquela época. Grupos como o Act Up (Aids Coalition to Unleash Power), formado em 1987, buscavam romper o silêncio empregando táticas abrangentes de ação direta e defesa militante para chamar a atenção para a crise que se alastrava pelos Estados Unidos. Por exemplo, em 1989, cinco ativistas se acorrentaram à sacada VIP da Bolsa de Valores de Nova York, conclamando a Burroughs Wellcome — farmacêutica fabricante do único medicamento aprovado para a aids, o AZT — a baixar o preço. Dias depois dessa ação, a empresa reduziu o preço do remédio em 20%.

Parte da cruel ambivalência diante da crise crescente da aids vinha da posição do movimento conservador, que rejeitava a revolução contracultural dos anos 1960 e 1970 e defendia os "valores da família". Com essa guinada para uma visão de mundo cristã conservadora, surgiu uma série de controvérsias de grande destaque, discutindo qual definição de moral devia prevalecer. Nessa época, poucos despertaram mais escaramuças sobre a moral pública do que Madonna Louise Ciccone.

Minha geração 45

Quando menina, nos anos 1980, Madonna era uma das minhas artistas favoritas, junto com Prince, Michael Jackson e Whitney Houston. Ela usava o palco para investir contra as ideias tradicionais de sexo, gênero e sexualidade — e para resistir ao conformismo com atitudes ao mesmo tempo superficiais e substanciais. Seu primeiro filme, *Procura-se Susan desesperadamente* (1985), explorava o relacionamento entre uma dona de casa suburbana entediada e uma "andarilha boêmia"; era o retrato de uma mulher presa na armadilha das expectativas sociais, sonhando com a liberdade.

O clipe de "Like a Prayer", que vi umas mil vezes na mtv, foi incendiário. O enredo mostra Madonna como testemunha do assassinato de uma mulher branca, cometido por supremacistas brancos, mas atribuído a um homem negro. Os supremacistas veem que ela testemunhou o crime, e Madonna foge para se refugiar numa igreja, onde tenta reunir coragem para denunciar o que viu. O uso de ícones cristãos no vídeo e na música atraiu críticas do Vaticano. Para uma menina como eu, Madonna era uma figura poderosa, utilizando sua arte para lutar contra o patriarcado asfixiante e assassino.

Ladeada por minha mãe e Madonna, eu começava a me enxergar com mais clareza: seria uma mulher independente e não queria ter nada a ver com nenhum homem que me dissesse o que fazer, como pensar ou como me sentir.

Claro que a luta não se limitava apenas a videoclipes. Reagan — que já foi qualificado como "o presidente mais antimulheres do século xx" — apoiava uma guerra contra as mulheres cujos alvos eram especialmente as pobres e não brancas. Foi firme adversário da Emenda dos Direitos Iguais, uma emenda constitucional que buscava direitos iguais para as mulheres. Reagan

46   *Como chegamos aqui*

garantiu que ela fosse retirada da plataforma republicana no ano em que foi eleito presidente. Ao mesmo tempo, propôs a Emenda da Vida Humana, que proibiria o aborto e mesmo alguns tipos de contraceptivos. Foi pioneiro nas políticas da Global Gag Rule da era George W. Bush, que restringem verbas internacionais para qualquer organização de planejamento familiar que sequer mencione a palavra "aborto". Sua cruzada contra as mulheres incluiu o corte de verbas para agências que monitoravam alegações de discriminação de gênero. Isso significava que as denúncias sobre diferenças de remuneração, discriminação salarial e assédio sexual raramente eram investigadas, muito menos resolvidas em processos ou acordos. Este foi o resultado da narrativa de Reagan, afirmando que o governo é "o problema, não a solução": um governo que não intervinha ativamente em defesa do direito das mulheres a uma vida digna. A discriminação de gênero não afetou só as mulheres cis — para as quais o sexo que lhes foi atribuído no nascimento (feminino) condiz com a maneira como se identificam (mulher); o governo nem mesmo se referia, ainda que da boca para fora, às mulheres transgênero e às pessoas que não se conformam a gêneros.

Reagan nomeou Clarence Thomas para presidir a Comissão de Oportunidades Iguais de Emprego, responsável por políticas referentes às leis de direitos civis para impedir discriminações com base em raça, cor, nacionalidade, religião, sexo, idade, deficiência, identidade de gênero, informação genética e retaliação por denunciar um crime ou uma prática discriminatória. Thomas, um conservador negro que seguia a mesma linha dos nomeados para supervisionar outras agências de direitos civis, questionava a própria existência da

Minha geração

discriminação, de modo que dificilmente faria vigorar proteções contra ela.

A recusa em monitorar ou fazer cumprir a lei impactava a vida de mulheres como a minha mãe ou aquelas que futuramente seriam mulheres, como eu. Estavam em risco não só as mulheres que trabalhavam para empregadores do setor privado, mas também as funcionárias federais e estaduais. Isso incluía Mami.

Por mais de três anos, minha mãe trabalhou no sistema carcerário da Califórnia como agente penitenciária. Conhecera meu pai biológico quando trabalhava lá; ele também era agente. O salário era o dobro do que receberia em qualquer outro emprego, fosse como vendedora, secretária ou outra função administrativa. Era um serviço, como ela queria, que lhe pagava "como um homem". Mas, sendo uma das poucas pessoas negras no local, ainda mais mulher, as condições eram especialmente arriscadas.

Mami se lembra de uma rebelião na unidade em que trabalhava. Ela e os colegas ficaram trancados numa unidade com armas sem munição. Segundo ela, os superiores muitas vezes tornavam as condições ainda mais inseguras como forma de conseguir verbas complementares para contratar mais gente e cobrir outras necessidades afetadas pela agenda do "governo pequeno" de Reagan. Ainda que o emprego pagasse mais do que a maioria, o risco foi suficiente para que, depois de sofrer um acidente de trabalho, ela fosse em busca de outro.

Além disso, ela estava sujeita às investidas dos superiores. Ela me contou que um deles costumava chamá-la pelo alto-falante da prisão. Quando ela chegava ao escritório, ele fazia insinuações e propostas sexuais. Era casado, claro. O perigo, dizia mamãe, era como aquilo sugeria a outros funcionários que ela estaria recebendo ou, no mínimo, tentando garantir um tratamento especial. Com isso, ficava ainda menos segura num local de trabalho em que ser mulher já era um risco. Perguntei o que ela fez para se proteger.

— Bom, um dia em que ele me chamou, entrei no escritório — disse ela. — Encarei o sujeito de cima a baixo e falei que não só não sentia atração por ele, mas que ele não teria condições de ficar comigo, porque não sou de dividir. Que eu sabia que a mulher dele também era muito cara, e ele não ia conseguir bancar nós duas. Falei para parar de me chamar ao escritório, perseguindo uma fantasia. Não ia rolar.

— E funcionou?

— Ah, funcionou, sim — ela respondeu. — Acho que o cara ficou com medo de eu contar pra mulher dele. Depois disso, finalmente me deixou em paz.

Casos como esse da Mami não eram raros. As acusações de discriminação por gênero aumentaram em 25% durante o mandato de Reagan, mas as agências encarregadas das investigações recebiam pouquíssima verba e eram dirigidas por gente com a mesma mentalidade — e a mesma proteção — dos assediadores.

Mesmo como agente penitenciária, o que ela recebia do sistema que ajudava a manter não era suficiente para se sustentar. Quando o relacionamento com o meu pai terminou e ela tentou que ele pagasse uma pensão alimentícia, teve de enfrentar um sistema judicial que não dava o apoio adequado às mães, muito menos às mães solo negras que Reagan já demonizava como rainhas da assistência social. Antes de conseguir um acordo extrajudicial, o juiz lhe ofereceu cem dólares por mês,

Minha geração

ao que ela respondeu: "Isso não dá nem pra pagar um mês de canil prum cachorro, que dirá pra sustentar uma criança!". Esse é um bom resumo da ascensão do conservadorismo e da Revolução Reagan.

Os ANOS 1990, além do papel formador em minhas experiências e posição política, também deram base para muitas das dinâmicas que hoje vemos em comunidades negras de todo o país. Faço parte de uma geração que não é nem a Geração X nem a geração Millennial. Alguns se referem a nós como "X-ennials", subgeração nascida entre a segunda metade dos anos 1970 e a primeira metade dos anos 1980 — aqueles que tiveram infância analógica e idade adulta digital.

Foi nos anos 1990 que a internet surgiu e conectou digitalmente o mundo, mas houve outras mudanças menos saudáveis. Foi a década que desembocou num novo regime de policiamento e encarceramento para as comunidades negras. Claro que as comunidades negras sempre foram vigiadas e policiadas neste país, e a cada nova década os métodos de controle e repressão se tornam mais sofisticados. As comunidades negras e as lutas negras estão sempre mudando. As táticas, objetivos e ameaças com que lidamos estão em fluxo constante — do Black Power no final dos anos 1960 e começo dos anos 1970, passando pela assimilação negra nos anos 1980, até o programa de aniquilação dos negros nos anos 1990.

Nos anos 1980, a Guerra às Drogas se tornara uma reação a um programa anterior, a Guerra à Pobreza, iniciada pelo presidente Lyndon B. Johnson no final dos anos 1960. A Guerra às Drogas começou a concentrar recursos do governo em torno de condenações por crimes relacionados a entorpecentes nos anos 1970. Reagan deu firme continuidade a isso por toda a década seguinte, alocando quase 2 bilhões de dólares para empreender a dita guerra.

Então, nos anos 1990, os estados começaram a aprovar penas mais pesadas por uso, posse e venda de drogas, com políticas como a de "parar e revistar" em Nova York e a dos "três delitos" na Califórnia.*

Os impactos da guerra às drogas foram e continuam a ser devastadores para as comunidades negras. O uso de drogas virou sinônimo de comunidade negra, muito embora nossas comunidades tenham mais ou menos o mesmo índice de consumo de entorpecentes das comunidades brancas. Para uma América negra empobrecida, a Guerra às Drogas foi uma guerra contra as comunidades e famílias negras.

Não fui criada num bairro pobre da América negra, mas não fiquei incólume aos efeitos da guerra às drogas. No final dos anos 1980, minha mãe se casou com meu padrasto, um judeu branco de quarta geração de San Francisco e que fazia parte da minha vida desde os meus quatro anos de idade. Eles se casaram quando eu tinha oito, no quintal da casa para onde havíamos nos mudado um ou dois anos antes. Foi nesse ano também que nasceu Joey, meu irmão mais novo.

---

* Parar e revistar: política segundo a qual um policial está autorizado a revistar qualquer pessoa, mesmo sem suspeitas aparentes. Em 2013, foi considerada inconstitucional por ser dirigida principalmente a negros e latinos. Três delitos: lei segundo a qual um indivíduo previamente condenado por dois delitos deve receber, ao cometer o terceiro, uma pena mínima variando de 25 anos até a prisão perpétua. (N. E.)

Minha geração   51

Desde que nasci até os quatro ou cinco anos, minha mãe, o irmão gêmeo dela e eu morávamos num apartamento de dois quartos em San Rafael, na Califórnia, na chamada região do Canal. O Canal abrigava famílias da classe trabalhadora e de classe média e, na época, era majoritariamente negro e latino. Quando minha mãe e meu padrasto foram viver juntos, nosso apartamento passou a ser um quarto e sala perto da Lincoln Avenue, também em San Rafael, logo ao lado da via expressa 101, e a vizinhança também abrigava famílias negras, latinas e brancas da classe trabalhadora. Eu tinha cerca de sete anos quando nos mudamos para uma casa perto do Gerstle Park. As famílias vizinhas eram de classe média e classe média alta, não mais majoritariamente negras e latinas. Eu estava no sétimo ano quando nos mudamos para Tiburon — uma região rica basicamente branca do outro lado da Golden Gate Bridge.

Ser negra nos anos 1990 numa comunidade branca significava que eu estava sujeita aos estereótipos sobre as pessoas negras que vinham sendo promovidos por um governo conservador, agora ocupado por George Herbert Walker Bush, outro republicano, que exerceu o cargo de 1989, ano em que meus pais se casaram e meu irmão nasceu, até 1993.

Por ser uma pré-adolescente, tinha pouquíssima escolha sobre o local onde morava e me sentia francamente constrangida. Não por ser negra, mas por me destacar tanto. Ser nova na comunidade, mais pobre do que meus colegas, negra e insegura era, sem dúvida, uma combinação interessante. Meus colegas brancos, muitos pertencentes a famílias ricas, idolatravam os chamados *gangsta rappers* e imitavam o que imaginavam ser o modo de vida niilista e estiloso dos negros pobres. Com o cabelo loiro escapando por baixo do boné de aba reta, usavam roupas largas, com a cueca de marca aparecendo pelo cós caído. Para eles, a cultura negra era contestadora, autêntica, descolada — o contrário da vida de muitos deles.

Sempre tive consciência de que era negra, sujeita aos mesmos estereótipos de todas as pessoas negras, mas passei a ter mais ainda como uma garota negra isolada num mar de gente branca. Recebia as mesmas recomendações das outras crianças negras: seja duplamente boa e trabalhe dobrado porque os brancos sempre vão supor que você vale a metade. A recomendação era ficar ligada e me comportar como se minha mãe estivesse olhando.

Claro que nenhuma dessas recomendações impedia o inevitável. Ainda estava sujeita a meus professores acharem que eu valia metade dos colegas, a pensarem que eu fazia coisas que ainda não estava fazendo.

Um dia, cheguei em casa depois da aula e meus pais estavam furiosos. Tinham recebido um telefonema da escola dizendo que eu estava fumando maconha no banheiro depois das aulas. Eu nunca tinha fumado maconha, e muito menos ousaria fazer isso num banheiro da escola, lugar que sabia que era altamente vigiado, ainda mais no meu caso, por estar entre os únicos dez alunos negros em toda a escola. Expliquei aos meus pais que nunca tinha fumado maconha, o que resultou numa inspeção do meu rosto, olhos e mãos para ver se sentiam algum cheiro. O interessante é que nunca mais se falou do assunto, mas eu jamais esqueci. Minhas colegas brancas já faziam sexo, saíam escondidas de casa, bebiam garrafas inteiras de cerveja sob os olhos não muito vigilantes das governantas e babás, e ali estava eu, acusada de usar drogas, mesmo nunca tendo tirado sequer menos de oito no boletim.

Minha geração 53

QUANDO COMECEI DE FATO a testar os limites, como a maioria dos adolescentes, enfrentei uma resistência feroz. Tenho mãe negra: se você sabe o que é isso, ah, então sabe bem como é. Em certas coisas, meu pai era muito mais flexível do que minha mãe — não era muito chegado em regras, e ele mesmo, quando garoto, tinha arrumado bastante encrenca. Ele parecia mais interessado em ser amigo do que pai. Minha mãe, por sua vez, sempre me lembrava de que ela não era "uma das minhas amiguinhas", e que essas amigas, ao correrem os mesmos riscos, não sofreriam as mesmas consequências que eu. O interessante é que minha mãe adotava uma abordagem complicada para criar uma adolescente. Preferia que eu fizesse em casa o que a maioria dos adolescentes fazia longe das vistas dos pais e muitas vezes em público. Quando comecei a fumar cigarro, minha mãe recomendou que eu não fumasse na escola, mas sim em casa, onde ela podia controlar quem veria e quem não veria. Meu pai fumava religiosamente seus baseados, e, embora eu só tenha vindo a fumar com meus pais muito, muito tempo depois, sempre ficou bastante claro que era melhor nunca, jamais, em momento algum ser vista fumando maconha em público.

Quando afanei um produto numa drogaria local, creio que minha mãe ficou mais brava por eu ter sido pega em público do que pelo furto em si. Ser apanhada em atividades ilegais era um perigo para qualquer um, mas um perigo ainda maior para uma pessoa negra, e não fazia diferença que eu morasse numa comunidade branca e rica — era negra do mesmo jeito, e tinha idade suficiente para que minha negritude fosse um risco. Era adolescente e estava me rebelando, mas acho que minha mãe sabia que eu também estava apenas me rendendo ao que os outros já pensavam de mim — que era seguro violar a lei porque era isso que os negros faziam. Que era seguro usar drogas porque era isso que os negros faziam. Minha mãe fez questão de que eu soubesse que não era só isso que os negros faziam. E foi minha mãe quem garantiu que eu não valorizasse "ser delinquente".

Este também era um resultado da Guerra às Drogas: uma fetichização da cultura negra como contraventora, rebelde e renegada, ao mesmo tempo criminalizando o povo negro, quer fôssemos ou não contraventores, rebeldes e renegados.

Em 1991, Thurgood Marshall, ministro da Suprema Corte, resolveu deixar o cargo. Marshall era defensor dos direitos humanos e civis desde longa data, tendo firmado renome no famoso caso Brown versus Conselho de Educação, que pleiteava o fim da segregação nas escolas públicas. George H. W. Bush, o ex-vice de Reagan, ocupava a presidência. Bush escolheu Clarence Thomas, de 43 anos de idade, ex-presidente da Comissão de Oportunidades Iguais de Emprego (Equal Employment Opportunity Commission, EEOC) e agora juiz federal, como seu indicado. A nomeação de Thomas para a Corte manteria sua composição racial, ao mesmo tempo contribuindo para formar uma maioria conservadora, capaz de apoiar uma agenda jurídica que incluísse a derrubada do aborto e de ações afirmativas.

Estava praticamente garantida a confirmação de Thomas, apesar da oposição de importantes grupos de direitos civis, inclusive a NAACP, a Liga Urbana e a Organização Nacional das Mulheres. A situação mudou quando Anita Hill, catedrática de

Minha geração 55

direito na Universidade de Oklahoma, alegou que Thomas a assediara sexualmente quando ela trabalhava para ele na EEOC. Hill relatou que Thomas fez comentários e referências sexuais inconvenientes a filmes pornográficos quando ela recusou convites para sair com ele. Muito se escreveu sobre a controvérsia que se seguiu. Desnecessário dizer que Thomas foi confirmado no cargo, mas só após uma audiência do Senado com ampla divulgação, em que setores da comunidade negra se atacaram mutuamente em público. Thomas descreveu o evento como um linchamento high-tech, atraindo alguns negros para o seu lado ao alegar que Hill fazia parte de uma conspiração para derrubar homens negros com carreiras de sucesso. Mas, de modo geral, as mulheres negras apoiaram Anita Hill.

Lembro que a campanha afirmava "Acredito em você, Anita". Lançaram adesivos e camisetas com a frase; 1600 mulheres negras publicaram um anúncio no *New York Times* declarando apoio. E eu me lembro da minha mãe comentando o caso comigo, apoiando Anita Hill e contando episódios de assédio e ridicularização nos locais onde trabalhava.

O processo de Hill era um excelente exemplo do conceito de interseccionalidade, então recém-definido.

Apenas dois anos antes, a dra. Kimberlé Crenshaw cunhara o termo para descrever a sobreposição de formas diferentes de discriminação. Num artigo seu, escrito para o Fórum Jurídico da Universidade de Chicago, chamado "Desmarginalizando a interseção de raça e sexo", Crenshaw expôs detalhadamente processos judiciais em que os tribunais não foram capazes de proteger as mulheres negras como mulheres negras porque: (a) elas não representavam as experiências de todas as pessoas negras;

(b) não representavam as experiências de todas as mulheres; e (c) os tribunais não conseguiam entender que a discriminação podia se dar com base na raça e no sexo ao mesmo tempo.

Assim, nada mais plausível que, apenas dois anos depois, Crenshaw desse assistência à equipe jurídica da professora Hill. Mas, mesmo com a confirmação de Thomas no cargo, a ideia transformadora da interseccionalidade começou sua lenta escalada até a consciência pública.

MESES ANTES NAQUELE MESMO ANO, na noite de 3 de março de 1991, um jovem negro chamado Rodney King foi parado no trânsito em Los Angeles, na Califórnia. King saiu do carro, e quatro policiais do Departamento de Polícia de Los Angeles — o sargento Stacey Koon e os agentes Laurence Powell, Theodore Briseno e Timothy Wind — deram-lhe mais de cinquenta golpes de cassetete, ao mesmo tempo desferindo-lhe pontapés.

A cena foi filmada por um transeunte, George Holliday, e o vídeo foi transmitido pelos principais canais de televisão para os lares de todo o país. A gravação mostrava o que as comunidades negras conheciam e denunciavam desde anos antes daquele episódio: uma epidemia de uso excessivo da força policial contra pessoas negras.

Os policiais envolvidos no caso foram indiciados, e montou-se um júri composto de dez brancos, um latino e um americano filipino. Mas, deliberadamente, não incluía nenhum indivíduo negro. Um ano depois, o júri absolveu os policiais de todas as acusações.

Em reação, a região centro-sul de Los Angeles se revoltou num surto de fúria.

Minha geração   57

O protesto se estendeu por seis dias, resultando em 63 mortos, mais de 2300 feridos e quase 12 mil detidos, além de quase 1 bilhão de dólares em prejuízos financeiros. As revoltas expuseram uma rede complexa de tensões raciais que vinham fermentando sob a superfície em Los Angeles — e em todo o país — por mais de uma década. Assisti à cobertura da revolta em Los Angeles pela televisão. Mesmo menina, senti que entendia o que os jornalistas pareciam não entender: o povo negro estava enfurecido por causa de uma dinâmica persistente de racismo que diminuía o valor de nossas vidas. Na esteira das revoltas, acendeu-se um debate nacional sobre a herança duradoura do racismo e da violência policial contra as comunidades negras, e houve um esforço de buscar formas de melhorar as relações inter-raciais. Também ficou muito claro que a dinâmica de segregação e discriminação da era da legislação segregacionista não desaparecera, mas apenas se transformara. Discutia-se abertamente o racismo, mas a coisa se resumia ao que sempre fora: falar.

Enquanto isso, eu estava aprendendo sobre as questões raciais com os mesmos tipos de eufemismo que haviam caracterizado Ronald Reagan. Em minha comunidade liberal, diziam-nos que os Estados Unidos eram um "caldeirão" de diversas culturas e comunidades diferentes, unindo-se para formar um só país. As metáforas mudavam a cada ano — de caldeirão para caldo ou salada, até que, por fim, acabaram-se as aulas sobre nossas ótimas relações raciais. Tudo isso mudou, acredito, quando a área centro-sul de Los Angeles ardeu em chamas.

Em 1993, Bill Clinton assumiu a presidência dos Estados Unidos. Sua eleição pôs fim a doze anos de controle republicano da Casa Branca. Clinton era um sulista carismático que tocava saxofone e atraía as comunidades negras que tinham sofrido o inferno durante aqueles doze anos de governo republicano conservador.

Embora democrata, Bill Clinton era conservador. Além do carisma, seus programas políticos o tornavam palatável aos republicanos, e ele tinha uma posição dura contra a criminalidade que aumentou muito o encarceramento em massa. Em 1994, Clinton apresentou a Lei de Controle e Punição de Crimes Violentos — um projeto de lei de triste fama que incluía a Lei da Violência contra as Mulheres e a proibição de armas de assalto, junto com uma verba de 9 bilhões de dólares para a construção de presídios, além da contratação de 100 mil novos policiais. O projeto ampliava a aplicação da pena de morte federal, incluía sentenças mínimas obrigatórias e incentivava os estados a adotarem penas duras e limitarem as condicionais. Bill Clinton se valeu do medo de líderes negros e brancos quanto às mudanças em suas comunidades, que eles, na maioria, atribuíam mais a escolhas pessoais do que a impactos da política. Bill Clinton acreditava naquela narrativa da responsabilidade pessoal — sobretudo quando se tratava das comunidades negras. E, como muito bem escreveu Michelle Alexander, Hillary Clinton não estava apenas sentada no Salão Oval tomando chá; ela se juntou ao marido para defender a legislação que devastaria as comunidades negras nas décadas seguintes.

A Guerra às Drogas começara a se transformar na Guerra às Gangues. As mudanças na política econômica fizeram com que as famílias brancas saíssem dos bairros urbanos e fossem

Minha geração

para os subúrbios. Os jornais e os noticiários transbordavam casos de crime e pobreza nas áreas centrais. Como quase não se discutiam as políticas que haviam criado tais condições, a narrativa usual do movimento conservador nos dois partidos responsabilizava as comunidades negras pelas condições em que tentávamos sobreviver. Era constante o número de novas leis, escritas sob a égide do movimento conservador mas que atravessavam as fronteiras partidárias, mirando as comunidades negras ao visar a uma maior vigilância e ação policial, além de penas mais pesadas. Nenhuma dessas peças legislativas incluía um combate efetivo dos problemas, pois havia sido o próprio movimento conservador que, em primeiro lugar, os criara.

"Também precisamos fazer um esforço organizado contra as gangues", declarou Hillary Clinton durante uma entrevista na c-span em 1996, "assim como, numa geração anterior, fizemos um esforço organizado contra a máfia. Precisamos pegar essa gente. Muitas vezes estão ligados a grandes cartéis de drogas; não são mais meras gangues de garotos. Muitas vezes esses garotos são do tipo chamado de superpredadores — sem consciência, sem empatia. Podemos discutir por que eles acabaram assim, mas antes temos de controlá-los."

Durante essa época, os ataques às comunidades negras vinham praticamente de todos os lados. Esvaziadas pela crise de saúde pública devido ao crack, nossas comunidades também foram amplamente criminalizadas pelo governo.

A cultura pop nos anos 1990 se tornou outra vez um campo de batalha. Cresci na época do *gangsta rap*, um estilo de música hardcore que expunha vividamente as experiências das comunidades negras do centro da cidade. Estou longe de ser uma especialista em rap, mas guardo a lembrança querida do dia em que convenci meus pais a me levarem à Warehouse para comprar meu primeiro álbum com letra explícita, que tenho o orgulho de dizer que era do Yo-Yo, um protegido do Ice Cube, do Niggaz wit Attitudes (N.W.A.).

Claro que nenhuma das músicas que eu ouvia correspondia à minha vida de então. Para começo de conversa, eu estava sendo criada numa comunidade suburbana de maioria branca, onde havia poucos negros. Mas me lembro claramente de assistir às audiências televisionadas do Congresso sobre o *gangsta rap* em 1994, e de rir muito com a ideia de que, ao ouvir uma música, a pessoa ia querer imitar o comportamento apresentado na letra. Foi preciso o depoimento de rappers famosos para explicar a um painel de congressistas que eles deveriam prestar mais atenção ao que estava acontecendo nas comunidades negras, devastadas pelas drogas e pela violência, do que ficar esbravejando contra a música que expunha essa realidade. Era verdade — a meninada branca da minha escola ouvia o mesmo tipo de música, e nem por isso os carros passavam atirando em Marin County; portanto, era bobagem dizer que ouvir uma música faria alguém imitar o comportamento que, segundo os críticos, estava sendo glorificado na letra. Também nesse caso, era muito mais fácil abordar o comportamento individual ofensivo do que abordar os movimentos e políticas que, em primeiro lugar, haviam criado tais condições.

Havia audiências do Congresso sobre o *gangsta rap*, mas não sobre a pobreza nas comunidades negras; não havia audiências para determinar por que o caminho mais evidente para a ascensão econômica era o tráfico de drogas, nem para definir o

Minha geração

papel que as organizações de rua desempenhavam nas comunidades urbanas ou como elas proporcionavam uma estrutura familiar para as crianças da região cujas famílias tinham sido dizimadas pela dependência de drogas, pela pobreza, pelo encarceramento ou pela violência. As comunidades negras estavam sendo demonizadas por se adaptarem à sobrevivência em algumas das condições mais desumanizadoras possíveis. Algumas das vozes mais estridentes contra o *gangsta rap* vinham da própria comunidade negra. Embora não constituíssem um fenômeno novo, representavam uma tensão presente nas comunidades negras. Para alguns, a melhor maneira de lidar com o crime, a violência e outros tipos de disfunções era oferecer um "bom" código moral e "bons" valores, defender a responsabilidade pessoal e aumentar a presença policial nas comunidades negras. Outros pensavam que só seria possível combater tais problemas identificando e reformando as políticas e instituições racistas primeiro.

Em 1996, Clinton assinou a Lei de Responsabilidade Pessoal e Oportunidade de Trabalho, que transferia para os estados o controle sobre a assistência social e acabava com quase seis décadas de controle federal dos programas. Ao encerrar o programa federal de assistência social, Clinton criou o programa de Assistência Temporária a Famílias Carentes (Temporary Assistance for Needy Families, Tanf), que mudou a estrutura e o financiamento dos programas de assistência monetária. A assistência social agora passava a ser financiada por repasses federais em bloco aos estados, junto com a exigência de que os estados entrassem com uma parte das verbas.

Embora a maioria dos beneficiados pela assistência fosse de mulheres brancas, Clinton alimentou implicitamente a ideia, popularizada por Ronald Reagan, da "rainha da assistência social". Era por isso que a Tanf também incluía exigências quanto ao trabalho — nos programas coloquialmente chamados de "assistência para trabalhar" — que reduziam o número de pessoas elegíveis e estabeleciam limites de prazo e montante dos auxílios, ao mesmo tempo instituindo penas severas aos beneficiários que descumprissem as normas.

Quando Clinton lançou essas duas leis que foram verdadeiros marcos — uma que intensificava a criminalização dos indivíduos pobres e negros, outra que restringia a ajuda do governo às comunidades pobres consideradas majoritariamente negras —, houve um avanço ainda maior da agenda da direita, embora promovido por um presidente democrata. Essa agenda apontava a população negra como ameaça ao modo de vida americano; uma população que se aproveitava de programas oficiais perdulários, os quais incentivavam os beneficiários a ser indolentes, vivendo do seguro-desemprego. A solução para essa ameaça consistia, segundo ele, em controlar e conter as comunidades e pessoas negras — fossem *gangsta rappers* ou parasitas da assistência social, traficantes de drogas, superpredadores ou membros de gangues.

É fundamental para a ideologia da direita que haja pessoas literalmente se apropriando do trabalho árduo de outras, pessoas que exigem direitos e proteções desnecessários e imerecidos, que não contribuem de nenhuma maneira produtiva para a sociedade. É importante notar que essa ideologia não se limita a um ou outro partido político — como demonstrou

Minha geração

o presidente Clinton, com uma vontade instintiva de pôr as pessoas negras no devido lugar.

Bill Clinton fez sua carreira política supervisionando as comunidades negras e, ao mesmo tempo, declarando-se seu valioso amigo. Diante das críticas pelos impactos da lei do crime de 1994 ou da lei que reduzia drasticamente a assistência social, ele alegou que tais medidas não eram racistas, porque foram justo as comunidades negras que o haviam pressionado a aprovar a legislação. Por mais cínica que seja essa defesa, ela não é inteiramente falsa.

De fato, essas leis tiveram defensores negros, muitas vezes movidos pelo desespero. Alguns acreditavam que minha geração perdera a bússola moral — que éramos o principal obstáculo ao nosso próprio progresso. Outros acreditavam que a intervenção do governo, junto com uma mudança de comportamento, era o que protegeria as comunidades negras de nós mesmos. Todos acreditavam que havia algo intrinsecamente errado conosco.

Nos anos 1990, a liderança negra estava fragmentada, ainda sob os efeitos do turbilhão vivido no último período do movimento dos direitos civis e do Black Power. Malcolm X foi assassinado em 1965. O reverendo dr. Martin Luther King, em 1968. Fred Hampton, presidente dos Panteras Negras, em 1969, e Huey Newton, em 1989. A liderança visível nas comunidades negras durante a era dos direitos civis, em meados do século, era amplamente composta de líderes religiosos homens. Quando a luta pelos direitos civis se transformou num movimento pelo Black Power e pela autodeterminação, no final dos anos 1960 e nos anos 1970, a liderança continuava formada por uma maioria de homens negros, com as mulheres negras deixadas de lado. O movimento Black Power ruiu — seus líderes foram mortos, marginalizados ou ingressaram na política convencional.

Nos anos 1980 e 1990, líderes como Jesse Jackson e Al Sharpton tomaram o lugar de nomes como Luther King e Newton. Politicamente, eram figuras complicadas. Jackson começou a carreira trabalhando para o dr. King na Conferência da Liderança Cristã do Sul (Southern Christian Leadership Conference, SCLC). Ele supervisionava a seção de Chicago da Operação Cesta de Pão, iniciativa destinada a aumentar o emprego negro pressionando as empresas de brancos a contratarem pessoas negras e a negociarem com fornecedores negros. Em 1971, Jackson se separou da SCLC e formou a Coalizão Arco-Íris da Push (inicialmente Operação Povo Unido para Salvar a Humanidade; mais tarde alterada para Povo Unido para Servir à Humanidade). Jackson concorreu à presidência dos Estados Unidos em 1984 e 1988; ficou em terceiro lugar nas primárias do Partido Democrata em 1984 e obteve um número ainda maior de votos em 1988, tendo sido o segundo afro-americano a concorrer ao cargo de presidente do país (depois de Shirley Chisholm).

Al Sharpton era o chefe da Liga da Juventude da Operação Cesta de Pão de Nova York, e mais tarde criou a Rede de Ação Nacional, que liderou protestos contra a violência racista ao longo dos anos 1990.

Como ocorrera em gerações anteriores, a liderança negra tal como era encarnada por esses dois homens se concentrava em figuras masculinas carismáticas — e, nesse caso, figuras também atingidas por denúncias de corrupção.

Minha geração 65

Em alguns aspectos, a década de 1990 foi a era da política de apadrinhamento, e Jackson e Sharpton entraram no jogo. Ser visto como amigo da comunidade negra tinha lá seu preço, fosse o compromisso de contratar pessoas negras, de ter como fornecedores empresas cujos donos eram negros ou de contribuir para organizações lideradas por negros. Em certo sentido, isso trivializava as questões que afetavam a população negra, convertendo qualquer crise ou crime contra a comunidade em oportunidade de compensação financeira ou em mais força de barganha numa negociação. A chance de fazer desaparecer qualquer crime, qualquer injustiça, qualquer protesto com um cheque nas mãos certas ajudava a eximir as esferas decisórias da verdadeira responsabilidade perante as comunidades negras.

Embora esses homens sejam conhecidos como firmes defensores dos direitos da população negra, nenhum deles poderia reivindicar legitimamente uma superioridade moral. Tanto Sharpton quanto Jackson, segundo dizem, estiveram envolvidos em negociatas e outras atividades que maculavam sua autoridade moral. Jackson se formou sob a orientação de Luther King, e o próprio Luther King manifestou preocupação com o comportamento de Jackson, que considerava interesseiro (embora Luther King também não fosse nenhum anjo e tivesse lá suas próprias condutas interesseiras). Sharpton admite que cooperou com o FBI, mas afirmou em 2014: "Não fui nem sou um rato delator, porque não estava com os ratos. Sou um gato. Eu caço ratos", alegando que não foi informante, mas que ajudou o FBI a capturar mafiosos famosos e asseclas na indústria da música, inclusive Don King, o empresário de boxe e agente de bandas que o ameaçara devido a suas próprias atividades no setor musical. "Se você sofre uma ameaça, você não é informante — só uma vítima tentando se proteger... Incentivo os garotos o tempo todo a trabalharem com as forças da lei — por que você acha um absurdo eu fazer o mesmo?" Na verdade, trabalhar com o FBI é, sim, controverso. Muitos dos movimentos pela libertação negra foram alvo do FBI devido a suas atividades políticas, por meio de programas do governo como o Cointelpro.* Os comentários de Sharpton encobrem o papel histórico do Estado em vigiar e prejudicar movimentos sociais negros de todo tipo — tanto liberais quanto radicais.

A liderança de Jackson e de Sharpton levantou questões sobre o rumo que estaria sendo dado à América negra. As condições existentes — o antagonismo racial, o desemprego elevado, o subemprego, as disparidades nas questões de saúde e desempenho escolar e assim por diante — seriam resolvidas pelo capitalismo negro, pela liderança negra masculina carismática tradicional e por líderes negros com motivações e objetivos pouco transparentes?

Os movimentos nos moldam, e nós os moldamos — às vezes de modo consciente, às vezes não. Minha geração foi e continua a ser moldada pelo consenso conservador e pela ascensão da direita ao poder. O grande enraizamento de éticas, ideologias, narrativas e políticas conservadoras em todas as

---

* O Programa de Contrainteligência (Counter Intelligence Program) foi um programa secreto criado por J. Edgar Hoover com o objetivo de desestabilizar grupos de esquerda, ativistas e dissidentes políticos e funcionou entre 1956 e 1971. (N. E.)

Minha geração 67

estruturas, em todos os sistemas que organizam nossas vidas, tem profundas consequências em quem somos e na maneira como vivemos.

Foi no ambiente político fragmentado e retrógrado que descrevi acima que minha história como organizadora teve início. Havia muito a fazer e a aprender — e, nesse caso, a desaprender.

PARTE II

Surge uma nova geração

3. Primeiras lições

ORGANIZAR É O PROCESSO DE SE JUNTAR com outras pessoas que têm as mesmas preocupações e os mesmos valores para promover mudanças em algum tipo de política, geralmente do governo, mas também de universidades, empresas privadas e outras instituições com políticas que afetam e moldam nossas vidas. A atividade de organizar faz parte da minha vida desde que consigo me lembrar, embora por muito tempo eu não a chamasse por esse nome — pensava que estava apenas trabalhando com outras pessoas para resolver os problemas que afetavam o nosso cotidiano. Para mim, organizar é estabelecer conexões humanas e construir relações, tanto quanto alcançar um objetivo político. O trabalho me alimenta. Está entranhado em quem eu sou. Mas a ideia de construir relações com nossos vizinhos e outras pessoas, a fim de realizar coisas no mundo, está entranhada em todos os âmbitos de nossas vidas: é parte do que fazemos diariamente para sobreviver, para nos alimentar, nos expressar, nos restaurar. Os seres humanos são criaturas sociais; a conexão está no cerne de quem somos. E organização é conexão com um objetivo. Quando nos conectamos com os outros, aprendemos sobre eles e sobre nós mesmos. Essa percepção é o início da verdadeira mudança política.

Minha motivação para organizar era, em parte, um desejo de não me sentir sozinha no mundo. De saber que há gente lá fora vivendo situações parecidas, enfrentando dúvidas e contradições similares, e sentindo lá no fundo que as coisas não precisam ser do jeito que são. Todo mundo encontra esse ponto básico de conexão num lugar diferente. Para alguns ativistas e organizadores, a conexão está num problema ou numa preocupação em comum. Para outros, numa mesma visão do que é possível. Para mim, é um pouco das duas coisas: o processo de passar de uma conexão que se dá num problema ou preocupação em comum para uma conexão numa mesma visão do que é possível — de um problema em comum para um futuro em comum.

É uma jornada que não se pode fazer sozinho. Como uma menina negra crescendo em Marin County, subúrbio de maioria branca em San Francisco, eu sentia sistematicamente o que era ser a "única" e o que isso significava para as minhas perspectivas de sobrevivência. Fui filha única até os oito anos de idade. Muitas vezes era a única ou uma das poucas crianças negras na escola, no bairro, na família. Eu vivia num mundo que valorizava a conformidade, mas nunca me sentia igual, em conformidade com a maioria das pessoas com quem convivia. Sabia como era ser tratada de maneira diferente, mas não achava que fosse possível fazer muito a respeito disso.

Como negra num ambiente predominantemente branco, vivi todos os tipos de penalização da negritude: precisava lidar com padrões de beleza que me excluíam, com microagressões e acusações racializadas injustas de figuras de autoridade, com professores que supunham que eu não era inteligente ou capaz, que policiavam minhas relações com colegas da turma — sobretudo em relação ao gênero e à sexualidade — e associavam estereótipos racistas e ignorantes à minha

Primeiras lições 73

mera existência. Tive uma professora no quinto ano que me perguntou se eu tinha as solas dos pés tão claras quanto as palmas das mãos.

Mas ficava ainda mais complicado do que isso. Minha negritude era ao mesmo tempo demonizada e romantizada. Muitas vezes, eu era a única pessoa negra que meus amigos conheciam, e, por eu não ser como os negros que eles viam na televisão ou que ouviam cantar, isso os deixava confusos. Eu sabia que os elementos que autorizavam a minha circulação entre os estudantes brancos — o cabelo alisado, a proximidade com a riqueza e o privilégio branco, os recursos que me permitiam um ótimo desempenho escolar — nem sempre estavam ao alcance dos meus poucos colegas negros. Via como algumas formas de circulação social mudavam a percepção das pessoas sobre a minha negritude; e via também como a minha negritude mudava o valor que me era atribuído na circulação social. Isso me apresentou à verdade de que, embora cada um de nós tenha seus fardos e privilégios individuais, eles são drasticamente moldados conforme a raça, o gênero, a classe, a nacionalidade, a sexualidade, a deficiência ou outros traços identitários.

QUANDO COMECEI A FACULDADE, na Universidade da Califórnia, em San Diego, senti pela primeira vez o que significava ser diferente num plano muito mais íntimo: a minha própria sobrevivência. Passei de um ambiente pequeno e cortês, onde todos mais ou menos se conheciam, para um ambiente maior, muito menos interconectado e mais socialmente diverso. Pela primeira vez, eu me sentia ao mesmo tempo inserida no meu ambiente e muito distante dele. O número de pessoas negras na universidade ainda era reduzido, mas suficiente para que a minha diferença não fosse um fardo a ser carregado sozinha. A realidade diferente que eu estava vivendo começou a fazer sentido quando fui apresentada ao pensamento feminista negro. Vi que não era a única que sentia aquela distância. Várias feministas negras tinham escrito sobre a experiência de fazer parte de um mundo moldado basicamente segundo as preferências, os gostos e as normas das pessoas brancas e da branquitude — um mundo que incluía a minha faculdade. Foi quando tive contato com diversas maneiras de pensar por que o mundo funciona de determinada forma e de refletir sobre os diversos métodos para realizar mudanças. Aprendi com queers negras e outras queers de cor — colegas, professoras, artistas e autoras, criadoras da arte e da literatura que eu devorava. Li tudo o que encontrei de Audre Lorde, bell hooks, Cherríe Moraga e Patricia Hill Collins. Pela primeira vez, tive professores e professoras negros, alguns queers. Comecei a entender que a diferença era fonte de força e poder, que estar de fora oferecia outra perspectiva — potencialmente capaz de maior alcance e compreensão. O mundo se revelava de novas formas, e eu queria aprender mais. Resolvi concentrar meus estudos em antropologia e sociologia — queria mergulhar nas pessoas e na cultura.

Também aprendi como as relações de poder eram moldadas por raça, classe, gênero e sexualidade. Trabalhei no centro de saúde estudantil no campus, fazendo testes e dando aconselhamento sobre o HIV, bem como sobre a contracepção; entrei numa organização estudantil ligada à Planned Parenthood; integrei a diretoria de uma organização de apoio a gays, lésbicas, bissexuais e trans. Também estava me informando sobre Margaret Sanger, que recorria à eugenia como forma de obter

Primeiras lições 75

apoio para a pílula anticoncepcional. Quando nossa seção local da Planned Parenthood comemorou o Dia de Margaret Sanger, não só me recusei a participar como entendi com mais clareza que tudo em nossas vidas é moldado por esses fatores, e isso também se aplicava à minha vida.

QUANDO ME FORMEI NA FACULDADE, não sabia bem o que faria a seguir. Ainda me sentia aprendendo coisas sobre o mundo e não estava pronta para decidir o que fazer com o resto da minha vida. Queria voltar para a Bay Area. Não aguentava mais o sul da Califórnia. Estava num relacionamento com uma pessoa que ainda tinha mais um ano pela frente na Universidade da Califórnia, no campus de Santa Cruz, e queria ficar mais perto dela. Inscrevi-me em diversos programas voltados para jovens, inclusive o Teach for America e o AmeriCorps. Fui aceita em ambos, mas a vaga no AmeriCorps ficava em Daly City, na Bay Area, e envolvia o que eu mais queria fazer: trabalhar com jovens de cor.

A empolgação da novidade logo passou. O programa pagava apenas 12 mil dólares por ano e exigia dedicação em tempo integral, com a promessa de uma bolsa de 25 mil dólares após um ano. Depois de nos apresentarem o programa, levaram-nos imediatamente ao escritório da assistência social, onde nos inscrevemos para os vales-refeições. Para complementar a renda, eu trabalhava na loja de antiguidades dos meus pais e aceitei uma vaga para lecionar numa escola em Oakland. Mesmo assim, vivia sempre dura. Minha colega de quarto, uma amiga de Marin County, recebia mesada dos pais abastados, o que nos ajudava a pagar as contas.

Durante um ano, pelo AmeriCorps, trabalhei numa clínica de saúde em Daly City, fornecendo aconselhamento e testes de gravidez e de HIV/aids a jovens. Também ajudei num programa correlato de prevenção da violência. Fui voluntária numa organização contra a violência sexual chamada San Francisco Women Against Rape (SFWAR), em que participei aconselhando, intermediando, atendendo a ligações de emergência e encaminhando vítimas de violência para atendimento médico. Ao prestar esses serviços, mais uma vez percebia as contradições em muitas das atividades. Trabalhava diretamente com jovens de cor, numa organização com equipes formadas basicamente por pessoas de cor, e, mesmo assim, os professores e os administradores eram, em sua maioria, brancos. Alguns dos métodos usados pareciam perpetuar um "complexo de salvador", em vez de capacitar e empoderar os jovens para que fossem capazes de tomar as próprias decisões. Alguns membros da organização caracterizavam relacionamentos de garotas jovens com homens pelo menos dez anos mais velhos que elas como uma "norma cultural", por exemplo, e pareciam mais turistas ou antropólogos do que integrantes dessas comunidades.

As tarefas no voluntariado da SFWAR estavam mais alinhadas com a percepção política que eu começava a desenvolver, e também ajudavam a moldar como eu entendia minha identidade: a maioria da equipe era formada por queers e pessoas de cor. Estar ali naquele ambiente me ajudou a explorar minha sexualidade, sentindo-me atraída e atraente com relação a lésbicas, masculinizadas e trans. Durante nosso treinamento como voluntárias, aprendemos muito sobre vários sistemas de opressão — tal como na faculdade —, mas o aprendizado não

Primeiras lições 77

era acadêmico, tampouco dissociado das experiências pessoais. Víamos como esses sistemas funcionavam na prática, na vida das pessoas — nas nossas vidas. A SFWAR estava em transição. A operação em sentido único, com a prestação de serviços em resposta a alguma necessidade urgente, passaria a ser em mão dupla: além dos serviços, também haveria aprendizado, adaptação e integração dos beneficiários ao processo. Essa mudança gerou alguma revolta, tanto dentro quanto fora da organização. Internamente, não havia uma concordância clara sobre o rumo a ser tomado. Tendo adotado uma posição mais explicitamente política, a SFWAR sofria ataques externos; o trabalho em si já era bastante puxado, ninguém precisava da tensão adicional das ameaças de morte por telefone ou dos financiadores perigando retirar o apoio.

Quanto mais eu olhava, mais difícil era ignorar que muitas das organizações e iniciativas das quais eu participara, com investimento do meu tempo e paixão, nunca haviam pretendido, em primeiro lugar, incluir gente como eu — ou apenas permitiam nossa entrada em termos não muito dignos. Fiquei desiludida com a mudança e o ativismo; sentia-me isolada e insegura. Antes, a solidão era reconfortante para mim — em certo sentido, parecia um sinal de superioridade. Agora, a solidão era diferente.

MEU PERÍODO NA SFWAR ESTAVA CHEGANDO AO FIM, e um dia recebi uma mensagem anunciando um programa de treinamento para capacitar organizadores. Procuravam gente jovem, entre dezoito e trinta anos, para participar de um programa de oito semanas que prometia "treinamentos para formação política" e "cursos intensivos de organização". As pessoas selecionadas seriam encaminhadas para treinamento em instituições com bases comunitárias, e muitas delas tendiam a contratar os que se saíam bem no estágio de verão. Eu não sabia bem o que faria após o AmeriCorps e a SFWAR; achei o programa interessante e resolvi me inscrever. Fui aceita.

O programa tinha um rigor que eu adorava. Todo dia, esperava-se que seríamos pontuais e chegaríamos preparados. Os treinamentos de formação política eram muito envolventes e exigiam bastante. Duas vezes por semana, líamos teóricos políticos e examinávamos temas como capitalismo e imperialismo, patriarcado e homofobia, bem como a história dos movimentos sociais. Nos outros dias, trabalhávamos em organizações de base. Recebíamos uma pequena ajuda de custo para passarmos essas oito semanas, estudando e trabalhando em jornadas que às vezes se estendiam por dez a doze horas. Também passávamos por avaliações semanais com os principais treinadores, para rever o que estávamos aprendendo e resolver as possíveis dificuldades.

Muitos de nós fazíamos dupla com outro participante do programa; meu par foi um jovem gay afro-porto-riquenho de Chicago, que acabara de passar seis meses morando numa árvore a fim de protegê-la contra a incorporação imobiliária. Era filho de um policial, mas tinha espírito independente, fumava montes de maconha, não usava cueca e, em vez de passar desodorante, preferia comer alho. Íamos diariamente ao escritório no térreo onde ficava a organização, praticávamos o papel de organizadores com a equipe e então íamos visitar as pessoas em West Oakland.

Primeiras lições

Estávamos em busca de gente disposta a se organizar para reagir a um plano da prefeitura de transferir, em dez anos, 10 mil novos moradores para o centro antigo de Oakland. West Oakland é vizinha do centro antigo e, assim, a chegada de novos moradores significava, na verdade, mais incorporações e especulações imobiliárias na região. Naquela época, muitos dos moradores de West Oakland eram pobres ou trabalhadores de classe média. Inúmeros idosos moravam nessas comunidades fazia décadas, desde que se viram incentivados pela explosão econômica da época da guerra a sair da Louisiana, do Mississippi e de outros estados sulistas em direção ao oeste. Nossa meta era recrutar cem moradores de West Oakland para uma reunião comunitária, com o objetivo de discutir os planos e o impacto que teriam na comunidade e montar estratégias que dessem peso à influência da população local.

Naquele verão, falamos com mais de mil pessoas. Nosso método era simples: ir de porta em porta. Meu colega de estágio não era muito bom nisso. Enquanto eu falava com os moradores, muitas vezes ele ficava fumando um cigarro na rua ou se sentava no meio-fio e arrancava matinhos e flores silvestres para fazer enfeites. Mas eu adorava aquilo.

Comecei a me sentir revigorada. A cada porta a que batia, eu me lembrava de um parente, e cada conversa me ensinava muito sobre mim mesma e o mundo ao meu redor. Aprendi a ouvir o que realmente estava por trás de um "Não, acho que não vou poder", de um "Preciso dar banho nas crianças nesse horário" ou de um "Claro, vou tentar aparecer". Qualquer resposta diferente de "Ah, sim, com certeza" era uma chance de conseguir que fossem. Conversávamos sobre nossas famílias, nossas experiências na política e no ativismo, sobre nós mesmos. Passei horas incontáveis em cozinhas e salas, em sofás e varandas lotadas, em quintais. Aprendi a envolver outras pessoas no lento processo de mudar o mundo.

Antes de terminar o verão, ofereceram-me um emprego, que aceitei muito contente. Tinha ficado fascinada com o trabalho de organização, obcecada com a teoria política e muito envolvida com o trabalho. Atirei-me de cabeça e me mudei do meu apartamento caríssimo em San Francisco para Oakland.

4. A primeira briga

MUITO DO QUE SEI SOBRE A CONSTRUÇÃO de movimentos, aprendi com o trabalho de organização em comunidades negras. E foi em Bayview Hunters Point que aprendi a organizar — lugar de alguns dos meus mais caros momentos de conexão humana e das mais dolorosas lições sobre o real funcionamento do poder. Foi lá que aprendi a amar o trabalho mais árduo, e era lá que meu coração ficava constantemente destroçado.

Organizar é criar relações e usar essas relações para fazermos juntos algo que não conseguimos fazer sozinhos — mas não se limita a isso. A missão e o objetivo da atividade de organizar é criar poder. Sem ele, somos incapazes de mudar as condições que nos ferem em nossas comunidades. Um movimento tem sucesso se transforma as dinâmicas e as relações de poder — passando do poder concentrado nas mãos de uma minoria para o poder pertencendo a uma maioria.

Muita gente, quando pensa em poder, na verdade está visando ao empoderamento. Penso que ambos estão relacionados, mas são diferentes. Poder é a capacidade de gerar impacto e afetar as condições da nossa vida e da vida de outros. Empoderamento, por sua vez, é a pessoa se sentir bem consigo mesma, algo próximo a um grande respeito próprio. O empoderamento é o que se dá quando as pessoas se unem e não se sentem mais sozinhas, não se sentem as únicas a vivenciar determinadas experiências. A menos que o empoderamento se transforme em poder, não haverá muitas mudanças no ambiente. É o poder que determina se uma comunidade receberá ou não melhorias urbanas, se haverá ou não o financiamento de uma área escolar, se uma família terá ou não assistência médica de qualidade que caiba dentro do seu orçamento. A atividade organizativa em Bayview Hunters Point me ensinou muito sobre o poder — o que é, o que não é, como funciona, como pode ser contestado, como pode ser transformado. Durante uma década de organização nessa comunidade pequena, mas forte, aprendi lições que foram valiosas não só para o projeto de construir poder em San Francisco, mas também para o projeto maior de construir movimentos em toda a nação.

Muitas vezes, a atividade de organizar comunidades é romantizada, mas o trabalho concreto demanda tenacidade, perseverança e engajamento. É diferente de ser um analista, expondo suas opiniões e comentários sobre os acontecimentos do mundo em plataformas das redes sociais. A atividade de organizar comunidades é o trabalho complicado de unir pessoas de origens e experiências diversas para mudar as condições em que vivem. É o trabalho de construir relações entre pessoas que talvez não acreditem ter nada em comum para que, juntas, possam alcançar um mesmo objetivo. Isso significa que, na atividade de organização, você ajuda as diversas partes da comunidade a se conhecerem, compartilharem suas histórias e reconhecerem mutuamente sua humanidade como incentivo

A primeira briga 83

para lutarem juntas. Quem organiza questiona suas próprias falhas e deficiências, e incentiva os demais a questionarem as suas. Quem organiza trabalha bem em grupo e individualmente. Quem organiza se empenha em resolver o contínuo quebra-cabeça de construir poder, para que seja possível mudar as condições que mantêm as pessoas numa situação infeliz. Quem organiza é, ao mesmo tempo, altruísta e egoísta. Altruísta por saber que despertar o desejo de justiça exige ouvir mais e falar menos, recuar para que as outras pessoas possam avançar. E egoísta porque, agindo em favor das outras pessoas, está alimentando a si. Libertar a fome interior de outra pessoa pela mudança social é algo estranhamente recompensador. É uma confirmação de que valeu a pena passar inúmeras horas tentando desatar aquele nó. Quem organiza sente o maior barato ao motivar as outras pessoas a agirem.

Em 2005, entrei numa pequena organização de base chamada Power (People Organized to Win Employment Rights). O objetivo era ajudar a criar um novo projeto organizativo focado na melhoria das condições de vida dos moradores negros na maior comunidade negra remanescente em San Francisco.

Fazia tempo que eu seguia a Power. Ela foi fundada em 1997 com a missão de "acabar definitivamente com a pobreza e a opressão". A instituição era conhecida pela conquista do aumento do piso salarial em San Francisco para um nível que, na época, era o mais alto do país, e por sua resistência à chamada reforma, a qual apelidou de "deforma", da assistência social. A entidade tinha um caráter único entre as organizações de base em San Francisco pelo foco explícito nas comunidades negras.

Esse foi um dos aspectos que me atraíram. A Power era tudo o que eu, àquela altura da vida, procurava numa organização — um lugar onde pudesse aprender, ser treinada no ofício organizativo e na ciência da política, e onde não precisasse deixar de fora minhas crenças, meus valores e minha política.

O ingresso na Power mudou para sempre minhas ideias sobre o trabalho de organização.

Quando entrei para a equipe, mal sabia como se iniciava uma campanha — mas não precisei descobrir sozinha. Logo que comecei, veio um colega que me explicou: "Iniciar uma campanha é como começar uma briga. Às vezes, basta dar um soco na cara de alguém, recuar e ver o que acontece". Bom, eu nunca tinha saído na mão com ninguém, mas deu para entender a abordagem da coisa.

Procurávamos pessoas negras que quisessem se organizar para transformar San Francisco num lugar melhor para nossas comunidades — mas o problema era que a comunidade negra em San Francisco vinha diminuindo em ritmo acelerado. Em 1970, os negros correspondiam a 13,4 % da população da cidade; na época em que entrei na Power, em 2005, esse número tinha caído mais da metade, para 6,5%. As atividades de reurbanização, às vezes chamadas de revitalização urbana (ou "remoção dos pretos", como fora renomeada por alguns grupos negros), tinham transformado o distrito negro, que se chamava Fillmore, antes próspero e fervilhante, num grande parque recreativo para as famílias de profissionais liberais brancos, jovens e ricos. Muitos dos removidos do distrito de Fillmore foram reassentados em Bayview Hunters Point, uma pequena comunidade na zona sudeste da cidade.

A primeira briga 85

BAYVIEW HUNTERS POINT NÃO EXISTIA nos mapas turísticos; era uma faixa sombreada ao longo da parte sul da cidade, como uma mão estendida. Ali se concentrava a maioria da população negra que restara em San Francisco, enquanto alguns tinham ficado no Tenderloin, em Lakeview, e em alguns pontos dispersos em volta de Fillmore.

Na adolescência, eu fizera algumas excursões clandestinas até lá, mas, quando adulta, nunca tinha ficado muito tempo no local. Parecia-me relativamente isolado. Antes havia ali um estaleiro comercial, mais tarde ocupado pela Marinha americana, uma usina de energia e comércio de camarão. Uma parte significativa da região consistia em grandes edifícios retangulares, com poucas janelas, cercando um núcleo interno de residências em estilo vitoriano. As vistas mais bonitas ficavam reservadas para os moradores dos conjuntos habitacionais, no alto de um morro que, de um lado, dava para a baía de San Francisco e o restante da cidade e, do outro, abrangia desde o Mission District até o centro velho. O morro abrigava a maior concentração de conjuntos habitacionais de toda a cidade, acima do Estaleiro Naval de Hunters Point, de triste fama. Era uma comunidade relativamente pequena, o tipo de lugar onde todo mundo parecia se conhecer. Quando eu percorria a área, não raro me paravam para perguntar de que parte do bairro eu era — isso acontecia tanto se eu estivesse a pé quanto dentro do carro, parada no trânsito.

Com anos de descaso e falta de investimento, o bairro estava em condições deploráveis, mas ficava localizado numa das melhores regiões da cidade, com um dos melhores climas. Enquanto San Francisco era famosa pela neblina, Bayview Hunters Point era ensolarada, graças aos microclimas que caracterizam a Bay Area.

Discretamente, haviam começado as conversas entre incorporadoras e a prefeitura, planejando um enorme projeto de reurbanização, tendo Bayview Hunters Point como epicentro. Viria a ser o maior projeto de reurbanização na história de San Francisco.

Em nossa cidade, reurbanização tinha virado sinônimo de desenvolvimento. Cafeterias, bares com mesas ao ar livre, butiques e delicatéssens muitas vezes vinham acompanhados por avisos de despejo, vales com "direito de retorno" que por alguma razão nunca eram utilizados, maior presença policial e fuga de famílias pobres e operárias, de maioria preta e marrom,* que não podiam se permitir os confortos e facilidades que vinham com os novos moradores, em busca do novo bairro da moda.

Começamos nosso trabalho para montar um projeto organizativo e melhorar as condições de vida da população negra nos inteirando mais sobre as impressões da comunidade quanto ao empenho silencioso, porém constante, da prefeitura e das incorporadoras em transformar seu bairro. Íamos de casa em casa e comparecíamos a reuniões comunitárias promovidas pela prefeitura sobre as atividades de reurbanização. Mas também íamos a reuniões com organizações que trabalhavam com

---

* No original, "black and brown". Referência à chamada "black-brown unity" ("unidade preto-marrom"), ideário político de coalizão entre negros e latinos para combater de modo unificado a ideologia da supremacia branca e seu poder dominante, em especial nos Estados Unidos, mas não apenas. Proposto inicialmente na década de 1960 por intelectuais e ativistas afro-americanos, voltou a ganhar força e visibilidade em 2020 em função da enorme disparidade nos casos de contaminação e mortes por covid-19 entre brancos e não brancos. (N. E.)

A primeira briga 87

outras questões, desde as que lutavam pelo saneamento do ambiente tóxico do Estaleiro Naval de Hunters Point, criado por indústrias que desrespeitavam a regulamentação e descartavam materiais perigosos de forma inadequada, a grupos que trabalhavam para empoderar os jovens e torná-los agentes transformadores. Nosso grupo não pertencia originalmente ao bairro, por isso vimos que precisávamos obter a aprovação da comunidade. Queríamos ouvir que os moradores desejavam e valorizavam nossa presença ali.

Claro que a nossa organização não era a primeira desse tipo em Bayview Hunters Point. Muita gente se envolvera em alguma forma de ação comunitária, desde grupos da igreja que socorriam os pobres até grupos dedicados ao empoderamento racial, como a Nação do Islã. O que faltava à comunidade era poder. Embora houvesse inúmeras organizações, nenhuma delas conseguia mudar o que acontecia ali, pelo menos não sozinha.

Eu passava minhas tardes indo de casa em casa, sentava-me a mesas em cozinhas ou me debruçava em varandas, conversava com moradores que me examinavam por portas de tela grossa. Fazia uma série de perguntas para conhecê-los melhor e saber mais sobre seus interesses.

Há quanto tempo você mora nesta comunidade? Do que gosta nela?

Tem visto alguma mudança? O que tem notado?

Você sabia que Bayview Hunters Point agora é um projeto de reurbanização? O que acha das mudanças que estão acontecendo na comunidade?

Que tipo de mudança você acha que precisa acontecer nesta comunidade? Acha que a prefeitura quer as mesmas mudanças?

Por que, na sua opinião, a prefeitura quer fazer mudanças aqui e agora?

A quem, na sua opinião, se destinam essas mudanças?

O que você acha que seria necessário para implementar as mudanças que a comunidade deseja?

Gostaria de fazer parte de uma organização que luta para garantir que todas as mudanças sejam em benefício desta comunidade?

Em poucos meses, tive umas duzentas conversas desse tipo com moradores de toda a comunidade. Falei com famílias de classe média que queriam ficar no bairro. Falei com gente que tinha crescido ali e herdado a casa dos pais ou dos avós, mas estava com dificuldade em mantê-la. Falei com famílias que moravam em casas populares e com jovens que pertenciam a gangues. Falei com pastores e idosos. Falei com gente que trabalhava em consultórios, bibliotecas e prestadoras de serviços. Falei com empresários e trabalhadores. Passei a saber os nomes dos netos e dos animais de estimação daquelas pessoas, e por fim, em vez de ficar só à porta, começaram a me convidar para entrar. Logo os moradores se tornaram rostos familiares, que frequentavam e planejavam reuniões de bairro para tratar de suas preocupações.

San Francisco nunca foi uma cidade amistosa para o povo negro, mas isso não impedia que indivíduos negros tivessem e exercessem poder — alguns em favor dos moradores mais vulneráveis, outros em favor dos interesses poderosos que exploravam os mais vulneráveis. Era como se alguns tivessem adotado em relação àquela comunidade o conceito de devorar ou ser devorado. Algumas lideranças faziam belos discursos, enfeitados com palavras grandiosas sobre o Black Power, e,

A primeira briga 89

tão logo cessavam os aplausos, viravam as costas e aceitavam o dinheiro de alguma grande empresa para promover algo prejudicial à comunidade. Entendi que havia duas espécies de líderes, que comecei a identificar pelo nome e pelo renome. Algumas, como Elouise Westbrook, Espanola Jackson e Enola Maxwell, eram consideradas as mães da comunidade. Trabalhavam com e pelas mulheres negras moradoras de casas populares e beneficiárias de assistência geral, e traziam mais recursos aos moradores na forma de creches, moradias de baixo custo e empregos. E havia aqueles líderes que procuravam exercer influência por meio de suas relações com incorporadoras e grandes empresas. Durante o mandato do prefeito da época, Willie Brown Jr., figura poderosa na política municipal e estadual, muitas pessoas negras conseguiram emprego por apadrinhamento político, em troca de apoio a projetos que várias vezes beneficiavam interesses poderosos. Terminado o segundo mandato de Brown na prefeitura, algumas dessas mesmas pessoas se tornaram "consultoras da comunidade" para empresas como a Pacific Gas and Electric, enquanto outras dirigiam órgãos municipais como o Departamento de Saneamento Básico ou ocupavam cargos em conselhos e comissões como a Agência de Reurbanização. Esse pessoal azeitava as engrenagens para os grandes programas de reurbanização que removeriam os eleitores negros, os mesmos eleitores que eles disseram representar ao entrar na política.

Quando eu falava sobre Bayview com gente de outras partes de San Francisco, ouvia as mais variadas histórias — e parecia até que o bairro se resumia, pura e simplesmente, a armas, drogas e gangues. Mas nada era tão simples na Bayview que descobri. Havia famílias negras, sul-asiáticas, latinas e brancas. Havia jovens e velhos, e ninguém se encaixava em nenhum estereótipo. Alguém que podia ser rotulado de traficante de drogas ia à igreja todos os domingos, e, mesmo que alguns realmente vendessem drogas, também ajudavam mulheres de idade com as compras. Uma senhora podia estar sempre bem-vestida e não ter nada na geladeira, nem ninguém que a visitasse. Você podia passar por um grupo de homens jogando dados na rua e descobrir que estavam discutindo uma nova política que o prefeito queria impingir. A cada dia que eu andava pela rua e batia nas casas, às vezes já de noite, ia aprendendo mais e mais sobre essa comunidade. Bati à porta de milhares de casas, e nunca, em momento algum, me senti correndo qualquer risco.

A primeira campanha em que trabalhamos se referia a um projeto de embelezamento da comunidade chamado "fiação subterrânea", que exigia de cada imóvel residencial o pagamento de um valor que chegava a 1400 dólares para que todos os cabos de transmissão de energia, que se entrecruzavam por sobre as casas, fossem enterrados sob o pavimento das ruas. Os moradores sem condições de pagar podiam sofrer sequestro do imóvel. O município e condado de San Francisco enviou cartas a todos os proprietários em Bayview Hunters Point, com instruções de como deviam concluir a obra. As casas que não cumpriam as instruções recebiam cartas cada vez mais ameaçadoras. Visitei alguns lares cujos moradores vinham à porta com o envelope aberto na mão, sem entender por que estavam recebendo uma cobrança referente a um projeto da prefeitura. Para piorar as coisas, a renda média no bairro, naquela época, girava em torno de 40 mil dólares anuais, metade da renda

A primeira briga

média no restante da cidade. Para muitos que mal conseguiam sobreviver, o valor cobrado de 1400 dólares era absurdo.

A prefeitura tinha um programa que ajudava os mais necessitados a pagar o "aterramento" — mas a verba só atendia alguns poucos moradores. A maioria deles nem sabia da existência do programa, e a prefeitura não se empenhou muito em divulgá-lo. Pusemos imediatamente mãos à obra, para que todos ficassem a par da existência de um programa que pagaria pela fiação subterrânea, e começamos a organizá-los em torno do projeto.

A maioria das pessoas com quem conversamos estava indignada com as ameaças da prefeitura de colocar suas casas sob sequestro. Os moradores antigos traçavam paralelos entre a "remoção dos pretos" dos anos 1950 e os novos projetos de reurbanização que chegavam ao bairro. Nossas reuniões comunitárias logo passaram de dez ou doze participantes para 75 a cem moradores por vez.

Nas reuniões sempre havia comida, um local para deixar as crianças e tradução; naquela época, a maioria dos encontros acontecia na sala comunitária da biblioteca local. A srta. Linda, a bibliotecária, apreciava o esforço de organizar a comunidade para reagir de maneira eficiente contra o massacre de uma incorporação imobiliária comandada pelas grandes empresas. Ela garantia que o local estivesse sempre disponível no terceiro sábado de cada mês.

Nossa sede ficava na área do Mid-Market de San Francisco, ao lado de uma velha estação da Viação Greyhound que depois foi convertida no escritório do Departamento de Segurança Interna do município, em cima de uma clínica para dependentes químicos que atendia aos vários usuários de drogas que povoavam as ruas, e a poucas quadras de distância da sede da prefeitura. Dos nossos escritórios até Bayview Hunters Point eram 23 minutos de carro e uma hora de ônibus — uma distância de 7,5 quilômetros. O sistema de metrô não atendia Bayview, de modo que o transporte era um grande impedimento para os moradores de lá conseguirem emprego e acesso a outras oportunidades.

Para realizar as reuniões comunitárias, eu tinha de levantar cedo no sábado e ir do meu apartamento em East Oakland até nossa sede em San Francisco, pegar os materiais e suprimentos necessários e buscar dois ou três membros durante o trajeto; chegávamos à biblioteca cerca de uma hora antes do horário marcado, para arrumar tudo. Costumávamos montar a pauta com nossos membros, na maioria integrantes antigos da comunidade, gente com renda fixa e pessoas que não tinham como pagar pelo projeto, e que agora enfrentavam o risco de despejo por causa do sequestro de suas casas. Juntos, elaborávamos abordagens e estratégias para lidar com o problema.

Com o tempo, criamos um conjunto de reivindicações junto à prefeitura referentes ao projeto de fiação subterrânea. Usávamos o termo "reivindicações" porque queríamos deixar claro que não desistiríamos delas sem lutar. Reivindicamos que o município pagasse os custos da fiação para todo morador que provasse ter renda igual ou inferior à média local de 40 mil dólares anuais; reivindicamos que a prefeitura realizasse reuniões com a comunidade para informar as pessoas sobre o programa; e reivindicamos que retirassem a ameaça de sequestro do imóvel caso o morador não pudesse pagar pela obra.

A seguir, agendamos reuniões com funcionários da administração municipal, muitos deles refratários de início — ou-

A primeira briga 93

viam-nos até o fim e então davam de ombros: "Sinto muito, não podemos fazer muita coisa". Um dia, resolvemos adotar uma ação direta: levamos cerca de quinze moradores antigos até o escritório que supervisionava o projeto e, na sala de espera, ficamos entoando palavras de ordem sobre o racismo do programa e exigindo ver o chefe do departamento. Saímos dali duas horas depois — vitoriosos. A prefeitura concordara com nossas condições. Aceitariam todas as inscrições para o programa de subsídios, desde que o inscrito pudesse comprovar que sua renda era de até 40 mil dólares por ano.

Prontamente passamos a promover salas comunitárias onde as pessoas podiam receber ajuda para se inscrever no programa de subsídios. No fim, convencemos a prefeitura a aumentar o orçamento do programa em 750 mil dólares, de modo a custear todos os moradores que quisessem utilizá-lo. Foi nossa primeira grande vitória, e agora estávamos repercutindo na comunidade — inclusive entre alguns escolados no tráfico de influências do bairro.

NA POWER, alcançáramos nossa meta de conseguir que a prefeitura pagasse pelas melhorias que tentava impor aos moradores. Não chegava a ser liberdade, mas foi algo que as pessoas sentiram de modo amplo e profundo, principalmente os moradores antigos de baixa renda. A maneira como conseguimos isso também foi importante: a campanha era um bom exemplo de como usar uma tática de pressão crescente sobre as pessoas com poder. Usamos a ação direta quando as reuniões, por si sós, se mostraram ineficientes. Colocar as pessoas cujas vidas eram afetadas diante das que tomavam as

94   *Surge uma nova geração*

decisões também ajudou a mostrar quem era quem, e por que as decisões eram tomadas daquela maneira — sem envolver a comunidade, sem uma preocupação com o impacto que aquilo teria nas pessoas. Ajudou a evidenciar o que estava em jogo: se as pessoas da comunidade que eram mais vulneráveis aos impactos negativos da reurbanização do bairro não se envolvessem na tomada de decisões ou na forma em que eram implementadas, aqueles que mais precisavam desse desenvolvimento não seriam beneficiados. Juntas, as reuniões informativas e as confrontações politizaram os membros da comunidade que se envolveram no processo. A prefeitura descrevia o projeto como um programa de embelezamento que iria melhorar a qualidade de vida no bairro — mas, com reuniões e pressões, revelamos qual era a verdadeira agenda: melhorar a qualidade de vida para futuros moradores em detrimento dos moradores existentes.

Em 2007, a Power se juntou a uma coalizão que se formara para organizar os moradores do bairro, a fim de garantir que o projeto de desenvolvimento beneficiasse os atuais residentes, e não só os moradores que o município tentava atrair para lá. Nossa coalizão foi abordada por um integrante progressista do Conselho de Supervisores para expor uma ideia de campanha que ele tivera, e que garantiria benefícios para os moradores de Bayview. Àquela altura, tínhamos construído uma base relativamente forte de membros da comunidade, agora muito ativos na luta para recuperar seu bairro. Nossas reuniões comunitárias eram sólidas e consistentes, tendo em média cinquenta pessoas por mês.

A primeira briga 95

Chris Daly era uma figura controversa no conselho, para dizer o mínimo. Um macho cis branco, formado na Universidade Duke, que não ligava para convenções nem concessões. Ingressara na política municipal de San Francisco trabalhando com os sem-teto e com pessoas que recebiam algum tipo de assistência pública. Sua eleição para o conselho preparou o terreno para a eleição de vários outros supervisores progressistas; como membro relativamente antigo, Daly era parte importante, ainda que volátil, de uma maioria progressista. Acompanhava de perto as incorporadoras e grandes empresas de má conduta — e ficava muito contente não só em esbravejar contra isso, mas também em manobrar para que essas corporações pagassem sua justa parte.

Quando nos conhecemos, ele apresentou a ideia de lançar uma medida para consulta pública, propondo que metade de todas as novas moradias construídas na zona de reurbanização tivesse valor acessível a pessoas da comunidade com renda igual ou abaixo da média do bairro, que ainda estava na faixa dos 40 mil dólares por ano. Para dar um contexto, naquele ano a renda média na região ficava um pouco acima de 100 mil dólares anuais. Essa proposta obrigaria o projeto de reurbanização a aumentar o número de unidades residenciais a preços acessíveis acima dos 15% exigidos pela legislação estadual, e acima até dos 25% que tinham virado norma em outras municipalidades. Seria uma tábua de salvação para os moradores de San Francisco, muitos dos quais, como eu, tinham de deixar a cidade por causa dos preços ou se viam quase impossibilitados de morar ali.

Mas havia um enrosco: para avançar, precisávamos coletar assinaturas de modo a habilitar a proposta para a próxima eleição, que seria em junho do ano seguinte. Isso significava que precisávamos de 8 mil assinaturas até o prazo final, em menos de três semanas. Para assinar nossa proposta, a pessoa já precisava estar cadastrada como eleitora. E, se conseguíssemos as assinaturas necessárias e a proposta fosse habilitada para concorrer nas urnas, ainda tínhamos de fazer campanha para que ela fosse aprovada na eleição geral. Para ganhar, precisaríamos de uma quantidade de votos cinco vezes maior que a de assinaturas — 40 mil, mais ou menos.

Nossa coalizão gostou da iniciativa, mas duvidava de que conseguiríamos levá-la adiante. A Power nunca fora de se dedicar à organização eleitoral, e muito menos conduzira e sustentara esse tipo de campanha. Conseguiríamos coletar todo aquele montante de assinaturas? Aquilo que propúnhamos com a medida era sequer possível? Seria viável criar a regra de que as moradias construídas no maior projeto de desenvolvimento urbano já visto na cidade deviam ser acessíveis a pessoas de baixa renda? Éramos uma organização de base pequena, com poucos recursos, com uma política explicitamente radical, e grande parte do nosso trabalho com as autoridades eleitas era de confronto, o que desagradava algumas delas — sobretudo se eram elas o alvo. De certo ponto de vista, podia-se dizer que nosso trabalho eleitoral consistia basicamente em irritar e despertar impulsos vingativos no prefeito e em outros membros da municipalidade, ao expor suas alianças nefastas com os ricos e poderosos. Era uma coisa bem diferente de construir uma coalizão para uma campanha municipal com grupos e indivíduos que não adotavam nossa política nem concordavam muito com nossas estratégias.

Mesmo assim, achávamos que era uma ótima ideia — e conseguíamos vislumbrar vagamente um caminho para o sucesso.

A primeira briga 97

Daly tinha relações com pessoas dotadas de recursos, dispostas a contribuir para o lançamento da campanha. Uma delas nos forneceria uma versão gratuita da base de dados eleitorais criada pela NGP VAN, fornecedora de tecnologia para campanhas e organizações democratas e progressistas, para conferir se todos os que assinassem eram eleitores cadastrados. Tínhamos uma robusta rede de voluntários para ajudar a coletar as assinaturas necessárias. Havíamos começado a trabalhar de perto com a Nação do Islã, com organizações de justiça ambiental como a Greenaction for Health and Environmental Justice e a Sierra Club, e com outros organizadores de linha religiosa que dariam apoio. Depois de conversar com nossos companheiros de coalizão e com o conjunto de membros que a Power angariara no bairro, e tendo discutido a melhor abordagem, resolvemos tentar.

Logo calculamos o que seria preciso para obter 8 mil assinaturas válidas, dividindo o trabalho por turnos, pelo número de pessoas necessárias para cada turno e pelo número de votos necessários por hora para alcançarmos nossa meta. Mapeamos os locais da cidade onde achávamos que teríamos mais chance de sucesso. E montamos turnos diários de voluntários, que usariam os poucos computadores do nosso escritório para checar cada assinatura no momento em que chegasse. Desenhei um termômetro num papel de embrulho, para acompanhar nosso progresso. Se passássemos de 8 mil assinaturas com uma margem de erro para compensar as inválidas, estaríamos na jogada. Assim, estabelecemos a meta de coletar 10 mil assinaturas — e tínhamos duas semanas para isso.

Nos dias úteis o movimento era mais devagar, e no começo as assinaturas vinham num pinga-pinga. Mas no fim de semana as coisas começaram a acelerar. Montamos postos para coleta em mercearias pela cidade, concentrando-nos em bairros de classes trabalhadoras. Batemos de porta em porta por toda Bayview Hunters Point. Mesmo sabendo que era uma forma mais lenta e menos eficiente do que a abordagem na rua, achamos importante envolver profundamente os moradores da comunidade que tinham mais em jogo — essas seriam as pessoas motivadas pela ideia de que, das novas casas construídas na região, metade seria acessível a quem morava na comunidade. Todos os dias, distribuíamos turnos de quatro horas aos voluntários. Quando chegavam ao escritório, eles pegavam os materiais: uma prancheta, algumas folhas com a petição e informações sobre a próxima reunião. Para os que não tinham experiência de abordagem nas ruas, fizemos uma sessão de orientação que abrangia as metas e os objetivos tanto da organização quanto da campanha, e aspectos que eles deviam observar enquanto reuniam assinaturas. Quando uma folha de petição voltava totalmente preenchida, as assinaturas eram imediatamente checadas para nos certificarmos de que as pessoas eram eleitoras cadastradas no município e condado de San Francisco. Tínhamos o auxílio de membros da Nação do Islã, cuja capacidade de mobilização, como percebi, era rápida e eficiente.

Ao final de dez dias, havíamos coletado 11 414 assinaturas. Agora havia mais um passo: o procurador municipal precisava validar os resultados. Assim como fizéramos com a coleta de assinaturas, montamos turnos de voluntários, dessa vez para observar o trabalho dos funcionários da procuradoria, que conferiam a validade de cada assinatura. Não íamos deixar que toda aquela trabalheira fosse desconsiderada em cálculos políticos de

A primeira briga 99

bastidores. E assim foi dado o primeiro e improvável passo: em novembro de 2007, habilitamos a medida para as urnas. A eleição geral se daria em junho de 2008. A mistura de fé, muito trabalho e redes amplas nos trouxera a vitória inicial — mas como seguiríamos com o restante? Não havia tempo para comemorações. Nossa coalizão dispunha de seis meses para convencer os eleitores de San Francisco a aprovar a medida.

Nossa medida recebera a letra F, e assim começamos a campanha pela Proposição F. Decidimos que o F representava Families, Fairness, and the Future [Famílias, Equidade e o Futuro].

HAVIA, CLARO, gente trabalhando com o mesmo afinco — e com recursos muitíssimo maiores — do outro lado da questão. A medida que propúnhamos traria um sério entrave para os planos de uma incorporadora multibilionária que estava de olho em Bayview Hunters Point: a Lennar Corporation.

A Lennar vinha trabalhando cuidadosamente num plano de pegar Bayview Hunters Point e transformá-la no novo bairro mais badalado de San Francisco. O primeiro passo era comprar a região quase a troco de nada e conseguir que a prefeitura oferecesse um grande pacote de benefícios e isenções fiscais em troca do trabalho da incorporadora para urbanizar e vender um bairro antes considerado indesejável. A prefeitura entrava nessa parte: vendeu para a Lennar Corporation um terreno de 324 hectares à beira-mar por um dólar. Por que tão barato? Uma parte da região estava contaminada com toxinas.

Anteriormente, Bayview Hunters Point abrigava o Estaleiro Naval de Hunters Point, uma das únicas docas secas da Costa

Oeste. O estaleiro tinha sido construído em 1870, comprado pela Marinha americana em 1940 e desativado definitivamente em 1994. Durante anos, foi o principal motor econômico da comunidade. Nos anos 1940, muitas pessoas negras vindas do Sul encontraram ali empregos e salários decentes. Na época da guerra, o estaleiro foi usado para a descontaminação dos navios que transportavam componentes para a primeira bomba atômica. Depois da Segunda Guerra Mundial, o Laboratório de Defesa Radiológica da Marinha ocupou uma parte da área, onde descontaminava os navios utilizados em testes nucleares no Pacífico e estudava os efeitos da radiação em animais de laboratório e seres humanos.

Muitos moradores cujas famílias tinham vivido durante gerações na comunidade contavam histórias sobre aquele estaleiro, e não era fácil distinguir entre lenda e realidade. O laboratório fazia testes em cobaias humanas e animais, e alguns acreditavam que os que não sobreviviam aos testes eram enterrados no local. Outros se lembravam claramente do incêndio subterrâneo no estaleiro, quando o fogo ardeu por quase trinta dias antes que alguém tomasse alguma providência. Contavam-se e recontavam-se as histórias, que eram transmitidas ao longo das gerações, de modo que os detalhes acabaram ficando um tanto vagos e várias lendas urbanas se entreteceram com os fatos reais.

Mas uma verdade inequívoca era que Bayview Hunters Point era uma comunidade negligenciada, ignorada e ridicularizada. Quando a Marinha fechou o estaleiro, a comunidade perdeu sua base de sustentação econômica. Os vários negócios que atendiam ao estaleiro fecharam as portas. Moradores mais antigos me contavam histórias sobre a prosperidade do bairro

A primeira briga 101

antes da quebra. Eram histórias engraçadas e, em vista do grau de abandono em que o bairro se encontrava, pareciam quase absurdas — compunham um quadro com pistas de patinação, consultórios médicos, mercearias e bancos cujos donos eram negros. Era difícil imaginar esse cenário quando eu olhava em volta e via o que nos cercava.

Bayview Hunters Point não tinha nenhuma mercearia de fato. Os moradores faziam compras em lojinhas baratas, com pacotes de comida processada abaixo do padrão das mercearias normais, com desconto por serem de baixa qualidade. As lojas de bebidas e as lojas de descontos pareciam ocupar todas as esquinas de todos os quarteirões. Na rua principal havia uns poucos negócios familiares, sem horário fixo de funcionamento; mesmo quando estavam abertos, pareciam fechados.

Mas era uma comunidade, apesar de tudo, dotada de muita generosidade, firmeza e resiliência. Mesmo quando as pessoas diminuíam a voz e abaixavam os olhos ao falarem das condições atuais, eu sentia que era uma comunidade cujos moradores cuidavam uns dos outros, se preocupavam com o que se passava no bairro e desejavam intensamente o retorno da prosperidade. Em Bayview, eu tinha uma sensação de segurança que não tinha em nenhum outro lugar. Por trás das grades cinzentas de proteção das janelas, as pessoas observavam o que se passava. Por trás das portas de fechadura dupla, havia famílias que amavam e riam, que cuidavam de seus membros e de seus vizinhos. O bairro tinha um jornal negro radical, chamado *The Bay View*; os editores, Willie e Mary Ratcliff, recrutavam ativamente membros da comunidade para escrever sobre questões que afetavam o bairro e as pessoas negras de todo o mundo. Distribuíam o jornal entre a população carcerária — até onde o diretor permitisse. Para mim, representavam um dos vários sinais de grande vitalidade, espírito comunitário e resistência no bairro.

Isso também indicava a identidade central da área: apesar do amplo leque de etnias que havia lá, Bayview era essencialmente uma comunidade negra.

A própria Lennar sabia que Bayview Hunters Point era uma comunidade negra, e estava decidida a utilizar essa informação em sua campanha. Para mim, acabou sendo um fascinante estudo de caso sociológico — observar as condutas que a Lennar adotava para ser aceita como meio de implantar seu projeto. A empresa gastou um bom capital agenciando relações com as pessoas negras. Quando apresentava seus projetos de reurbanização nas reuniões comunitárias, a Lennar fazia questão de enviar representantes negros para expor esses projetos. Nas reuniões comunitárias servia-se *soul food*, a culinária sulista negra, com os pratos usuais de frango frito, couve e macarrão com queijo.

Bayview Hunters Point foi o primeiro local onde fui obrigada a lidar com as contradições em que as pessoas negras se envolvem para sobreviver — seja lá o que a sobrevivência signifique para elas. Também me obrigou a lidar com uma realidade brutal: nem todo o povo negro quer o melhor para o povo negro. Na verdade, há quem prejudique conscientemente as pessoas negras em benefício próprio, pois o resto que se dane.

A política do jabá e do apadrinhamento se tornara corriqueira em San Francisco. Esse tipo de prática era rotina no governo do prefeito da época, Willie Brown Jr., mas o apadrinhamento político também era comum entre os prefeitos brancos. Os "consultores da comunidade" — gente paga pela

A primeira briga 103

incorporadora ou por outras corporações para conseguir apoio aos projetos propostos — eram figuras de praxe na maioria das reuniões públicas sobre o projeto de reurbanização a que assisti. Eram rostos conhecidos: geralmente homens cis, que chegavam usando um terno mal cortado, com anéis e relógios de ouro. Entravam na sala, esperavam o momento dos comentários do público, diziam algumas frases comentando que as pessoas negras tinham sido ignoradas por tempo demais e que precisávamos desse projeto para gerar empregos na comunidade, e então iam embora. Aquele teatro me irritava, mas às vezes também me divertia. Achava fascinante que as pessoas fossem pagas pela empresa para dar declarações estereotipadas, em favor de determinado projeto ou contra ele, mas que, se tentassem, jamais seriam contratadas para entrar na empresa pelos canais normais. Tinham seu lugar e nele se mantinham.

Começamos a ver que esse tipo de política de apadrinhamento, embora trabalhasse contra nós, também podia às vezes agir a nosso favor. O problema, claro, era quando os consultores da comunidade nos atacavam e tentavam nos deslegitimar publicamente. Descreviam-nos como "gente de fora fazendo experiências com uma comunidade negra pobre que merecia muito mais do que estava recebendo". Acusavam-nos de lhes tirar o pão da boca e o dinheiro do bolso. Usavam argumentos toscamente materiais: primeiro diziam que o desenvolvimento urbano gera empregos em comunidades que precisam deles. Depois diziam que estava havendo um desenvolvimento urbano em toda a cidade, então por que a comunidade negra não deveria ter as mesmas vantagens de outros bairros em San Francisco? Por fim, diziam que era hora de promover um saneamento na comunidade e abrir caminho para o desenvolvimento urbano de luxo. "O sistema de casas populares nunca foi uma solução permanente", diziam ao responder à preocupação com a perda de unidades residenciais populares na transição para um sistema habitacional de renda mista. "É hora de algumas dessas famílias se sustentarem sozinhas."

No entanto, quando a política de apadrinhamento trabalhava a nosso favor, tínhamos de saber aproveitar. O melhor era quando descobríamos os pontos em que nossos interesses de curto prazo coincidiam com os das pessoas negras que trabalhavam nos departamentos municipais. Sempre havia gente na prefeitura que queria proceder corretamente e via a cooperação conosco como um caminho para criar mudanças positivas a partir de dentro. Era uma cooperação em geral discreta, mas podia ser consistente. Havia aliados em departamentos internos, como a Agência de Reurbanização, que nos davam informações que teríamos dificuldade de obter de outra maneira. Alguém deixava escapar que, se lêssemos bem o projeto, perceberíamos que a supervisão da comunidade duraria apenas dez anos, ou que, apesar das promessas, a Agência de Reurbanização não eliminara a possibilidade de recorrer à desapropriação de propriedades familiares — o que significava que havia o perigo de que o município tomasse uma casa a fim de construir outra coisa no local. Às vezes, as intenções da incorporadora eram tão nefastas que nem mesmo os consultores ou os funcionários e gestores negros podiam deixar de objetar. Afinal, ainda precisavam viver na comunidade.

Ao mesmo tempo, quanto mais falávamos com os moradores, mais víamos que o apoio à reurbanização não era movido exclusivamente por interesses empresariais. Às vezes, os moradores de mais idade — que tinham visto com maior clareza

A primeira briga 105

o declínio da comunidade — eram os maiores defensores da reurbanização e das iniciativas associadas a ela. Queriam que a comunidade fosse restaurada em sua antiga grandeza, e propunham um reforço policial no bairro e a transformação dos projetos habitacionais populares em projetos residenciais de renda mista, que atrairiam moradores mais abastados. Alguns criticavam com veemência a forma como a "geração mais jovem" havia levado a comunidade à decadência, como se fosse por uma simples questão de escolha, e não pela deliberada paralisação econômica, que outras pessoas não tivessem conseguido alcançar o limiar mais baixo da classe média que eles próprios haviam atingido. E, muito embora alguns moradores tivessem sido desalojados por um projeto de reurbanização em outro bairro negro da cidade, o distrito de Fillmore, consideravam que o projeto anterior era mais visivelmente movido pelo racismo e pela ganância empresarial, e não por moradores que queriam ver uma melhoria em sua comunidade.

A reurbanização nunca era uma questão simples em se tratando das comunidades negras de San Francisco. Era verdade que os moradores excluídos da economia por racismo — numa comunidade abandonada pela Marinha, onde não restava muito mais do que pontos altamente tóxicos e edifícios muito precários — mereciam melhorias que lhes oferecessem o necessário para uma vida boa. Mas também era verdade que a prefeitura planejava, desde longa data, reformar o bairro para moradores mais brancos e mais abastados que estavam retomando o interesse pela City by the Bay, e pretendia seguir com a reforma sem o consentimento das pessoas que moravam lá.

A história de Bayview Hunters Point não é muito diferente das de muitas comunidades negras em todo o país. Há quem se lembre da época em que famílias negras tinham a chance de construir uma vida melhor para si, em que havia relativa segurança na segregação, num tempo em que as pessoas realmente se *conheciam* e dependiam umas das outras para sobreviver. Muitas vezes, o ponto de inflexão nessa narrativa — o ponto em que as coisas "deram errado" — foi o momento em que houve uma inundação de drogas e armas na comunidade, levando à violência e à fuga, ao abandono e ao corte de investimentos. Assim, quando se falava em reurbanização, havia gente que considerava isso um fato positivo, sentindo que qualquer mudança numa comunidade que parecia não ter outra saída seria uma mudança para melhor. Se um componente importante na atividade organizativa é saber o que leva as pessoas a agirem e o que as impede, em Bayview — e em outras comunidades negras — vimos como era importante entender a dinâmica histórica específica que moldara o entendimento da comunidade sobre como e por que o mundo funcionava daquela maneira.

As comunidades negras não são monolíticas. Desafiamos não só os estereótipos de quem somos e quem podemos ser, mas também os estereótipos sobre nossas convicções políticas. Nos círculos progressistas, muitas pessoas — geralmente não negras — ficam surpresas ao saber que existe gente negra capaz de ser muito conservadora em relação aos programas sociais, talvez por terem a falsa crença de que todos os negros, intrinsecamente, priorizam a liberdade e a igualdade para todos. Esse equívoco é, na verdade, muito perigoso. Embora seja possível dizer com boa margem de segurança que as comunidades negras querem ter um mundo melhor para si e para suas famílias, é um engano supor que as pessoas negras acreditam que *todas*

A primeira briga 107

elas chegarão ou merecem chegar lá. Alguns de nós entendem profundamente como os sistemas operam para determinar nossas chances na vida, ao passo que outros acreditam profundamente numa narrativa que afirma sermos responsáveis pelos nossos sofrimentos — por causa das escolhas que fazemos ou das oportunidades que deixamos passar. Algumas pessoas negras pensam que o nosso pior inimigo somos nós.

LOGO DEPOIS DE HABILITARMOS a medida para a eleição, nossa coalizão começou a ouvir comentários sobre uma medida concorrente, orquestrada por uma coalizão de organizações comunitárias: um grupo chamado Alliance of Californians for Community Empowerment, que tinha sido formado a partir de uma seção extinta da Association of Community Organizations for Reform Now, o Conselho Trabalhista de San Francisco (abrangendo organizações trabalhistas de toda a cidade); e o Projeto de Organização de San Francisco (filiada da rede Pico, uma coalizão de organizações religiosas). A medida que propunham, mais tarde denominada Proposição G, caso fosse aprovada, arruinaria a Proposição F, determinando que a municipalidade prosseguisse com a transferência do terreno do Estaleiro Naval de Hunters Point para a incorporadora principal, a Lennar Corporation; reconstruindo o Conjunto Habitacional Alice Griffith, um conjunto de casas populares situado perto do estádio na comunidade que precisava de reformas urgentes; e autorizando a construção de um novo estádio para ajudar a manter o time de futebol americano 49ers em San Francisco. A medida proposta não trazia nenhuma cláusula assegurando que as moradias a ser construídas seriam de preço acessível, embora os informes da incorporadora na imprensa garantissem aos moradores que 20% das unidades construídas dentro do projeto teriam valor acessível.

A incorporadora então assinou um "acordo de benefícios à comunidade" com a coalizão recém-formada, que se apresentava como Comitê de Emprego e Moradia em Bayview. O objetivo era garantir que o projeto continuaria sem alterações, a pretexto de contar com o apoio da comunidade. Esse acordo foi então utilizado para eliminar as preocupações sobre o avanço das operações de limpeza no estaleiro, desviar a atenção de negociações escusas para a contratação de mão de obra local e conseguir que as pessoas fizessem vista grossa para o enorme entreguismo que foi a transferência do terreno para a incorporadora ao preço de um dólar, coisa que não deveria ter acontecido.

Embora todas as organizações que compunham o comitê fossem encabeçadas por indivíduos brancos que tinham pouca ou nenhuma relação com a comunidade em si, a incorporadora alardeou o acordo como sinal de apoio maciço da comunidade. Na página de opinião do jornal local, a então vice-presidente do Conselho Trabalhista de San Francisco, uma mulher branca, escreveu um texto em defesa do projeto, dando sua opinião de que as pessoas negras estavam saindo em massa de San Francisco porque estávamos nos matando entre nós — sem que essa fuga tivesse nada a ver com o desalojamento gerado pela urbanização da incorporadora, tornando o custo das moradias inacessível e distribuindo os recursos de maneira desigual. O acordo conseguiu enfraquecer a campanha para obter moradias acessíveis para a comunidade, sobretudo nas áreas mais vulneráveis ao desalojamento devido ao aumento do valor de mercado. No dia da eleição, nossa proposição perdeu.

A primeira briga 109

Os negros não formavam um componente expressivo na comunidade progressista de San Francisco. Muitas vezes eu era uma das pouquíssimas presentes nas reuniões e coalizões. Pensava que talvez fosse apenas um fenômeno de San Francisco, mas depois entendi que os negros não constituem uma grande força — pelo menos numericamente — em nenhuma comunidade política progressista. Isso é um problema. As comunidades negras estão no lado mais depauperado do espectro no que se refere às preocupações dos progressistas, seja moradia acessível, ensino de qualidade, democracia, saúde materna, violência policial, encarceramento e criminalização, problemas ambientais ou diversas outras questões. Sem gente negra, não existe nada "progressista".

E, mais importante, a sub-representação das comunidades negras nas coalizões progressistas pode levar a pelo menos duas consequências trágicas. Uma, as preocupações das comunidades negras nunca são efetivamente incluídas nas agendas para mudar o país e o mundo. Se os movimentos progressistas são em larga medida criados à imagem das pessoas brancas e segundo as preocupações das comunidades brancas, as comunidades negras continuarão a sofrer com disparidades geradas por regras escusas, concebidas para mantê-las afastadas dos recursos e do poder. Se as agendas que adotamos visam majoritariamente a preservação do bem-estar das comunidades e das famílias brancas, é isso que alcançaremos.

A outra consequência trágica é que, sem as comunidades negras, uma agenda progressista nunca se concretizará de verdade. Qualquer agenda que não inclua o bem-estar e a dignidade das comunidades negras como pilar fundamental não é, de maneira alguma, progressista. Ela conseguirá, no máximo, conquistar grandes mudanças para alguns, continuando a excluir outros. O que as comunidades negras podem fazer em tais circunstâncias? Não existe uma resposta única. Alguns estão dispostos a aceitar o que vier e aproveitar ao máximo algo que devia ser melhor. O acordo dos benefícios à comunidade, por exemplo, foi negociado em troca da não contestação do projeto durante toda a sua duração — cem anos. Enquanto isso, muitos dos benefícios prometidos a Bayview Hunters Point ainda não se concretizaram, passados mais de dez anos. Mas aqueles que deram seu apoio — inclusive algumas das pessoas negras da comunidade — resolveram simplesmente aceitar o que viesse.

Para outros, a resposta é dar as costas aos movimentos progressistas. É uma posição perigosa para as comunidades negras, que pode nos isolar ainda mais do acesso ao poder político e da sua construção.

Doze anos depois da batalha entre a Proposição F e a Proposição G, a questão ainda permanece. Descobriu-se recentemente, por exemplo, que as empreiteiras falsificaram os relatórios das atividades de limpeza no Estaleiro Naval de Hunters Point — mas muitos dos que negociaram aquele acordo de benefícios à comunidade já não estão mais lá, deixando os moradores para trás sem muitas condições de apontar os responsáveis pelo acordo e por suas consequências. Certamente a incorporadora não há de ajudá-los, pois, mesmo tendo conseguido um acordo muito camarada, pouco ou nada a obriga a prestar contas à comunidade que teve a terra sob seus pés entregue a um preço ínfimo.

A primeira briga

Bayview Hunters Point era uma comunidade ignorada por todos os progressistas. Dizia-se que era impossível fazer um trabalho de organização ali. Hoje, Bayview faz parte da história oficial da revitalização urbana de San Francisco e, assim, é vista como uma comunidade pela qual vale a pena lutar — mesmo que os pontos cruciais para combater melhor o processo já tenham desaparecido há muito tempo.

Depois da derrota daquela campanha, passei semanas pensando que outras formas de ação poderíamos ter adotado. A campanha exigiu muito da nossa organização e da nossa coalizão, com atividades bastante puxadas, mas importantes. Minha organização, a Power, sempre me atraíra por sua visão e política assumidamente radicais — mas não era a política radical que poderia trazer a vitória na campanha, em vista das firmes convicções de vários membros da comunidade sobre o tipo de mudança possível e a maneira como ela se dava. Para vencer, bastava conseguir o máximo de gente possível do nosso lado — uma equação matemática simples, em que o mais votado vencia. Gostaria que tivéssemos começado a trabalhar antes para montar uma coalizão ampla que nos permitisse vencer. Se tivéssemos mais parcerias, poderíamos ter um acesso maior aos recursos de que precisávamos para a vitória. No caso, chegamos perto, e conseguimos isso ampliando nossa coalizão e ganhando o apoio de pessoas dos mais variados perfis. Em nossa luta para deter o projeto de reurbanização de Bayview, tivemos avanços para além das organizações e grupos que já concordavam conosco. Foi construindo relações com a mulher negra que trabalhava para a prefeitura, que nunca iria a uma reunião, mas talvez tivesse parentes ou amigos vivendo na comunidade. Era essa mulher negra que nos passava informações sobre datas de reuniões que não haviam sido divulgadas com antecedência, ou que nos informava discretamente sobre o próximo passo que a incorporadora pretendia dar. Chegamos perto da vitória concordando em compor com organizações que não considerávamos radicais, e com algumas que não considerávamos sequer progressistas. Levamos a campanha a pessoas que não achávamos que se uniriam a nós, admitindo a possibilidade de termos uma surpresa — e tivemos muitas.

A construção de um apoio amplo não significava atenuar nossa abordagem política. Nem nos tornarmos menos radicais. Significava apenas que ter uma política radical não era o critério decisivo para que a pessoa pudesse ou não se juntar ao nosso movimento. Significava oferecer dentro da nossa campanha uma oportunidade para que mais gente participasse da luta para salvar o que restava da San Francisco negra, enxergando essa luta como a sua própria.

A atividade de organização em Bayview mudou minha orientação em relação à política. Foi quando entendi que vencer não é apenas estar com a razão — é também a maneira como convidamos outras pessoas a fazer parte da mudança, uma mudança que talvez nem sequer tivessem percebido ser necessária.

5. Unir para lutar

Aprendi muitíssimo sobre a organização de comunidades negras com meu trabalho em Bayview, mas a Bay Area também tem sido — durante gerações — um caldeirão de movimentos políticos multirraciais radicais. Foi nesse mundo que eu havia entrado no início dos anos 2000, antes de começar o trabalho de organização em Bayview Hunters Point.

A verdade é que dependemos uns dos outros para sobreviver. Indivíduos de diversas raças, origens, experiências e etnias convivem em comunidades de todo o país. Tomamos o mesmo ônibus, trabalhamos nas mesmas indústrias, mandamos nossas crianças para as mesmas escolas e, de modo geral, queremos as mesmas coisas: garantir que as pessoas que amamos tenham um teto e comida na mesa. Queremos um leque de escolhas e oportunidades melhor do que o que tivemos e um futuro brilhante para os que nos sucedem.

No entanto, nem todos temos o necessário para viver bem. A interdependência soa muito bonita, mas muitas vezes é predatória, e não cooperativa. Por exemplo: se não houvesse gente negra, não haveria gente branca. A branquitude, para sobreviver, depende da negritude — a branquitude como identidade valorizada não existiria se não existisse a negritude, identidade que tem sido associada à violência, ao crime e à disfunção.

Durante o movimento Occupy em 2011-2, surgiu uma equação muito prática (embora enganosamente simples), que expunha a economia em termos claros: havia os 99% e havia o 1%. Os 99% são aqueles de nós que vivemos sob um teto que não é nosso e não pode ser nosso porque não temos condições de comprá-lo, aqueles de nós tentando cuidar dos pais idosos ao mesmo tempo que cuidamos dos nossos filhos, com dificuldades de fazer essa conta fechar; aqueles de nós morando em comunidades onde não há nenhuma mercearia, mas em toda esquina há um ponto de venda de bebidas. O 1% é representado por aqueles que possuem as empresas que cobram até 5,70 dólares por um telefonema de quinze minutos feito na prisão; aqueles que compram casas a preço baixo nas comunidades pobres, para então reformar ou converter os imóveis em condomínios que as pessoas daquela mesma comunidade jamais conseguiriam comprar. O 1% é representado pelas pessoas que comandam seguradoras que esfolam as famílias no preço do plano de saúde.

Entre os 99% simbólicos, encontramos uma maioria de gente de cor, mulheres, imigrantes, pessoas com deficiência e alguns homens brancos. E no 1%, salvo raras exceções, encontramos homens brancos.

Mas essa realidade não impede que alguns nos 99% acreditem que um dia, se trabalharem bastante, farão parte do 1%. E essas pessoas culpam outros grupos dentro dos 99% por serem o obstáculo entre eles e um carro de luxo. Brancos pobres e negros dizem que os imigrantes estão roubando empregos e por isso o desemprego é tão alto nas comunidades. Pessoas de todas as raças dizem que quem mais abusa dos programas sociais são os negros, transformando programas temporários em fonte de subsistência pelo resto da vida.

Unir para lutar 115

Imigrantes dizem que as pessoas negras são preguiçosas e não querem trabalhar, e que é por isso que não conseguiram realizar o "sonho americano".

Como organizadores, nossa meta era conseguir que essas pessoas dos 99% pusessem a culpa no lugar certo — nas pessoas e instituições que lucravam com a nossa pobreza. E assim, "unir para lutar" é uma conclamação para que aquelas pessoas entre nós que são estratificadas e segregadas por raça, classe, gênero, sexualidade, capacitação e porte físico, país de origem e questões semelhantes lutem juntas contra o poder verdadeiramente opressor e resistam às tentativas de criar cisões entre nós. Mais do que um slogan, "os 99%" afirma que entre nós há mais semelhanças do que diferenças, e que a unidade entre as pessoas afetadas por uma economia predatória e uma democracia falha nos ajudará a construir um movimento social irrefreável.

Muitas das organizações que ajudei a montar entre 2003 e a data de hoje já adotavam o princípio de "unir para lutar" antes que a expressão "os 99%" se popularizasse. Essa orientação é importante não só para o potencial de uma nova América, mas para um mundo de interdependência global.

Há razões muito práticas para que os movimentos multirraciais sejam vitais para construir o mundo que merecemos. A segregação por raça e classe tem sido usada durante toda a história para manter as relações de poder. A segregação, seja pela recusa de crédito ou de cidadania, ajuda a criar alteridade, que, por sua vez, ajuda a justificar por que algumas pessoas têm enquanto outras não. Reforça as narrativas que normalizam as relações desiguais de poder.

Por isso é tão importante — e difícil — realmente se envolver na complicadíssima conversa sobre a organização multirracial como teoria da mudança social. Quando digo "teoria da mudança social", refiro-me a uma ideia de atividade organizativa que nos ajuda a responder a estas perguntas simples: o que desencadeia a mudança? Como inspiramos nossas comunidades a lutar e como mantemos nossas comunidades lutando no longo prazo? O que nos impede de reagir, e como tratamos tais obstáculos?

Sem uma conversa genuína, corajosa e aprofundada sobre a atividade organizativa multirracial como uma teoria da mudança, não faremos a parte mais crítica do nosso trabalho. Sempre trabalhei em organizações multirraciais. Na primeira entidade de construção de bases em que ingressei, os membros eram americanos negros (pessoas negras nascidas nos Estados Unidos), chicanos (pessoas mexicanas nascidas nos Estados Unidos), imigrantes latinos (pessoas nascidas fora dos Estados Unidos), brancos da classe trabalhadora e umas poucas pessoas asiáticas, algumas nascidas no país, outras não. Quando comecei a trabalhar na Power, em 2005, nossa organização tinha a estratégia explícita de construir uma base de afro-americanos e imigrantes latinos. Na verdade, nosso modelo de organização multirracial servia de inspiração para outras instituições. A National Domestic Workers Alliance, na qual trabalho atualmente, é uma organização multirracial com integrantes das ilhas do Pacífico, pessoas negras imigrantes e nascidas nos Estados Unidos, gente do Sul da Ásia e da diáspora asiática, chicanos e latinos imigrantes, bem como brancos da classe trabalhadora. Minha atividade organizativa e minha vida têm se enriquecido com a criação e o desenvolvimento de relações sólidas com indivíduos de todas as raças e etnias. Tive chance de abandonar estereótipos e preconceitos que eu nem sabia que tinha em relação a outras pessoas de cor, e isso me ajuda a ver todos nós como parte integrante do mesmo esforço.

O capitalismo e o racismo de modo geral obrigam as pessoas a viverem em espaços segregados. Era possível passar um dia todo no meu bairro sem ver uma única pessoa branca. Da mesma forma, em outros bairros, não veria uma pessoa negra ou de outra cor. Isso não se dá por acaso — acordos restritivos, falta de crédito, gentrificação e outros processos sociais e econômicos moldam os bairros de tal maneira que ficam segregados por classe e por raça. Às vezes a composição racial de um bairro segregado muda: continua restrito a comunidades de cor, mas a mistura étnica pode mudar. No meu bairro em Oakland, há famílias que são chinesas, vietnamitas, laosianas, cambojanas, afro-americanas, eritreias, chicanas, imigrantes antigas e recentes do México e da América Central, entre outras. Essa diversidade nas comunidades de Oakland é muito bonita. Em vários casos, famílias de raças diferentes vivem juntas na mesma comunidade durante décadas; conhecem e cuidam mutuamente umas das outras. Tenho a sorte de viver no mesmo bloco residencial há quase quinze anos, com famílias que estão lá o dobro do tempo.

Também existem problemas. As pessoas nem sempre se dão bem só por viverem no mesmo bairro. O racismo contra os negros é comum nesses bairros, e não se limita a Oakland. As revoltas de Los Angeles nos anos 1990 revelaram às pessoas de fora tensões que fermentam entre pessoas de cor e comunidades imigrantes vivendo em bairros segregados.

Estereótipos e preconceitos aparecem por todos os lados quando as pessoas tentam entender as próprias condições e sua aparente impotência. Quando eu fazia trabalho organizativo em San Francisco, ouvia as trocas de acusações entre aqueles que eram desprovidos de poder sistêmico ou organizado para mudar suas condições de vida: "Malditos mexicanos", resmungava algum negro; *"¡Pinches negros!"*, exclamava um latino. Essas conversas raramente se davam nas reuniões comunitárias das organizações com que eu trabalhava. Isso não significava que não surgissem microagressões quando nos reuníamos, mas que as pessoas costumavam saber o que era ou não aceitável naquele espaço, mais ou menos como se comportar direitinho na casa da avó e não botar os cotovelos na mesa.

De modo geral, os diálogos mais francos se davam nos espaços tidos como mais seguros — o próprio lar. Eu costumava ter as trocas mais sinceras quando batia à porta das casas. "Olha, não tenho nada contra ninguém, mas eu não entendo esses mexicanos": às vezes, era assim que começava uma conversa com um morador negro. "Como eles conseguem viver com tanta gente numa casa só? Têm dezoito carros detonados no mesmo quarteirão; metade nem funciona. Eles falam alto, os homens ficam de porre e brigam no fim de semana. Queria que deportassem eles de uma vez, de repente assim eu finalmente ia ter um pouco de paz e silêncio." *Ui, essa doeu*, eu pensava. *E isso porque ninguém tem nada contra ninguém.* "E os asiáticos", eles prosseguiam, "pelo menos os asiáticos ficam na deles. Moram todos juntos numa mesma casa, mas isso porque estão economizando para comprar outra. Os asiáticos são unidos. Uns ajudam os outros, ao contrário da gente."

Uma amiga e colega de trabalho relatava conversas parecidas com as trabalhadoras domésticas latinas que estava organizando. "Não entendo por que o pessoal negro é tão preguiçoso", diziam elas. "Vejo os caras por aí, passam o dia

Unir para lutar 119

todo sem fazer nada. Só papeando. Parece que nem querem trabalhar. Teve um movimento nesse país pela justiça para os negros", diziam, já tendo conhecido movimentos sociais nos países de origem. "Mas para quê? O que eles estão *fazendo* com essa liberdade?" Eu fazia uma cara de desgosto enquanto trocávamos histórias. Embora essas conversas em geral fossem particulares, às vezes surgiam nas reuniões comunitárias. Normalmente era um membro mais novo que fazia algum comentário depreciativo sobre outra raça ou etnia, e a sala caía em silêncio. As pessoas se mexiam incomodadas nas cadeiras e desviavam os olhos, fitando o chão. Então um organizador, agitado e tentando reagir rápido, sempre iniciava uma longa diatribe que se resumia basicamente a "Precisamos ser legais uns com os outros". Outras vezes, virava uma explicação longa e complexa sobre a divisão que o sistema cria entre nós e como precisamos ficar juntos porque #BlackBrownUnity. A pessoa assentia, constrangida com seu lapso evidente, e a reunião prosseguia.

Para dizer a verdade, estive nos dois lados da coisa. Já fui aquela que precisava intervir mas não alcançava resultados e aquela que via as coisas desandarem, pensando: *Esses seus dez longos minutos de falação não adiantaram nada para mudar o que aquela pessoa sente ou pensa.* E muitas vezes não adiantavam mesmo. Tive inúmeras conversas diretas depois de episódios assim, e sempre ficava com a impressão de que a pessoa estava me dizendo o que eu queria ouvir — e, no fundo, era isso mesmo.

Não estou dizendo para não questionarmos o racismo, a homofobia, o patriarcado, o capacitismo e a xenofobia a qualquer hora e em qualquer lugar que surjam, pois devemos questioná-

-los sim, sem dúvida. O que estou dizendo é que costumamos contestar as agressões que surgem nas comunidades oprimidas reproduzindo o mesmo tipo de sistema que tentamos desmontar. Em termos explícitos: não dá para dizer às pessoas que o que está acontecendo na frente delas não é real. Você pode falar mil vezes que o céu é verde, mas se a pessoa olha o céu e enxerga azul, apesar de assentir e concordar com você naquela hora, não vai mudar de opinião. As pessoas sabem que devem concordar quando estão na sua presença, mas, quando voltam ao próprio meio, continuam a enxergar aquele céu azul.

E quem pode criticá-las? O que elas veem nas próprias comunidades é exatamente o que vejo na minha. A única diferença entre nós, para ser sincera, é que tenho uma história diferente, que explica por que enxergo o que enxergo e o que isso significa quanto à possibilidade de mudar nossas condições de vida.

Comecei a usar outra abordagem com as mulheres negras duronas que eu estava organizando para combater o racismo ambiental e a violência policial. Em vez de dizer "Shhh, não digam isso, não é legal" ou de passar um sermão virtuoso e moralista sobre a necessidade de nos unirmos, passei a fazer perguntas para ajudar a contextualizar nossas experiências. Quando alguém fazia algum comentário depreciativo sobre a quantidade de latinos morando na mesma casa, em vez de dizer "Não é verdade", eu dizia "É, também vi isso. Como será viver numa casa com tanta gente, você imagina?". Isso sempre abria espaço para conversarmos sobre as razões para tantas pessoas morarem juntas — o que levava tantos latinos a se amontoarem na mesma casa? Era esse futuro que eles haviam imaginado quando vieram para este país, ou será que tinha alguma outra coisa acontecendo? Isso, por sua vez, sempre abria espaço para conversarmos sobre as políticas racistas de imigração e sobre as razões para tanta gente se ver forçada a sair de sua terra natal, tendo de ir para uma terra estranha a fim de conseguir sustento para si e para a própria família. Por que a política de imigração não era a mesma para todos — por que os mexicanos atravessavam o deserto apenas com a roupa do corpo, mas os europeus chegavam de avião, empunhando um visto? Por que a falta de moradia a preços acessíveis em San Francisco obrigava as pessoas a morarem em locais superlotados? E o mesmo se aplicava a quando eu falava com nossos membros latinos. Por que os negros ficavam à toa nos dias úteis, sem trabalhar? Não fazia sentido responder às indagações de nossos participantes latinos dizendo que eles não enxergavam o que de fato estavam enxergando. Eu também via aquilo. Por que havia tantas pessoas negras desempregadas, sobretudo homens? Por que, apesar de vários períodos de resistência contra o racismo, com bons resultados, ainda havia pessoas negras vivendo em condições deploráveis?

Em 2007, eu ainda trabalhava com a Power. Em junho, ajudamos a montar uma delegação de trinta pessoas para participar do Fórum Social dos Estados Unidos em Atlanta, na Geórgia. Metade da delegação era negra — alguns eram membros do nosso Projeto de Organização de Bayview Hunters Point — e a outra metade era composta de trabalhadoras domésticas imigrantes latinas. Antes do fórum, reservamos alguns dias para visitar Atlanta, e uma das nossas paradas foi um museu sobre a história afro-americana. O museu apresenta aos visitantes a história da escravidão — começando pelas comunidades africanas na Costa do Marfim que se tornaram entrepostos de venda de escravizados, e depois apresentando a réplica de um navio negreiro. Dentro da réplica, com corpos de madeira espremidos como sardinhas no porão, pode-se ouvir o som das ondas batendo no casco, passos no tombadilho, homens falando no convés. Misturam-se suspiros sofridos, pessoas falando em várias línguas diferentes, tentando encontrar algum conhecido ou alguém que saiba onde fica sua terra natal, soluços e gemidos. Depois do navio, o visitante do museu chega às colônias, com fotos e réplicas mostrando negros — homens, mulheres e crianças — em leilão na praça da cidade. As senzalas desoladas, as canções de resistência na lavoura do algodão, casos de negras matando os próprios filhos para que não nasçam num dos mais horrendos sistemas da história. Emancipação e Reconstrução, o presidente Andrew Jackson e o presidente Abraham Lincoln. Os meeiros e a legislação segregacionista. A Grande Depressão. Separados e desiguais. A segregação e os boicotes aos ônibus. A ocupação dos balcões de lanchonete e as reações violentas da Ku Klux Klan e da polícia. Quatro meninas assassinadas numa igreja em Birmingham, no Alabama. Direitos civis e o Black Power. Jesse Jackson e a Coalizão Arco-Íris, Rodney King e a revolta em Los Angeles.

Chorei percorrendo o museu naquele dia — e muito. Por tudo o que as pessoas negras sofreram e continuam a sofrer. Com os olhos vermelhos e inchados, chorei quando vi nossos membros latinos — trabalhadoras domésticas, na maioria, com fones de ouvido para acompanhar a tradução — ouvindo em sua língua natal os horrores a que as pessoas negras foram submetidas neste país. Outros visitantes do museu nos fitavam, nós que formávamos um grupo variado de pessoas negras, latinas e brancas, comunicando-nos através de línguas, culturas e experiências diferentes. Vi nossos membros se tornarem mais

Unir para lutar 123

brandos em relação uns aos outros. Muitos conviviam na organização fazia anos, mas essa experiência conjunta era diferente de estar numa reunião planejando campanhas ou numa sessão de educação política estudando sobre o capitalismo. Chorei pelo potencial de um mundo onde poderíamos viver assim todos os dias — aprendendo uns sobre os outros, colocando-nos na história uns dos outros, com respeito, compaixão, solidariedade e o compromisso de nunca mais nos deixarmos separar.

Juntos, naquele dia de junho, aprendemos muito sobre as razões de haver tanto desemprego entre a população negra, tantos períodos de resistência com bons resultados e, mesmo assim, ainda não existir liberdade para as pessoas negras. Lembro que uma integrante do nosso grupo comentou agora entender melhor que a luta das pessoas negras pela liberdade, pela dignidade e por uma vida de qualidade ainda prosseguia — estava longe de terminada. Ela se lembrou de experiências pessoais vividas em Oaxaca, no México, combatendo grandes empresas que estavam envenenando famílias e apoiando a corrupção no governo. Lembrou por que, mesmo tendo lutado, fora obrigada a deixar sua terra natal, pois seria perigoso demais continuar lá. Lembrou-se, naquele momento, da profunda humanidade em todos nós e do que acontece quando somos privados dela. O que tinham lhe ensinado sobre os Estados Unidos era que as pessoas negras haviam lutado por direitos e liberdade e vencido. O que ela aprendeu ao chegar ao país foi que cabia a todos nós lutar pela liberdade de todos, que havia resiliência e mesmo alegria nas condições mais tristes e miseráveis, e que fazíamos parte de uma resistência contínua que, esperávamos, nos devolveria a dignidade que merecíamos.

Como organizadora, eu tinha a responsabilidade de sempre falar a verdade sobre o que se passava em nossas comunidades. De fato, entre nós havia gente demais vivendo em condições muito precárias, gente demais sem trabalhar e gente demais que ficava só na sua, defendendo o seu. Eu me perguntava por que via o que via, e o que podia fazer para mudar.

Perguntar é uma das ferramentas mais importantes que nós, como organizadores, temos à nossa disposição. É perguntando que descobrimos o que está por trás das nossas experiências em comunidades. Saber o motivo por que uma coisa acontece pode mudar o comportamento, pois cria nas pessoas o hábito de fazer a mesma coisa: perguntar por que veem o que veem, o que está por trás do que veem e, mais importante, caso não queiram mais viver assim, o que podem fazer a esse respeito.

6. Trayvon, Obama e o nascimento do Black Lives Matter

TRAYVON MARTIN FOI MORTO EM SANFORD, na Flórida, no dia 26 de fevereiro de 2012, três semanas depois de fazer dezessete anos. Durante uma visita ao pai e à noiva do pai no sobrado onde ela morava, Trayvon foi a uma loja de conveniência local comprar Skittles e um chá gelado para o irmão mais velho, Jahvaris. No caminho, ele ligou para a amiga Rachel "Dee Dee" Jeantel. Entrou na loja, comprou um pacotinho de Skittles e uma garrafinha de chá Snapple; saiu de lá ainda falando ao celular com Jeantel. Tinha começado a chover, e Trayvon se abrigou debaixo de um toldo — foi quando percebeu que um homem o observava. Esse homem era George Zimmerman, de 28 anos de idade. Ainda no celular, Trayvon disse a Jeantel que havia um "branquelo de meter medo" observando-o de um carro, falando num celular. Ela recomendou que Trayvon corresse, e assim ele cobriu a cabeça com o capuz, obviamente para não se molhar demais, e saiu correndo para voltar à casa da noiva do pai. Jeantel falou para Trayvon continuar correndo até lá, mas ele achou que tinha despistado o cara e retomou o passo normal. Continuaram conversando até que Trayvon disse que o homem tinha voltado. Jeantel ouviu Trayvon perguntar "Por que você tá me seguindo?" e a voz de um homem responder "O que você tá fazendo aqui?".

Alguns segundos depois, houve um barulho de briga; Jeantel ouviu Trayvon dizer "Sai fora! Sai fora!", e a ligação caiu. Foi a última vez que ela ouviu a voz de Trayvon.

A PRIMEIRA VEZ QUE VI violência policial fora da televisão foi em Washington, D.C., do lado de fora de uma conferência sobre justiça reprodutiva. Nunca tinha ido sozinha a outro estado. Estava na faculdade, trabalhando com um grupo de estudantes sobre justiça reprodutiva no campus, e tinha sido escolhida por uma colega para comparecer à conferência. Na verdade, não fiquei muito entusiasmada. Mas um cara que eu tinha namorado na faculdade se mudara para Washington depois de se formar, e após um rompimento triste e inevitável fazia alguns meses que não nos víamos. Mesmo não querendo admitir, sentia saudades dele — e a viagem me daria oportunidade de vê-lo, o que significava perder boa parte da conferência.

Depois de alguns dias bem divertidos, e que confundiram muito a nossa cabeça, fui para a conferência no último dia, tanto para dar uma olhada no que tinha perdido quanto para ter um respiro e pensar melhor na decisão de voltar com meu ex. Terminada a conferência, saí para fumar um cigarro. Dali a uns minutos, vi uma viatura policial passando pela rua na frente do edifício; vi também um rapaz negro andando distraído pela calçada. A viatura freou abruptamente, e um policial branco saiu para abordar o rapaz. Depois de um breve contato, o policial o forçou a se virar de costas e o empurrou contra a viatura. Uma moça negra, com óculos redondos, também estava ali por perto e entrou em ação.

— Ei, por que essa brutalidade? — ela gritou para o policial. Sem dar a mínima, o policial continuou a segurar o rapaz contra a viatura.

Olhei para a moça e disse:

— É foda, viu. Ele não estava fazendo nada, só andando na rua, numa boa.

— É — ela respondeu. — Os "homi" são foda mesmo. Escuta, anota tudo o que conseguir; pega a placa da viatura, escreve uma descrição do policial e do rapaz. Vou até lá ver o que tá acontecendo.

Ela se aproximou do policial; arranquei freneticamente uma folha de papel da pasta da conferência e comecei a anotar tudo o que conseguia.

Não lembro mais o que aconteceu com o rapaz. Lembro que a moça negra voltou e eu falei ansiosa que tinha anotado tudo: ela queria as anotações? O que ia fazer com aquilo? Ela escreveu seu endereço de e-mail e disse:

— Você podia digitar e me mandar por e-mail? Não quero perder eles de vista.

Ela foi embora e eu fiquei ali, aturdida. Nunca tinha visto de perto aquele tipo de conduta: a polícia podia tratar as pessoas assim, de qualquer jeito?

MARIN COUNTY ERA UM AGREGADO de pequenos municípios independentes, cada um com seu conselho municipal, corpo de bombeiros, departamento de polícia e distrito escolar. Quando eu morava e trabalhava em Tiburon, na Califórnia, a cidade tinha corpo de bombeiros e departamento de polícia próprios. Crescendo lá, a gente conhecia os policiais, e eles conheciam as nossas famílias. Quando a polícia aparecia de vez em quando para interromper alguma festa na casa dos meus amigos, muitas vezes conhecíamos os guardas pelo nome. Uma vez fui parada na minha cidade. Estava acima do limite de velocidade — a oitenta numa zona de sessenta quilômetros por hora — porque ia chegar atrasada ao trabalho, e meus pais, que também eram os meus chefes, não admitiam isso. Expliquei ao policial Mike, com seu bigodão de pontas viradas para cima, que eu me atrasaria para o serviço e, quando lhe apresentei a carteira de motorista, ele reconheceu meu endereço e meu sobrenome e perguntou como estava minha mãe. Ele conhecia meus pais e sabia como eram rigorosos; num gesto de empatia, me liberou com uma advertência, e foi o tempo justinho para eu chegar na hora certa.

Uma noite, quando estava no último ano do ensino médio, peguei o carro da minha mãe para ir "estudar" com uma amiga, o que, na verdade, significava que a gente ia se encontrar para fumar um. Minha amiga estava na mesma turma avançada de inglês que eu — era uma espécie de menina-prodígio de apenas catorze anos, mas que logo ia se formar com a minha turma, na faixa dos dezessete. Ficamos sentadas no carro da minha mãe, com os vidros fechados, passando o cachimbo com maconha uma para a outra, ali estacionadas no alto de um morro, com toda a vista de San Francisco e da Golden Gate. Às vezes, os faróis de um carro passando na estrada nos cobriam de luz. Por isso, não liguei quando mais um par de faróis nos iluminou por trás — mas os faróis ficaram parados. Olhei pelo retrovisor e vi as luzes azuis e vermelhas. Fiquei apavorada.

Vi que o policial saiu da viatura, acendeu a lanterna, pôs a outra mão no coldre da arma e veio até o carro pelo lado do motorista. Minha amiga e eu, sentadas no BMW 325i da minha mãe, mal respirávamos no carro todo enfumaçado de maconha. Ele chegou ao vidro da janela e deu uma batidinha com dois dedos.

— Moça, abaixe o vidro, por favor.

Balancei a cabeça. De jeito nenhum que eu ia abrir o vidro — com o carro cheio de marola? Não, obrigada. Me imaginei chegando em casa algemada e meu pai ficando louco da vida — de novo. (Dois anos antes, eu tinha sido flagrada furtando de uma drogaria. Só me algemaram porque falei que era emancipada e não tinha pais, achando que assim me safaria. Engano meu, claro.)

O policial bateu outra vez, agora mais forte.

— Moça, abaixe o vidro.

O tom ficou mais enfático, e percebi que ele estava falando sério. Quando abaixei o vidro, uma imensa nuvem de fumaça obrigou o policial a recuar por um momento. Ele olhou para mim e, então, para a mocinha loira sentada no banco do passageiro.

— Habilitação, registro do carro e documento do seguro.

Abri o porta-luvas e tirei o registro e o seguro do carro. Minha carteira estava debaixo do banco.

— Minha carteira está debaixo do banco. Posso pegar?

Ele assentiu, enquanto passava a lanterna pelo interior do carro. Estendi-lhe minha habilitação. Ele a examinou cuidadosamente.

— Este é o seu endereço? — perguntou, apontando meu endereço em Tiburon.

Assenti.

— Façam o favor de sair do carro — disse ele. — As duas.

Saímos bem devagar, apavoradas. Ele passou a lanterna pelo interior do veículo.

— Saiu muita fumaça desse carro — disse o policial. — Faça o favor de abrir o bagageiro.

Abri a porta do carro, me inclinei até o chão e puxei a alavanca que abria o bagageiro, e então lembrei que estava cheio de garrafas de bebida de uma festa na casa de um amigo, na semana anterior. *Merda*, pensei. *Ferrou*.

O policial foi até a traseira do carro, iluminando o bagageiro com a lanterna.

— Esta bebida é sua? — perguntou.

— Não, senhor — respondi depressa. — É da minha mãe, de uma festa que tivemos.

— Hmm — disse ele. — E o que a sua mãe faria se soubesse que você estava aqui, fumando maconha no carro dela?

— Ih, cara. Ela me mata — falei, rápido e decidida.

E mataria mesmo. Minha mãe era uma pessoa doce, sorridente, no geral muito meiga e até meio desligada. Mas quando estava brava, era melhor ficar longe dela. Poucas vezes na vida eu tinha visto minha mãe brava, e aquelas poucas vezes foram suficientes para não querer repetir a experiência.

Meu coração batia com força ao me imaginar ligando da cadeia para os meus pais. Minha família não era daquelas que você podia aprontar e se safar numa boa. Quando fui detida por furto, minha avó tinha acabado de chegar à Califórnia, uma viagem rara para uma sulista que agora morava sozinha no Meio-Oeste e detestava tudo da Costa Oeste. Meus pais ficaram lívidos, e a presença da minha avó significava que tinham de se comportar da melhor maneira possível, o que os deixou ainda mais bravos comigo. Fiquei de castigo durante

Trayvon, Obama e o nascimento do Black Lives Matter　　131

um ano (sério: 365 dias), e naquele verão me obrigaram a fazer diariamente o trabalho doméstico durante as oito semanas de férias. Não podia falar no celular, então escrevia cartas para minhas amigas e amigos. Se me respondiam, eu recebia as cartas já abertas. Meu pai tinha ficado tão puto que literalmente arrancou a porta do meu quarto das dobradiças. Já desafiadora, ameacei ir embora para morar com a minha melhor amiga. Depois de ter demolido a porta (e depois de dar um jeito nela), ele trouxe um saco de lixo até o meu quarto, onde eu estava sentada na cama com a cara emburrada, e arrancou praticamente todas as fotos que eu tinha na parede — colagens de galãs adolescentes tiradas de revistas, bilhetes de biscoitos da sorte, retratos meus e dos meus amigos e amigas. Em seguida, ele tirou o edredom macio da cama, deixando apenas o lençol, e levou sete dos oito travesseiros fofos que eu tinha na cama, deixando só um.

— Quer ser bandida? — perguntou aos berros. — Então é assim que você vai ser tratada!

Ele saiu batendo a porta, e fiquei sentada com os olhos esbugalhados, o corpo que parecia ter levado um choque. Meus pais não brincavam. Eu tinha mais medo deles do que do policial naquela hora.

O policial tinha começado a revista dentro do carro. Passou a mão por baixo dos bancos, primeiro no lado do motorista, depois no lado do passageiro. Pegou minha bolsa de veludo, que continha um cachimbo de metal com uma rede metálica sobre a abertura, um isqueiro, 250 gramas de maconha num saco plástico e um maço de cigarros. E por que eu tinha 250 gramas de bagulho?, você vai perguntar. Bom, eu tinha pegado com um amigo para vender em saquinhos de um grama, pois assim ganharia uns trocados e não precisaria pedir dinheiro aos meus pais. Por que eu estava carregando toda aquela quantidade no momento, não sei. Mas sei que me arrependi na mesma hora em que o policial o tirou de debaixo do banco. Olhei para a minha amiga do outro lado do carro, as duas imaginando nossas vidas atrás das grades, uma aos dezessete e a outra aos catorze.

A voz do policial me arrancou do transe.

— As senhoritas realmente não deviam estar aqui fazendo isso. É tarde da noite. Alguém podia tentar machucar vocês. Vocês podiam machucar alguém, dirigindo sob efeito da maconha. Vocês duas sabem disso.

E então, olhando para mim, perguntou:

— Seu arremesso é bom?

— É ótimo — respondi depressa. — No futebol, eu jogava no gol.

— Ótimo. Então você vai pegar esse cachimbo e atirar o mais longe que puder.

Ele nem tinha terminado a frase e eu já tinha pegado o cachimbo; lá de cima, de onde estávamos estacionadas, joguei o negócio morro abaixo. Então fiquei olhando enquanto ele recolocava lentamente no carro todos os outros objetos no lugar onde tinha encontrado. Empurrou a maconha de volta para debaixo do assento.

— Agora as senhoritas vão ficar sentadas aqui um pouco, para deixar a onda passar. Então vão para casa, e não quero vê-las aqui outra vez. Entendido?

Assentimos enfaticamente. Ele fechou o bagageiro e me devolveu a habilitação, o registro e o documento do seguro.

— Tenham uma boa noite, senhoritas. Cuidem-se — disse ele, antes de voltar para a viatura e ir embora.

Trayvon, Obama e o nascimento do Black Lives Matter   133

Um ou dois anos depois, eu estava de visita em casa, nas férias de verão da faculdade, e tinha ido tomar um café no Starbucks com uma amiga. Lá dentro, vi um policial que reconheci na hora. Aproximei-me dele, dizendo:

— Você me deu uma chance um tempo atrás, e eu queria agradecer. Estou na faculdade, estudando sociologia e antropologia. Obrigada por não me prender.

Ele sorriu:

— Às vezes, a pessoa só precisa de uma chance para fazer diferente. Fico feliz em saber que você está indo bem.

Minha experiência foi muito diferente das de muitas pessoas negras — tanto no país quanto mundo afora — que, menores de idade, toparam com a polícia portando 250 gramas de maconha. Quanto a mim, eu estava num bmw junto com uma mocinha loira e, no endereço da minha carteira de motorista, constava Tiburon, e não Marin City. Crescera em Tiburon, e isso se fazia visível: eu falava "corretamente", segundo os critérios daquela comunidade. Além disso, eu era mulher.

Mas inúmeras outras pessoas negras não tiveram essas vantagens, nem receberam essa chance. Quando trabalhava como organizadora em Bayview, vi claramente o que a polícia era capaz de fazer. Uma integrante do nosso grupo morava num conjunto habitacional perto do Estaleiro Naval de Hunters Point. Vim a conhecê-la quando ela apareceu numa das reuniões comunitárias perguntando se podíamos ajudá-la a montar uma associação de moradores, pois o Departamento Habitacional deixara de cuidar da manutenção do conjunto onde ela morava. Um dia, estávamos conversando na casa dela.

O imóvel tinha uma entrada na frente, que dava para a rua, e uma entrada nos fundos, que dava para um pátio cercado por umas quatro outras unidades residenciais. Estávamos sentadas nos fundos, fumando nossos cigarros, e de repente o pátio foi tomado por quinze homens com uniformes camuflados de tons variados. "Melhor entrar", disse ela. "Parecem ser da unidade antigangues, e o cara encarregado gosta de ferrar a vida das pessoas." Ficamos olhando enquanto os policiais iam de casa em casa, até que entraram correndo numa delas. Dava para ouvi-los arrombando as portas aos pontapés. Os que estavam do lado de fora davam risada, enquanto os moradores do conjunto — na maioria negros e samoanos — os observavam quietos e cautelosos.

Em 2011, policiais de San Francisco atiraram e mataram Kenneth Wade Harding, de dezenove anos, na esquina da Third Street com a Oakdale Avenue, no coração do bairro. A polícia estava fiscalizando o porte de passagens no VLT; a nova linha fora construída não para melhorar o transporte público para as pessoas que mais dependiam dele, mas para transferir profissionais qualificados do centro antigo de San Francisco para Bayview Hunters Point, onde estavam construindo na época instalações para microcervejarias e pesquisas de biotecnologia. O VLT, desde que fora proposto, tinha sido objeto de muita controvérsia. Os moradores do bairro se queixavam dos vários anos de construção complicando o trânsito na pequena comunidade, atrapalhando o horário dos ônibus usados por muitos deles. Para piorar as coisas, quando finalmente a linha do VLT ficou pronta, os problemas aumentaram à medida que ela se estendia. Às vezes, o trem nem vinha; outras vezes, vinha e ficava vários minutos parado,

Trayvon, Obama e o nascimento do Black Lives Matter 135

obrigando os passageiros a saírem e arranjarem alguma outra maneira de chegar ao destino.

Quando a linha começou a funcionar, o Departamento Municipal de Transportes de San Francisco instituiu o controle dos bilhetes no transporte público da cidade. Policiais à paisana do Departamento de Polícia de San Francisco (San Francisco Police Department, SFPD) começaram a fazer a fiscalização das passagens concentrando-se visivelmente em determinados bairros, com predomínio de moradores de cor. Se a pessoa não tivesse o comprovante de pagamento da passagem, podia sofrer advertência, levar uma multa de 150 dólares ou ser detida.

O controle das passagens era uma má notícia para as comunidades pobres, as comunidades negras e as comunidades de imigrantes. A polícia agia segundo o perfil dos passageiros. Para piorar as coisas, a papeleta que a pessoa recebia quando pagava a passagem era fácil de perder — um momento de distração podia se transformar numa multa pesada ou mesmo em detenção. Os policiais muitas vezes pediam a identidade, o que aterrorizava quem tinha ficha criminal ou não dispunha de documentos. Além disso, uma multa de 150 dólares por não conseguir comprovar o pagamento de uma passagem de dois dólares era algo totalmente desproporcional; se a pessoa não pudesse pagar a multa, ficava sujeita a novos acréscimos no valor ou a outras consequências, como ocorre nas multas de estacionamento.

Em 16 de julho de 2011, Kenneth Harding estava no VLT quando policiais do SFPD entraram para fiscalizar as passagens. A mãe do rapaz, Denicka, chamava-o de Kenny. Kenny, que antes morava em Seattle, entrou em pânico quando os policiais lhe pediram o comprovante e saiu correndo do trem.

Segundo testemunhas, Kenny pulou pela plataforma e seguiu correndo na direção da Bayview Opera House, que ficava na Third Street, entre a Oakdale e a Newcomb. Foi alvejado e morto na Oakdale Avenue, perto da Third Street, em plena luz do dia. Quando começaram a surgir vários santuários dedicados a Kenny no local de sua morte, o SFPD enviou um comunicado à imprensa, declarando que Kenny estava armado e havia atirado em si mesmo. A polícia também informou os antecedentes criminais de Kenny, dizendo que ele estava em liberdade condicional após sair da prisão, alguns meses antes, por acusações de tentar forçar uma garota de catorze anos a entrar na prostituição em Seattle, e que além disso era suspeito num tiroteio que matara a jovem Tanaya Gilbert, de dezenove anos, e ferira outras três pessoas. Ele não fora detido e muito menos condenado pelo assassinato — e ele mesmo era apenas um rapaz, jovem demais para ser executado na rua como um criminoso de carreira. E, indo ao ponto central da questão, nada disso vinha ao caso: ele foi morto por não pagar uma passagem.

Dois anos antes, a poucas quadras da minha casa em East Oakland, Oscar Grant, de 22 anos, foi morto numa plataforma da estação Fruitvale do trem Bart (Bay Area Rapid Transit), na madrugada de 1º de janeiro de 2009. Oscar estava com amigos voltando de San Francisco, onde fora comemorar junto de milhares de pessoas a chegada do Ano-Novo. No retorno para Oakland, estourou uma briga no vagão onde ele estava. Quando o trem chegou à estação Fruitvale, a polícia do Bart estava à espera e retirou Oscar e seus dois amigos do trem, obrigan-

Trayvon, Obama e o nascimento do Black Lives Matter 137

do-os a se sentarem na plataforma. O policial Anthony Pirone deu vários socos no rosto de um dos amigos de Oscar e então se postou sobre Oscar e gritou: "Eita, neguinho desgraçado". A galera no trem pegou seus celulares e começou a gravar o que se passava. Um deles era um estudante da Universidade Estadual de San Francisco que, por intermédio da União Estudantil Negra, havia ingressado na minha organização no ano anterior para fazer um estágio voluntário.

Quando os policiais do Bart seguraram Oscar e os amigos de bruços na plataforma, com o rosto no chão, o trem irrompeu em vaias e xingamentos. De pé sobre Oscar estava o policial Johannes Mehserle. Pirone pressionou o joelho na nuca de Oscar e lhe deu voz de prisão por resistir a um policial. Mehserle gritou: "Vou dar um choque nele, vou dar um choque nele... Tony, Tony, sai daí, levanta, levanta!". Pirone se levantou, e Mehserle, em vez de sacar a arma de choque, sacou o revólver e deu um tiro. A bala entrou pelas costas, atravessou Oscar e ricocheteou no piso de concreto da plataforma, perfurando seu pulmão. As testemunhas dizem que, ao ser ferido, Oscar gritou: "Você atirou em mim! Eu tenho uma filha de quatro anos!". Sete horas depois, Tatiana Grant, filha de Oscar, perdeu o pai, e Wanda Johnson, mãe de Oscar, perdeu o filho.

Lembro que cheguei em casa com meu companheiro, voltando de uma festa, e liguei a televisão para ver as notícias. "Amor!", gritei. "Olha o que aconteceu em Fruitvale: a polícia matou um garoto na frente de todo mundo!" Assistimos em silêncio e desespero, enquanto o Ano-Novo começava com a perda de um pai, de um filho e de um amigo.

Nossa comunidade se pôs em ação. Nos dias que se seguiram ao assassinato, passageiros que estavam no trem divulgaram suas filmagens de celular para os meios de comunicação e, em decorrência disso, centenas de milhares de pessoas descartaram a versão dos agentes do Bart e acreditaram no que as cenas mostravam: Oscar fora assassinado a sangue-frio na frente de centenas de pessoas. Quase imediatamente, seguiram-se manifestações e protestos durante semanas, enquanto o promotor distrital Tom Orloff demorava para resolver se entraria com uma denúncia ou não. O Bart encerrou sua investigação em doze dias, decidindo que as imagens eram inconclusivas. Prontamente começou a campanha às avessas para demonizar Grant, até sair o vídeo mostrando que ele fora esmurrado por Pirone antes de levar o tiro.

Oakland agora estava eletrizada, em fúria não só pelo assassinato de Oscar Grant, mas também pela violência que muitos haviam sofrido nas mãos da polícia.

Enquanto a polícia do Bart é um fenômeno relativamente novo em Oakland, o Departamento de Polícia de Oakland (Oakland Police Department, OPD) tem uma longa história de relações tensas com as comunidades pobres e as comunidades de cor. Quando comecei como organizadora em Oakland, fiquei sabendo do caso Riders. A organização que me contratou depois do meu estágio na Escola de Verão Soul em 2003 se chamava Pueblo (People United for a Better Oakland). Os fundadores da Pueblo tinham perdido entes queridos nas mãos do OPD e montado uma organização para lutar pela transparência, responsabilização da polícia e outras reformas. Os Riders eram um grupo de quatro policiais de Oakland que supostamente vinham sequestrando, espancando membros da comunidade

Trayvon, Obama e o nascimento do Black Lives Matter 139

e plantando provas contra eles havia vários anos, enquanto o departamento fazia vista grossa. A existência do grupo veio a público em 2000, quando um policial novato — que acabara de sair da academia de polícia e estava no serviço fazia apenas dez dias — pediu demissão e informou as ações de seus ex-colegas à Divisão de Assuntos Internos. Cento e dezenove pessoas moveram ações com base na Lei dos Direitos Civis por espancamentos e detenções ilegais, por fim firmando um acordo com o OPD no valor de 11 milhões de dólares, além do compromisso de que o OPD implementaria reformas importantes. Todos os policiais do grupo foram demitidos, mas três foram absolvidos das acusações criminais e um deles continua à solta, tendo fugido para o México a fim de evitar o processo. Desde 2003, o OPD está sob supervisão federal, mas mesmo assim funcionários informam que houve poucas mudanças no departamento. Entre 2001 e 2011, Oakland pagou um total de 57 milhões de dólares a sobreviventes da violência policial — a maior soma paga no estado da Califórnia.

O assassinato de Oscar Grant perante centenas de testemunhas naturalmente tocou num ponto sensível para os moradores de Oakland, ainda descontentes com a impunidade no caso Riders. Organizações de base e líderes comunitários exigiram a detenção de Mehserle quando Orloff, que também falhara duas vezes na ação do caso Riders, não deu entrada imediata nas acusações de homicídio contra o policial envolvido.

Fui para as redes sociais ajudar na mobilização dos protestos.

[...] é Oscar Grant [...] compareçam hoje às 4 da tarde na sede da prefeitura de Oakland! (quarta-feira, 14 de janeiro de 2009, 12h07)

[...] força para a família e os amigos de Oscar Grant [...] não esqueçam, lotem o tribunal exigindo justiça para os assassinados pela polícia! A semana inteira, 8 da manhã. Tribunal de Alameda County, em Fallon, Oakland (segunda-feira, 18 de maio de 2009, 16h40)

[...] "Já era tempo". Ex-policial do Bart, Mehserle enfrenta julgamento pelo homicídio de um negro desarmado. Homicídio doloso, não culposo (quinta-feira, 4 de junho de 2009, 21h21)

[...] era tempo: o policial Pirone, presente na noite do assassinato de Oscar Grant, foi demitido. Agora, voltando a Mehserle [...] ajudem na luta para garantir JUSTIÇA PARA OSCAR GRANT! (quinta-feira, 27 de maio de 2010, 14h32)

No fim, em 2010, Mehserle foi absolvido dos crimes de homicídio não premeditado e de homicídio privilegiado; a sentença foi de onze meses na prisão por homicídio culposo. A sentença leve — para uma execução tão pública e brutal — revoltou ainda mais a comunidade.

Dois anos antes, em 2008, pela primeira vez na história americana uma pessoa negra foi eleita para a presidência dos Estados Unidos. Ron Dellums fora eleito dois anos antes como prefeito de Oakland, em 2006, sendo apenas a terceira pessoa negra eleita para a prefeitura de Oakland (a primeira foi em 1977).

Em 16 de maio de 2010, Aiyana Stanley-Jones, de sete anos de idade, levou um tiro da polícia na cabeça, enquanto dormia, durante uma batida ao seu apartamento em Detroit, em Michigan.

[...] Eu sou Aiyana Jones [...] crianças de 7 anos deviam estar cheias de vida, não de tiros [...] (segunda-feira, 17 de maio de 2010, 15h17)

HOUVE OUTROS CASOS NOS ANOS SEGUINTES, até que chegou o dia 13 de julho de 2013, um sábado, quando eu estava com uma amiga num bar, tomando drinques e falando de política. Haviam anunciado algumas horas antes que o veredicto do julgamento de George Zimmerman provavelmente sairia no final do dia. Trayvon foi assassinado em fevereiro de 2012, mas não me lembro de ouvir sobre o caso até abril de 2013, quando vi um artigo no Facebook expondo o acontecido e dizendo que logo o julgamento teria início. A partir daquele momento, acompanhei de perto o caso e o julgamento.

Sentadas ali no bar, minha amiga e eu conversamos sobre as hipóteses possíveis da condenação que Zimmerman receberia, como se ela fosse inevitável. Apesar de tudo que eu já tinha visto durante os anos como organizadora — a decepção quando as mães eram obrigadas a ver o caráter de filhos chacinados sendo questionado e difamado —, por alguma razão que me era e continua a ser desconhecida, eu realmente acreditava que Zimmerman não sairia impune.

E minha amiga também. Passamos horas avaliando várias hipóteses. Parecia provável que ele fosse condenado por alguma coisa: será que o critério para homicídio não premeditado não estaria sujeito à alegação de excesso de zelo por parte dos promotores, "exagerando nas acusações", sabendo que o ônus da prova era grande demais? Será que Zimmerman seria condenado por homicídio com grau atenuado de culpa, tendo o juiz instruído os jurados de que isso estaria dentro da alçada deles?

Um presságio parecia pairar no ar. Era um dia claro — lindo, na verdade — que agora se convertera num anoitecer tranquilo. A essa altura, meu companheiro e outro amigo haviam se juntado a nós, e todos especulávamos qual seria o veredicto do júri.

Naquela noite, a TV ia transmitir um jogo, e assim começou a chegar cada vez mais gente no bar. Volta e meia ouvíamos, sentados do lado de fora, os gritos lá dentro. Então, de repente fez-se silêncio.

— Estão se preparando para anunciar o veredicto — disse minha amiga.

Nós quatro entramos para dar uma olhada na televisão. O canal tinha interrompido a transmissão da partida e passado para o porta-voz do júri, anunciando a decisão.

Senti um aperto no estômago.

— Nós, jurados, consideramos o réu, George Zimmerman, inocente.

Fiquei sem ar.

Não consigo respirar. INOCENTE?!?!?!?! (sábado, 13 de julho de 2013, 19h04)

INOCENTE?

No COMEÇO, não senti nada. Fiquei olhando para a televisão no vazio, e as palavras e imagens ficaram borradas. Lembro que me virei e saí, para ficar sozinha e tentar respirar.

Trayvon, Obama e o nascimento do Black Lives Matter 143

INOCENTE?

ENTÃO EU SENTI RAIVA.

Cadê aquele povo que diz que estamos numa América pós-racial? Cadê aquele povo que diz que a questão da raça passou e que o pessoal negro precisa deixar isso de lado? O triste é que tem uma parte dos Estados Unidos que agora está festejando e celebrando.

E isso me deixa revoltada. TEMOS que nos unir. Nossas vidas estão em jogo. Os garotos negros deste país não estão seguros. Os homens negros deste país não estão seguros. Esse veredicto vai criar muitos outros George Zimmerman. (sábado, 13 de julho de 2013, 19h14)

#blacklivesmatter (sábado, 13 de julho de 2013, 19h14)

NÃO SEI POR QUE A minha reação foi tão forte. Nem sabia direito por que estava tão envolvida com aquele caso específico. Só sei que era assustador ver um garoto ser assassinado por um adulto. Era assustador pintarem Trayvon como bandido e criminoso; eu ficava transtornada com a imagem que tentavam criar, dele e de muitos outros homens negros sendo assassinados. Alguns anos antes, tinha sido Oscar Grant, a poucas quadras de onde eu morava.

Povo negro. Eu amo vocês. Eu amo a gente. Nossas vidas importam. (sábado, 13 de julho de 2013, 19h19)

Inocente?

Naquela noite, conversei por telefone com minha amiga Patrisse Cullors, também organizadora comunitária. Ela estava em Soledad, na Califórnia, visitando uma pessoa na prisão que estava sob sua mentoria. Falamos rapidamente sobre o veredicto; era um choque imenso. Não havia muito a dizer, mas ao mesmo tempo havia tudo. Nós víamos: é assim que as pessoas negras morrem aqui. Aqui, nos Estados Unidos, as pessoas negras morrem por causa do medo que os outros têm de nós.

Inocente?

Aliás, vamos parar de dizer que isso não nos surpreende. É uma tremenda vergonha. Continuo a me surpreender que as vidas negras importem tão pouco. E vou continuar me surpreendendo. Parem de desistir da vida negra. Povo negro, eu NUNCA vou desistir da gente. NUNCA. (sábado, 13 de julho de 2013, 19h42)

Tenho um irmão. Ele é oito anos mais novo. Quando éramos pequenos, ele me via como sua ídola, acho que por eu ser a pessoa que mais cuidava dele. Ele queria fazer tudo o que eu fazia e estar onde eu estava; com a diferença de idade nessa época específica da minha vida, eu provavelmente passava mais tempo tentando afastá-lo do que aproximá-lo de mim. Mas enfim, tenho um irmão oito anos mais novo que mora em Marin County — um dos condados mais ricos do mundo. Marin County, em-

Trayvon, Obama e o nascimento do Black Lives Matter 145

bora mais próspero, tem algumas semelhanças com Sanford, na Flórida — a principal delas é que nas duas comunidades uma pessoa negra pode ser assassinada por ter aparência "suspeita". Meu irmão tem mais de 1,80 metro de altura. Recusou-se durante anos a cortar o cabelo, por isso tinha um afro enorme. É a pessoa mais doce do mundo, mas quando você é negro a doçura não interessa.

INOCENTE?

EU ESTAVA CANSADA de culpar as pessoas negras por condições que não foram criadas por nós.

Somos os sobreviventes da supremacia branca. Os sobreviventes de chicotes e correntes, de escolas caindo aos pedaços e bairros deteriorados. Eu sabia que a sobrevivência às vezes significava nós mesmos tentarmos encontrar uma razão, alguma justificativa para sermos tão odiados, tão desprezados a ponto de sermos assassinados impunemente — encontrar uma razão, nem que fosse para garantir a nossa própria sobrevivência. Mas ainda ficava furiosa com algumas reações ao veredicto do julgamento — gente dizendo que era trágico o que acontecera com Trayvon, que era trágica a absolvição de Zimmerman, mas que era por isso que precisávamos garantir que a nossa garotada usasse a calça no lugar certo,* não andasse de capuz, frequentasse a escola e assim por diante.

---

* Referência à moda de usar calça baixa, caída até o meio ou mesmo abaixo das nádegas. (N. T.)

Na esteira da morte de Trayvon, o presidente Barack Obama comentou numa coletiva de imprensa que, se tivesse um filho, seria parecido com Trayvon, deixando claro que sentia uma ligação pessoal com o caso. O presidente, porém, foi cauteloso em comentar o caso por causa de um episódio anterior, envolvendo Henry Louis Gates Jr., que fora preso ao tentar entrar na própria casa. Obama tinha dito que o policial "agira estupidamente", gerando uma clamorosa gritaria entre os defensores das forças policiais em todo o país; Obama, em resposta, convidara Gates e o policial para uma cerveja na Casa Branca. Não interessava que fosse absoluta burrice um policial prender um ilustre professor na frente da própria casa, como se fosse um invasor, no bairro chique onde morava — a gritaria deixou muito evidente que questionar qualquer aspecto do trabalho policial ou examinar a eficiência dos setores encarregados de manter a ordem estava absolutamente fora de questão, sobretudo com relação às pessoas negras. Também ficou estabelecido que o racismo não era sistêmico, mas sim uma série de questões intersubjetivas que poderiam ser resolvidas com um contato mais próximo, dividindo uma cerveja.

Assim, quando foi anunciado o veredicto de que George Zimmerman, o assassino de Trayvon Martin, seria absolvido de todas as acusações, o presidente Obama voltou a adotar uma posição cautelosa, evitando críticas à força policial, encorajando a confiança num sistema falho e recomendando às pessoas negras que cuidassem de si mesmas e resolvessem as disfunções em suas comunidades, para que as forças policiais não tivessem razão de matá-las.

Trayvon, Obama e o nascimento do Black Lives Matter 147

ESSA ABORDAGEM, claro, tem muitos problemas.

GEORGE ZIMMERMAN NÃO ERA integrante das forças policiais. Era um miliciano que resolveu patrulhar o bairro por conta própria — ele *escolheu* ver Trayvon Martin como uma ameaça, e não como um garoto voltando da loja para casa.

Nossa garotada precisa usar a calça no lugar certo.

E QUANDO OS NOTICIÁRIOS DE TODO o país anunciaram o veredicto no "julgamento de Trayvon Martin" (que não existiu: Trayvon não estava sendo julgado, estava morto), o presidente Obama precisou resolver como se dirigiria à nação, sabendo que a absolvição de Zimmerman desferira um forte golpe no povo negro dos Estados Unidos.

Nossas comunidades precisam garantir que votemos.

UMA SEMANA DEPOIS DO VEREDICTO, o presidente Obama anunciou que a Casa Branca ia desenvolver um projeto para tentar resolver os problemas enfrentados por garotos e homens negros. Seu argumento foi que, muito embora o sistema penal fosse racista, mirando e punindo desproporcionalmente as pessoas negras, a maneira de avançar era investir nos que tinham mais probabilidade, "estatisticamente", de ser assassinados por seus pares do que por um membro da força policial.

Nossos garotos e homens precisam parar de usar capuz.

Essa desconsideração das mortes pela polícia não fazia sentido — o problema era real. Somados, os assassinatos de pessoas negras nas mãos de policiais, milicianos e seguranças correspondem a uma morte a cada 28 horas. Nem todas as vítimas estão desarmadas, e nem todos os assassinatos são a sangue-frio. Mesmo assim, que tanta gente negra morra dessa maneira é preocupante, para dizer o mínimo. Em 2015, a polícia matou 307 pessoas negras nos Estados Unidos, segundo o projeto The Counted do jornal *The Guardian*, e 266 em 2016. Esse número não inclui os assassinatos cometidos por milicianos e seguranças, e, como os departamentos de polícia não precisam revelar esses dados por iniciativa própria, não temos ideia da extensão do problema.

Nossa garotada precisa de uma educação melhor.

Mas temos um problema maior, para além dos números: a ideia de que os negros matando uns aos outros são um problema maior do que os negros morrendo desnecessariamente nas mãos de policiais e milicianos. Essa análise não se restringe ao presidente Obama — na verdade, é reflexo de uma velha ideia existente nas comunidades afro-americanas: se as pessoas negras se comportassem direito, os outros se comportariam direito com elas.

Trayvon, Obama e o nascimento do Black Lives Matter

A VIOLÊNCIA INTERCOMUNAL, como diria Huey Newton, cofundador do Partido dos Panteras Negras, é um problema, mas não só dos negros. É um problema cuja raiz se encontra na distribuição desigual do poder e dos recursos, além de ser uma reação muito humana — mesmo que aflitiva e dolorosa — à falta de meios necessários para se viver bem. Estatisticamente, as pessoas brancas se matam entre si nas mesmas taxas que as pessoas negras. Não é a disfunção negra que leva à violência — é a proximidade que leva à violência num sistema que dá mais prioridade ao bem-estar das corporações que ao bem-estar das pessoas. *Inocente.* E eu sabia que, por mais que levantassem as calças, votassem, estudassem mais ou deixassem de usar capuz, nada mudaria o fato de que um garoto tinha sido assassinado por um adulto que saiu impune. Porque nos Estados Unidos as pessoas negras são criminosas, e tanto faz se temos oito ou oitenta anos, se estamos de terno e gravata (como no caso do meu tio, parado e detido em San Francisco porque "se encaixava na descrição") ou se usamos calça baixa, se temos doutorado, diploma do supletivo ou diploma nenhum. Nos Estados Unidos e no mundo, as vidas negras não importavam.

Mas muitos líderes negros, inclusive o presidente Obama, adotaram os argumentos da direita para explicar por que Trayvon Martin foi assassinado. Obama admitiu a existência de uma longa história de disparidades raciais em nosso sistema penal, ao mesmo tempo fazendo questão de afirmar que não se pode culpar "o sistema" nem "o homem" por tudo o que acontece. Com isso, o presidente Obama se rendeu às mesmas pessoas que se referiam a ele e à esposa como "macacos" e "socialistas muçulmanos". Muitos líderes negros frequentemente empregam a narrativa da responsabilidade pessoal por falhas sistêmicas para garantir seu lugar à mesa sem promover nenhuma mudança concreta na vida das comunidades negras. Era absurdo e, ao mesmo tempo, enfurecedor ver o presidente Obama recomendando calma e paz e afirmando que os protestos terminariam naturalmente, como se fossem acessos de birra de crianças que, afora isso, sempre tiveram tudo o que queriam:

> A questão agora, pelo menos para mim, e creio que para muita gente, é: para onde vamos com isso? Como extrair uma lição disso e avançar numa direção positiva? Me parece compreensível que ocorram manifestações, vigílias e protestos, e algumas dessas coisas seguirão seu curso, desde que mantenham caráter pacífico. Caso eu veja alguma violência, vou relembrar às pessoas que é uma desonra ao que aconteceu com Trayvon Martin e sua família. Mas, para além de protestos e vigílias, a questão é: quais são as medidas concretas que poderíamos adotar?

IGUALMENTE ABSURDAS FORAM algumas das respostas à pergunta formulada pelo presidente Obama em relação às medidas concretas que poderíamos adotar. Por exemplo, um parlamentar republicano de Oklahoma apresentou em 2015 um projeto de lei que proibiria o uso de capuz em público. O projeto acabou não passando no nível estadual, mas não foi uma iniciativa isolada. Após o assassinato de Trayvon Martin e a subsequente absolvição de George Zimmerman, surgiram várias discussões sobre a disfunção negra. Incentivada pelo apelo do presidente Obama para se investir em garotos e homens negros, o debate também começou a se desviar para noções

Trayvon, Obama e o nascimento do Black Lives Matter

problemáticas de restaurar a dignidade dos homens negros, de fazer com que desempenhassem melhor o papel de pais de garotos negros, em vez de investir nas comunidades negras para corrigir as inúmeras disparidades vividas pelas nossas famílias.

NAQUELA NOITE, depois de anunciado o veredicto no caso Zimmerman, tomei mais alguns drinques, deixei meus amigos no bar e voltei para casa. Acordei no meio da noite e chorei. Chorei pela mãe de Trayvon e por todas as outras mães que tinham perdido seus filhos. Chorei de medo de que acontecesse algo parecido com um ente querido, com meu irmão ou meus tios.

Porém, mais do que isso, chorei por nós. Por todos nós. Chorei por quem somos, por quem são os Estados Unidos, por sermos capazes de deixar um garoto ser assassinado por um adulto e deixar o adulto sair impune. Por fazermos leis que justificam sentir medo das pessoas negras, leis que permitem matar pessoas negras e não sofrer consequência alguma. Chorei porque esse homem, esse homem obviamente não branco, matou um garoto negro que estava em Sanford visitando o pai, esse garoto negro que foi comprar doces na loja e nunca mais voltou para casa porque o medo que esse homem sentia de um garoto negro prevaleceu sobre a razão. Chorei porque ele saiu impune.

Inocente.

SENTEI NA CAMA E PEGUEI O CELULAR.

Não consigo dormir. Acordei às quatro e meia da manhã chorando e gritando de dor e raiva. Uau. Estou lendo sobre tudo o que aconteceu ontem à noite depois que eu finalmente dormi. Muita coisa pra processar na cabeça. Só quero estar agora com meu irmãozinho. Só quero ficar abraçada forte com ele e rezar. Quero que o povo negro seja livre. (domingo, 14 de julho de 2013, 5h04)

ACORDEI NA MANHÃ SEGUINTE e vi uma explosão geral. Convocavam-se protestos por todo o país, inclusive um em Oakland naquele dia. Minha postagem tinha centenas de curtidas e compartilhamentos. A hashtag #BlackLivesMatter começara a circular pelo Twitter e Facebook. O Dream Defenders, um grupo da Flórida, onde se dera o julgamento do caso Trayvon, estava organizando uma ocupação da Assembleia Legislativa da Flórida, exigindo o fim da lei Stand Your Ground,* que permitira a Zimmerman sair impune, sem qualquer consequência. Nas semanas seguintes, as ruas de todo o país seriam tomadas por centenas de milhares de pessoas. Em Los Angeles, os protestos chegaram a Beverly Hills. Em Nova York, lotaram a Ponte do Brooklyn, com manifestantes e cartazes dizendo BLACK LIVES MATTER. Em Oakland, juntei-me a um grupo de manifestantes na loja de um amigo e, enquanto os protestos

---

* A lei Stand Your Ground (que pode ser traduzida como "Mantenha sua posição"), referente ao direito de legítima defesa, permite que o indivíduo use força letal para se defender de ataques que possam ser letais ou causar graves danos físicos, bem como de outros crimes como estupro, sequestro, roubo etc. A Stand Your Ground, adotada na maioria dos estados americanos, se contrapõe à lei Duty to Retreat (Dever de retirada), que determina a obrigação de se retirar para um local seguro, caso seja possível, sem recorrer ao uso de força letal. (N. T.)

seguiam lá fora, ficamos trabalhando com crianças e pais dentro da loja, criando arte com o tema Black Lives Matter.

Tomara que alguém acabe com essa ideia de que basta mudarmos pro mundo mudar junto com a gente — ignorando enquanto isso as engrenagens que põem nossas crianças na cadeia e a sete palmos do chão. Hoje ouvi muito disso e fico louca da vida quando nos culpamos por condições que não criamos. Parem com isso.

NÃO TEM NADA A VER usar esse velho argumento, principalmente o pessoal negro. É a AÇÃO COLETIVA que vai mudar o mundo em que vivemos, não o empoderamento individual. Só teremos força pra voar se dermos força um ao outro. Acredito na transformação individual; luto pra me transformar todo dia. Mas falar pro povo se voluntariar não vai mudar em nada o racismo estrutural/institucional. E ao falar pros negros mudarem seu comportamento individual, deixamos um monte de gente de fora, que fica na dela, numa boa. Disso nós sabemos. Nós que somos gente negra sabemos disso com toda a certeza. (domingo, 14 de julho de 2013, 14h50)

O Black Lives Matter estava se transformando rapidamente num fenômeno. Na terça-feira da semana seguinte, a hashtag tinha ampla presença nas mídias sociais, graças em larga medida a outra ativista, Opal Tometi. Ela entrou em contato comigo e disse que vinha acompanhando o que estava acontecendo on-line; quando viu minha hashtag e minha explicação, aquilo calou fundo nela. Perguntou se podia ajudar em alguma coisa, e falamos em criar um espaço para que as pessoas se conectassem on-line e, em algum momento, pudessem passar para uma ação conjunta off-line. O Design Action Collective, um escritório de design gráfico pela justiça social, entrou em contato comigo perguntando se podia participar — o coletivo tinha decidido oferecer serviços de design e colaboração para o fenômeno crescente do Black Lives Matter. Patrisse e eu trabalhamos com eles no logo, e Opal criou a página no Facebook, montou um website e abriu contas no Tumblr, no Twitter e no Instagram.

Patrisse e eu já tínhamos começado a conversar sobre o potencial do Black Lives Matter como organização política, vendo como poderíamos montar um projeto de organização para que o pessoal negro se unisse e lutasse, um projeto que acolhesse todas as pessoas negras, sem algumas fobias que às vezes existem dentro dos espaços políticos negros.

#Blacklivesmatter é uma afirmação e uma adoção coletiva da resistência e resiliência da gente negra. É um lembrete e uma reivindicação de que nossas vidas sejam prezadas, respeitadas e capazes de ter acesso à nossa plena dignidade e determinação. Essa é uma verdade que somos chamados a abraçar, se quisermos que nossa sociedade se reumanize. É um chamado à união. É uma prece. O impacto de abraçar e defender o valor da vida negra em particular tem o potencial de elevar a todos nós. #Blacklivesmatter afirma a verdade da vida negra, de que a ação coletiva constrói o poder coletivo para a transformação coletiva. (terça-feira, 16 de julho de 2013, 15h58)

DALI A UMA SEMANA, representei o #BlackLivesMatter no *HuffPost Live*, um programa de notícias em streaming, com o pessoal que criou #WeAreNotTrayvonMartin, uma hashtag antirracista cujo objetivo era mostrar às pessoas brancas o

Trayvon, Obama e o nascimento do Black Lives Matter 155

papel que o racismo desempenhava não só no assassinato de Trayvon, mas também em leis racializadas como a Stand Your Ground. As pessoas estavam compartilhando suas histórias de racismo antinegros na nossa página no Tumblr e procurando outras pessoas com as quais se conectar por meio da nossa página no Facebook. Eu ficava principalmente no Facebook (embora tivesse na época uma conta no Twitter, pouco a usava), enquanto Patrisse e Opal oscilavam entre o Facebook e o Twitter. Estávamos postando informações sobre outros casos no país, em locais onde havia atividade de milicianos ou onde leis radicais como a Stand Your Ground haviam criado mais violência ou sido aplicadas de maneira desigual — como no caso de Marissa Alexander, que ficou presa durante três anos por disparar um tiro de advertência no ar, tentando se defender de um parceiro abusivo.

O Black Lives Matter só veio realmente a se tornar uma organização em 2014 — mas o Black Lives Matter (como hashtag e uma série de contas com o mesmo nome nas mídias sociais) já estava mudando a linguagem em 2013. Patrisse, Opal e eu já nos conhecíamos antes de criar o Black Lives Matter. Patrisse e eu nos encontramos em 2005, quando entrei na Power — e logo ficamos muito amigas numa pista de dança em Providence, em Rhode Island. Opal e eu nos conhecemos por meio de uma rede de liderança negra chamada Black Organizing for Leadership and Dignity (Bold), no momento em que ela tinha acabado de se tornar diretora da Black Alliance for Just Immigration. Patrisse, Opal e eu fazíamos parte da rede Bold. Uma semana depois que George Zimmerman foi absolvido do assassinato de Trayvon, a Bold fez uma videoconferência com pessoas do país inteiro, e discutimos o Black Lives Matter com cerca de cem líderes em toda a nação. Em outubro, o famoso seriado *Law & Order: Special Victims Unit* lançou um episódio chamado "American Tragedy", um remix ficcional da controvérsia em torno de Paula Deen (Deen, famosa chef branca sulista, fora denunciada por ações flagrantemente racistas) e do assassinato de Trayvon Martin. Na típica cena de tribunal do episódio, a câmera sai do recinto e mostra um protesto na rua. Os manifestantes carregam cartazes dizendo BLACK LIVES MATTER.

Os assassinatos não começaram nem terminaram com Trayvon Martin. Poucos meses depois, Renisha McBride, de dezenove anos, foi morta no meio da noite por Ted Wafer, de 55 anos, em Dearborn Heights, em Michigan. Na madrugada de 2 de novembro de 2013, McBride bateu num carro estacionado e foi procurar ajuda. Por volta das 4h42, bateu à porta da casa de Wafer. Ele abriu e deu um tiro no rosto de Renisha. Wafer, de início, alegou legítima defesa, mas a promotoria por fim concordou em entrar com a acusação quando dream hampton, residente de Detroit, começou a organizar comícios, coletivas de imprensa e cobertura da mídia, sustentando que o caso não estava sendo levado a sério porque McBride era uma jovem trabalhadora negra de Detroit e o atirador era um homem branco morador de área nobre.

Ao contrário do caso de Trayvon, Wafer foi condenado e sentenciado a uma pena de quinze a trinta anos de prisão por homicídio não premeditado, de sete a quinze por homicídio com grau atenuado de culpa e de dois anos por porte ilegal de arma de fogo — o que significa que ele passará pelo menos dezessete anos na prisão.

Muitos, inclusive membros da família de Renisha, afirmaram que a justiça foi feita; mesmo assim, perguntávamo-nos

Trayvon, Obama e o nascimento do Black Lives Matter　　157

que sistema era aquele que engolia pessoas inteiras — negras em número desproporcional, claro, mas, no fundo, todos os que entravam em contato com o sistema. É provável que Ted Wafer morra na prisão ou logo depois de ser solto. Utilizamos o Black Lives Matter como plataforma para debater o assunto e promovemos uma conversa com Darnell Moore, dream hampton, Thandisizwe Chimurenga e Patrisse, na qual falamos sobre a abolição das prisões, a justiça e as contradições no movimento. Mais de duzentas pessoas de todo o país acompanharam a conversa, anunciada menos de dois dias antes. Até o final daquele ano, continuamos a usar o Black Lives Matter como veículo para o ativismo, o trabalho organizativo e análises.

7. Rebelião e resistência

Michael Brown, de dezoito anos, foi assassinado em 9 de agosto de 2014 em Canfield Green, um complexo residencial em Ferguson, no Missouri. O policial Darren Wilson atirou pelo menos seis vezes em Michael — duas na cabeça e quatro no braço direito. Depois de assassinado, o corpo de Michael ficou largado na rua durante quatro horas e meia, a poucos passos da casa de sua mãe. Conforme se juntava uma multidão, a raiva ia aumentando. Vários integrantes da comunidade convocaram um protesto no Departamento de Polícia de Ferguson e, partindo de lá, seguiu-se um levante.

A Guarda Nacional foi enviada para Ferguson a fim de conter o movimento, mas as imagens de tanques e tropas de choque atirando bombas de gás lacrimogêneo em manifestantes basicamente pacíficos estarreceram todos os que assistiam às cenas pela televisão e pelas mídias sociais ao redor do mundo.

O levante em Ferguson começou mais ou menos na mesma hora em que Patrisse, Darnell Moore e eu estávamos na videoconferência nacional sobre Renisha McBride e a condenação de seu assassino, e assim, depois da videoconferência, analisamos em conjunto o que estava acontecendo em Ferguson.

Rebelião e resistência 159

Alguns dias mais tarde, eu soube que um amigo que conhecera numa festa, um ano antes, estava em Ferguson oferecendo apoio às organizações. Perguntei se podia ajudar de alguma maneira, e ele recomendou que eu fosse até lá para ver ao vivo. Cheguei ao Missouri cerca de uma semana depois. Havia apenas duas organizações de base presentes em St. Louis: a Organization for Black Struggle (OBS), dirigida pela indômita Jamala Rogers, e a Missourians Organizing for Reform and Empowerment (More), ex-filiada da Association of Community Organizations for Reform Now (Acorn), que se concentrava em questões de justiça climática. Alguns ativistas tinham vindo por intermédio da campanha Fight for $15, luta que reivindicava o piso salarial mínimo de quinze dólares por hora, lançada pela Service Employees International Union em 2012. Mas a imensa maioria das pessoas engajadas e envolvidas nos protestos não era filiada a organizações ativistas maiores. Embora pudessem ter trabalhado por curtos períodos em tarefas como angariar votos, essas pessoas, de modo geral, não integravam grupos de base e nem confiavam neles.

Passei a primeira semana em Ferguson conhecendo a comunidade. Os moradores locais já estavam preocupados com a chegada das pessoas, preocupados com a forma como os noticiários estavam descrevendo os acontecimentos, preocupados com o apoio — não com o apoio em si, mas com o que esse apoio lhes custaria e mesmo com a ideia de que precisassem de apoio externo.

Enquanto isso, Patrisse e Darnell tinham começado a planejar uma Caminhada Black Lives Matter pela Liberdade até Ferguson. Seguindo os moldes das caminhadas pela liberdade que percorreram o Sul do país nos anos 1960, trazendo organizadores e apoiadores para ajudar no cadastramento eleitoral da população negra, a Caminhada Black Lives Matter pela Liberdade pretendia reunir pessoas negras de outras partes do país para irem até St. Louis e apoiarem as pessoas negras de lá, que estavam sendo atacadas e prejudicadas pelo Estado por se erguerem em defesa do direito de viver com dignidade. Fomos alertados de que o mais necessário era a presença dos meios de comunicação, para que a história fosse contada pelo ponto de vista da comunidade, e assim Patrisse e Darnell montaram uma lista enorme de profissionais negros da mídia para acompanhar a caminhada. Pelo país afora, as pessoas organizaram caminhadas em suas próprias comunidades. Ao todo, mais de quinhentas pessoas, de treze estados, se somaram à empreitada.

A Caminhada Black Lives Matter pela Liberdade convergiu para Ferguson no fim de semana do Dia do Trabalho. A faculdade negra local, que concordara em hospedar o grupo, voltou atrás na última hora, alegando um "mal-entendido". Mas uma igreja, a St. John's, na área norte de St. Louis, concordou em fornecer hospedagem.

O grupo passou o fim de semana se reunindo: criamos relações, participamos de marchas e protestos, estivemos em eventos da comunidade que destacavam o trabalho desenvolvido na região. No último dia, nos reunimos na igreja St. John's para um sermão do reverendo Starsky Wilson, "A política de Jesus"; sua mensagem central era que Jesus foi também um revolucionário. A tensão entre a comunidade local e os ativistas e organizadores de fora não diminuiu — e havia outras tensões entre os diversos ativistas e organizações —, mas havia também um profundo amor e um grande senso comunitário por estarmos juntos numa situação difícil.

Rebelião e resistência 161

Voltei de Ferguson para casa e recebi uma ligação do meu amigo de lá, perguntando se eu me dispunha a voltar e ajudar a coordenar um fim de semana de ações em nível nacional como parte de uma coalizão de organizações locais. Os ativistas em Ferguson tinham ficado impressionados com a Caminhada pela Liberdade; embora ela tivesse sido vista inicialmente com algum ceticismo, logo ficou evidente que uma presença nacional e a atenção da mídia no local permitiam aos moradores de St. Louis contar suas próprias histórias.

Eu estava relutante em voltar. Acabara de chegar em casa, já com muitas viagens programadas devido ao trabalho com a National Domestic Workers Alliance — tinha começado a trabalhar com elas em tempo integral em julho daquele ano. Além disso, receava me envolver demais na política interna de Ferguson. Àquela altura, já participara de muitas iniciativas nacionais e internacionais, inclusive o último Fórum Social dos Estados Unidos, uma grande reunião de ativistas pela justiça social que ocorrera alguns anos antes em Detroit. Essas experiências me ensinaram muito sobre a construção de relações com pessoas de origens e agendas diferentes, mas esse tipo de trabalho também é difícil. Quando a gente é de fora, é difícil estabelecer confiança. E para montar um evento como o que estavam propondo, os participantes precisavam trabalhar bem juntos. Os organizadores queriam que milhares de pessoas se dirigissem a Ferguson para o Fim de Semana da Resistência, mas eu queria ter certeza de que eles contavam com o apoio de todos os parceiros locais antes de concordar em ajudá-los. Ao mesmo tempo, adoro organizar e acreditava na missão, por isso concordei, com a condição de não me envolver na política local — estava lá para ajudar, não para ser arrastada em disputas de poder. Os organizadores precisariam dar sua anuência e concordar com essa minha abordagem. Eles toparam, e eu fui.

Minha tarefa era angariar apoio local e garantir que os moradores comparecessem aos eventos do fim de semana. Isso também seria uma boa oportunidade para as organizações ampliarem o número de membros e aumentarem o engajamento no longo prazo, mesmo depois que os meios de comunicação fossem embora e as pessoas de fora voltassem para casa.

Acabei passando quase cinco semanas em St. Louis. Trabalhava com uma equipe de dezessete pessoas, todas da área de St. Louis, inclusive algumas de Ferguson. A ação se deu sob a égide do More. Durante uns quinze dias, atuamos em equipe para envolver os moradores locais no trabalho que estava sendo feito após a morte de Michael Brown. Com o tempo, nosso método de angariar apoio mudou: da distribuição de panfletos e convites para as pessoas irem a eventos específicos nos fins de semana de ações em massa, passamos a ir de casa em casa conversando com integrantes da comunidade, perguntando se gostariam de ingressar no movimento — em vez de ir a um evento isolado. Antes do fim de semana, fizemos várias reuniões nas casas, para que as pessoas conhecessem mais sobre a organização, encontrassem e desenvolvessem relações com os vizinhos e soubessem o que significava se unir ao movimento.

Mudamos de método porque, para engajar realmente as pessoas no movimento, não bastava só entregar um papel e falar das nossas conquistas em outras campanhas. Àquela altura, o More não tinha muita gente de Canfield Green, o conjunto de blocos de apartamentos onde Michael Brown

Rebelião e resistência 163

fora assassinado. Eu soube que nem haviam feito o trabalho de ir de porta em porta em Canfield; a justificativa foi que era difícil demais organizar as pessoas de lá, pois não costumavam frequentar as reuniões. Mas, para mim, o que fazia mais sentido era começar por lá, bem no coração de Ferguson, e então avançar para a área maior de St. Louis; as pessoas que moravam na comunidade tinham mais probabilidade de se envolver do que as distantes do local do episódio. Além disso, Michael Brown fora alvejado pela polícia de Ferguson. Se a organização pretendia conseguir algum avanço na questão da responsabilidade policial, precisava montar uma base de membros da comunidade que estivessem dispostos a pensar em soluções novas e a lutar por elas.

St. Louis conta com noventa municipalidades e mais dez áreas não incorporadas. Todas diferentes umas das outras. Em algumas, a população negra não sofria um policiamento tão predatório; em outras, nem havia pessoas negras para início de conversa. Precisávamos nos concentrar nas municipalidades mais próximas de Ferguson, onde a população negra sentia na pele a violência policial contra a qual protestávamos. Além disso, precisávamos treinar os moradores *daquelas comunidades afetadas* a conduzir e sustentar o movimento depois que todos os outros fossem embora. Não precisávamos de angariadores de apoio — precisávamos de organizadores.

Começamos a desenvolver em equipe um outro método de visitas de casa em casa e de montagem das bases. Simulamos várias situações e problemas: e se a pessoa bater a porta na sua cara? E se não quiser fornecer dados de contato? Como converter um não em um sim? O que estamos pedindo que as pessoas façam? Que tipo de pergunta devemos fazer para conhecer melhor a pessoa? Como descobrimos quem pode estar a fim de se envolver no movimento?

Cada um ficou encarregado de cobrir uma área — ou seja, cada um recebia um mapa com um setor marcado e ia bater à porta de todas as casas que ficavam ali. Nossas instruções eram que convidassem as pessoas para a reunião, ouvissem suas experiências em relação à morte de Michael Brown ou qualquer experiência que tivessem tido com a polícia de Ferguson e lhes propusessem participar do movimento.

Todos os dias avaliávamos o que tinha sido feito na véspera e mapeávamos onde estivéramos e para onde iríamos. Também dávamos continuidade por telefone às visitas a moradores interessados, para responder dúvidas e consolidar o compromisso deles em participar do movimento.

Em dez dias, conversamos com mais de 1500 pessoas e conseguimos que quase mil se comprometessem não só a ir aos eventos do fim de semana, mas também a ingressar no movimento. Realizamos cinquenta reuniões e conduzimos a maioria delas. Trabalhei com um grupo de pessoas que estavam aprendendo o trabalho organizativo. Nossa equipe também aprendeu que ações corajosas têm consequências. Muitos bateram a porta na nossa cara, além de outras dificuldades que enfrentamos no trabalho em campo; um integrante da equipe foi demitido do emprego por falar sobre o movimento durante o serviço. Mas eu via que eles aprendiam e superavam essas dificuldades e se transformavam durante o processo. Essas pessoas nunca apareceram nos noticiários. Nunca participaram de uma mesa-redonda nem deram palestras numa universidade. Mas essas dezessete valentes figuras assumiram o trabalho de investir em si mesmas e em sua comunidade.

Rebelião e resistência

O More, apesar da liderança branca (o diretor e a maioria da equipe eram brancos), havia se tornado uma espécie de ponto de referência para o pessoal de fora que ia até a cidade prestar apoio, bem como um ponto de encontro para alguns manifestantes. Mas eu me sentia um pouco incomodada ao ver quanto apoio eu e outros fornecíamos à organização liderada por gente branca, enquanto uma organização liderada por gente negra, ali perto, não recebia a mesma atenção; por isso, resolvi trabalhar também num programa de treinamento para essa organização de liderança negra: a OBS. A energia era outra, para dizer o mínimo. A OBS ficava em outra parte da cidade, decididamente menos atendida do que a área onde ficava o More. Não tinha um escritório com dezenas de pessoas atarefadas como no More. O ritmo era bastante lento. Mesmo em pleno trabalho de organização para uma mudança, as discrepâncias do mundo lá fora se faziam presentes.

FERGUSON TEM UMA HISTÓRIA A SER CONTADA, mas isso não cabe a mim. É uma história que precisa ser narrada por múltiplas vozes, pois os pontos de vista podem variar, dependendo de onde se estava. Havia muitas, muitíssimas outras pessoas envolvidas, à frente de iniciativas importantes que continuaram a liderar o trabalho organizativo no local muito tempo depois que Ferguson deixou de ter a atenção da mídia e das câmeras. O More e a OBS são importantes para a história de Ferguson, mas a Hands Up United e a Action St. Louis também são. A história do que aconteceu em Ferguson, e do que continua a acontecer especificamente em Ferguson e de modo mais geral em St. Louis, precisa ser contada em conjunto pelas pessoas que lideraram e continuam a liderar essa luta. Minha história não é a da revolta de Ferguson.

Minha história é apenas sobre o tempo que passei lá, o que vi, o que fiz e o que vivi. É a história de um grupo de pessoas imperfeitas, reunidas pela tragédia, tentando entender suas razões. Vi algumas se aproveitando de outras, encarnando suas fantasias revolucionárias numa comunidade que, pela primeira vez, estava sob os holofotes, e vi gente se esforçando a sério para entender o que significava lutar pela mudança. Vi egos e vi rivalidades, mas vi também cooperação e uma disposição bonita de tentar construir uma comunidade de amor perante a morte e o horror.

O mais importante para mim foi ter trabalhado com uma equipe de pessoas que, normalmente, só participariam angariando apoio porque precisavam de um dinheirinho a mais, e vi como se transformaram em pessoas genuinamente interessadas em criar uma mudança em sua comunidade, dispostas a desempenhar um papel de liderança para obter essa mudança. O Fim de Semana da Resistência está um pouco borrado na minha memória — muitos detalhes me fugiram. Mas permanece a lembrança da equipe com que trabalhei naquelas semanas. Eu me lembro de figuras tímidas, como Courtney, saindo da casca e se vendo como agentes de transformação. De queers como Jan'ae e Nick, que, pelo menos uma vez na vida, não se sentiram excluídos. De Brian, que fazia aquilo pelas filhinhas gêmeas recém-nascidas. Mesmo Reginald, provavelmente o maior coletor de assinaturas que já vi, passou de um grande angariador para um organizador — parando para ouvir o que as pessoas tinham a dizer, incentivando-as a cada conversa a ser mais corajosas, enquanto ele mesmo também se tornava mais corajoso.

Rebelião e resistência

A Caminhada Black Lives Matter pela Liberdade e o Fim de Semana da Resistência em Ferguson foram momentos de resistência que nos mostraram o quanto avançamos e o quanto ainda falta avançar, quem somos e quem podemos ser. St. Louis não foi uma história de gente negra da classe média se revoltando — na verdade, Ferguson ajudou muita gente a ver que a resistência negra raramente tem esses traços. St. Louis foi gente negra da classe trabalhadora, alguns com casa, outros sem, mostrando ao mundo o que significa ser negro em cidades onde as regras são concebidas por gente branca. E, além disso, Ferguson mostrou o que aconteceu com a liderança negra; a revolta se deu basicamente contra o policiamento predatório, mas foi também, de modo implícito, uma crítica à liderança negra que mudou para sempre nossa maneira de enxergar a resistência.

No período inicial do que se conhece como movimento dos direitos civis, a vida negra estava largamente organizada em torno da igreja, a instituição central das comunidades negras no país. Com isso, os líderes dessas igrejas se viram em condições de conduzir movimentos pela transformação social, a começar pelo reverendo dr. Martin Luther King e o SCLC; os líderes religiosos, evidentemente, foram demonizados pelos supremacistas brancos, mas ainda eram tidos como mais aceitáveis do que os organizadores que não vinham da igreja, como Ella Baker. Isso deu início a uma tradição dentro da comunidade negra, de que o rosto dos movimentos populares seria sempre o de um líder religioso. Os dois líderes nacionalmente reconhecidos dos movimentos que se seguiram ao movimento dos direitos civis eram, a despeito de todas as suas diferenças, talhados pelo mesmo molde: o reverendo Jesse Jackson e o reverendo Al Sharpton.

Nos primeiros dias da revolta em Ferguson, ambos, Jackson e Sharpton, chegaram à comunidade para fazer o que estavam acostumados: aparecer no local de uma crise ou de uma tragédia, formular uma série de reivindicações, dar apoio ostensivo à família da vítima e aos membros da comunidade e, em situações especialmente difíceis, encabeçar uma passeata com outros líderes religiosos e membros da comunidade. Ferguson depôs a liderança negra tradicional num gesto épico. Jackson e Sharpton foram depostos não por serem líderes, mas pelo tipo de liderança que tentavam exercer.

Alguns membros da família de Michael Brown receberam bem os dois reverendos, mas outros amigos e membros da comunidade de Ferguson rejeitaram o apoio. O objeto de maior crítica pública foi talvez Jackson, que chegou a uma Ferguson raivosa e traumatizada pela reação agressiva, em escala militar, da polícia contra os protestos. Jackson reuniu uma multidão e pediu doações — para a igreja. Foi expulso de Ferguson sob vaias e nunca mais voltou. Da mesma forma, Sharpton, embora tivesse feito amizade com os pais de Brown, foi amplamente criticado por seu papel nos protestos — a saber, recomendar aos moradores que se acalmassem e passassem a votar.

O fato de os ativistas e manifestantes de Ferguson não terem aceitado que Jackson ou Sharpton falassem em nome deles, ou que os aconselhassem sobre as estratégias de resistência, foi importante porque negou a esses líderes a centralidade na controvérsia, posição que estavam acostumados a ocupar fazia anos; também impediu que sua política definisse a política da revolta. Se Sharpton denunciou as "maçãs podres" dentro do Departamento de Polícia de Ferguson, os manifestantes locais foram muito além: estabeleceram a conexão entre a tática

Rebelião e resistência 169

policial durante os protestos — atacando e acuando a comunidade com armas militares — e as práticas de policiamento predatório que geravam a própria necessidade dos protestos.

Em Ferguson, assim como em outros departamentos policiais naquela jurisdição, a polícia predava os moradores negros pobres com multas e fianças exorbitantes, que resultavam em maior empobrecimento e hiperencarceramento dos moradores negros de St. Louis. Nesse contexto, fica evidente por que o pedido de doações de Jackson para sustentar sua igreja, numa comunidade com renda per capita anual inferior a 21 mil dólares e com um quarto dos moradores vivendo abaixo da linha de pobreza, foi enfaticamente rejeitado.

Figuras como Jackson e Sharpton são muitas vezes criticadas por encarnar a chamada "política da respeitabilidade", expressão cunhada por Evelyn Brooks Higginbotham. Segundo ela, a política da respeitabilidade consiste em estratégias por meio das quais as pessoas negras podem granjear respeito moral em decorrência de suas táticas e ações. A política da respeitabilidade tem como objetivo demonstrar o "bom" caráter moral e permitir que os negros sejam vistos pelos brancos como merecedores de respeito e, por isso, dignos dos direitos que lhes são negados.

Higginbotham argumenta que a política da respeitabilidade confere ao indivíduo uma superioridade moral, noção que pressupõe erroneamente que as estruturas desumanizadoras do racismo possuem alguma natureza moral à qual se possa apelar.

Ao rejeitar a abordagem de Jackson e Sharpton, bem como a política da respeitabilidade de Higginbotham, a revolta de Ferguson foi um ponto de inflexão fundamental, um momento em que os manifestantes negros pararam de se importar com o que as pessoas brancas, ou as pessoas negras "respeitáveis", pensavam sobre sua revolta. Essa guinada não prejudicou o movimento crescente, como alegariam figuras como Higginbotham — pelo contrário, ajudou a abrir um novo espaço político, por onde poderíamos avaliar a natureza insidiosa da antinegritude e a supremacia branca interiorizada nas comunidades negras. A revolta de Ferguson ajudou a criar espaço para uma nova percepção entre as pessoas negras.

Se o Black Lives Matter, a revolta de Ferguson ou a posterior sublevação de Baltimore tivessem seguido o conselho de Higginbotham sobre a respeitabilidade, se as pessoas tivessem dado ouvidos a Al Sharpton, dizendo-lhes para voltarem para casa e, em vez de protestarem, comparecerem às urnas, ou para não criarem divisões dentro de sua comunidade, não teria ocorrido nenhuma revolta, nenhuma cobrança, nenhuma exigência de responsabilização — simplesmente continuaríamos no mesmo padrão de sempre. Teríamos negociado, trocado as tensões por propinas e aparições públicas — o que, para falar a verdade, de fato ocorreu algumas vezes. Mas, ao não dar um papel central a Sharpton, a Jackson e a suas políticas de respeitabilidade, criou-se o espaço cultural e político para uma abordagem diferente. Era por meio dessa abordagem que as pessoas vinham a saber e a se importar com a vida e a morte daqueles que a polícia e os meios de comunicação pintariam como "não respeitáveis" e, portanto, indignos de atenção. Pessoas como Freddie Gray, que fora apanhado antes por acusações relacionadas a drogas, ou Michael Brown, que teria, segundo um boato, roubado um maço de cigarrilhas antes de levar seis tiros de Darren Wilson. Ou Jordan Davis, que não abaixou o volume

Rebelião e resistência 171

da música que ouvia no carro, ou Renisha McBride, suspeita de estar embriagada quando o acidente de carro ocorreu. Ao deixar de lado a respeitabilidade, voltamos o foco da conversa para as ações de policiais corruptos ou violentos, para os respectivos sistemas corruptos e violentos mais amplos que eles protegem e para o valor intrínseco das vidas negras.

O BLACK LIVES MATTER, trabalhando junto com os ativistas e organizadores que emergiram da revolta de Ferguson, criou um espaço político e cultural para que pudesse surgir uma versão mais abrangente da negritude. As pessoas negras não precisavam usar suas melhores roupas de domingo para ser consideradas merecedoras de respeito, dignidade e humanidade.

Isso não significa que não existam conflitos importantes. Conforme a cultura muda, essa nova concepção continua a ser renegociada e contestada, mesmo dentro das próprias comunidades. Ativistas queer negras em Ferguson disseram estar nas linhas de frente dos protestos com pessoas que, fora das manifestações, as chamavam de sapatão, diziam que iam dar uma boa fodida nelas para consertá-las e assim por diante.

No meu primeiro dia em Ferguson, num encontro com vários homens e uma outra mulher, disseram-me que eu não "combinava" com a comunidade porque era uma mulher usando vestido (um simples vestido de algodão preto) e penteado no cabelo (alisado, diga-se de passagem). O que ficou implícito no comentário desse homem era que eu seria levada menos a sério por usar vestido numa comunidade pobre.

Até hoje, há quem sustente que a visibilidade da revolta de Ferguson foi "sequestrada" pela agenda dita gay. Com efeito, a mudança é lenta — mas não significa que não esteja ocorrendo. A mudança está sempre ocorrendo, estejamos prontos para ela ou não, concordemos com ela ou não. É significativo que muitas lideranças das revoltas atuais sejam exercidas por mulheres, que algumas sejam exercidas por queers, lésbicas, gays, bissexuais, trans ou agênero.

EXISTEM VÁRIAS BARREIRAS para nos tornarmos o movimento que precisamos ser. Uma verdade incômoda é que essas barreiras são tanto externas quanto internas. Na era de Trump e de uma política trumpista no país, o aumento da repressão, o fortalecimento do racismo sistêmico e as formas de capitalismo cada vez mais predatórias colocam e continuarão a colocar barreiras significativas ao nosso movimento. Mas há também, dentro do próprio movimento, algo que nos impede de sermos tudo o que poderíamos ser.

Nossos movimentos precisam refletir o que temos de melhor. Estive ativamente engajada, ao longo de grande parte da minha vida adulta, em construir um movimento que transforme tudo neste país — que transforme nossa economia para que deixe de gerar lucro para alguns e sofrimento para outros; que promova colaborações justas, equitativas e construtivas nos planos nacional e mundial; que defenda nosso direito de participação em todas as decisões que tenham impacto em nossas vidas e nas daqueles que amamos; que traga à tona o nosso melhor, individual e coletivamente. Essa construção é o contrário do movimento conservador que nos ameaça no momento. O conservadorismo resulta na concentração de riqueza

Rebelião e resistência 173

nas mãos de uma ínfima minoria, em vez de sua distribuição de maneira a proporcionar uma vida boa a todos. Ele se baseia na subjugação de pessoas não brancas e da classe trabalhadora. O consenso conservador é movido pelos valores do cristianismo tradicionalista e de uma política econômica mortífera, e nega à maioria o acesso a direitos humanos fundamentais.

Se quisermos vencer, se quisermos derrotar o movimento que se apoderou do país e que determina nossas relações com o resto do mundo, precisamos passar da fragmentação, da divisão e da estreiteza para a coordenação, a colaboração e a abrangência. Citando Kanye West, receio que estamos "preocupados com as coisas erradas" e satisfeitos em sermos o Deus das pequenas coisas.

Muitos dos meus professores, treinadores e mentores caíram numa rotina de reduzir e estreitar cada vez mais seus círculos políticos ao invés de aumentá-los e ampliá-los — seja em organizações formais ou em iniciativas descentralizadas. Procuram pessoas que pensam parecido — que sentem a mesma ansiedade em ter de lidar com um mundo onde nem todos concordam com elas — e adotam a ideia de que encontrar um grupo de semelhantes e bradar suas ideias aos quatro ventos é o mesmo que construir poder. A bem da verdade, todos procuramos em certa medida nossas próprias tribos, os lugares a que pertencemos e onde podemos ser nós mesmos. Mas quando se trata de política, de governar e construir poder, não podemos nos permitir pensar pequeno. E embora eu me sinta mais à vontade com pessoas que pensam como eu e têm as mesmas experiências que eu, quanto mais tempo passo na atividade de construir um movimento, mais percebo que essa construção não consiste em encontrarmos nossa tribo — e sim em ampliarmos a tribo para além das diferenças, tendo como foco um conjunto de objetivos em comum. Consiste em resolver os problemas reais na vida das pessoas, e também em mudar nosso modo de pensar e expressar o que somos juntos. Veja por este ângulo: os Estados Unidos têm mais de 329 milhões de pessoas. Suponhamos que, para alcançar o poder nos Estados Unidos, você precise do engajamento e da lealdade de 10% da população. É altamente improvável que toda essa gente pense igual sobre tudo; portanto, se nossos movimentos pretendem ter qualquer influência que seja, eles precisam disputar o apoio emocional e intelectual dos indivíduos, o que significa abandonar a prática de criar panelinhas e, em vez disso, montar grupos motivados e empenhados em atrair milhões de pessoas para a sua causa.

HASHTAGS NÃO CONSTROEM MOVIMENTOS. As pessoas, sim. Agora precisamos aprender a construir movimentos para o século XXI.

PARTE III

Notas sobre o próximo movimento

8. O significado de movimento

HOJE EM DIA, muitas coisas que são chamadas de movimentos na verdade não são. É frequente me perguntarem como alguém pode criar o próprio movimento em torno de algo que defenda com grande paixão — a inclusão das mulheres, os assassinatos de pessoas trans, os direitos dos animais, a assistência aos idosos. Minha resposta é sempre a mesma: procure as pessoas que se importam com essas mesmas coisas e se junte a elas.

Muitas vezes, quando as pessoas se referem aos movimentos que querem iniciar, o que querem dizer é que precisam de apoio para ajudar algo a viralizar — conseguir que mais gente preste atenção a alguma coisa, dar mais visibilidade a alguma questão. Mas os movimentos não são apenas visíveis ou virais — eles abrangem pessoas que se dedicam a realizar algum tipo de mudança. Não é a viralização que realiza a mudança. Ela só acontece com um trabalho contínuo de organização.

Movimentos são compostos por indivíduos, organizações e instituições. Congregam pessoas que se juntam para mudar leis e a cultura. Aqueles que têm êxito sabem como usar as ferramentas da mídia e da cultura para comunicar o que defendem, e assim ajudam a desenhar um quadro de como um mundo alternativo poderia ser. Usam a mídia para se comunicar tanto com públicos já conquistados quanto com os que ainda estão em cima do muro.

Muitos creem que a mudança acontece porque de repente uma meia dúzia de pessoas extraordinárias mobiliza magicamente milhões de outras — e não por meio da participação e engajamento constante com milhões de pessoas ao longo de um período, às vezes ao longo de gerações. Se reduzimos o período final da era dos direitos civis ao reverendo dr. Martin Luther King, a Rosa Parks ou mesmo a Malcolm X, deixamos na sombra o papel que organizações poderosas como a NAACP ou o SCLC desempenharam como pontos de organização para o movimento. Rosa Parks fica reduzida a uma senhora que estava cansada depois de um longo dia de trabalho. Analogamente, o Boicote aos Ônibus de Montgomery, um dos mais vigorosos da história, fica reduzido a um ato espontâneo, em vez de uma ação direta organizada e dotada de estratégia.

As organizações são um componente fundamental dos movimentos — tornam-se os locais onde as pessoas podem encontrar a comunidade e saber o que está acontecendo ao seu redor, por que está acontecendo, a quem benefícia, a quem prejudica. As organizações são onde aprendemos a empreender uma ação, a fazer um trabalho organizativo para mudar as leis ou a cultura. Onde nos juntamos para decidir o que fazer em relação aos problemas enfrentados pelas comunidades. Alguns dirão que não é preciso fazer parte de uma organização para fazer parte de um movimento, e isso é verdade. Mas se a pessoa quiser fazer parte de um movimento que tem continuidade e alcança êxito, ela precisa de uma organização.

Muita gente confunde organização política com entidade sem fins lucrativos. Fiz parte de algumas ONGs que mais se pareciam com a We Got Y'All, do seriado *Insecure*, de Issa Rae: dirigidas por pessoas brancas e privilegiadas, falsamente vincu-

O significado de movimento 179

ladas às comunidades a que dizem servir e solidamente funda-
das num modelo de caridade que não procura de fato resolver
problemas, e sim manter a si mesmas e às verbas. Embora
muitas organizações de movimentos não entrem nessa categoria, inúmeras são exatamente assim. A falta de instituições
e organizações fortes, eficientes, estratégicas e colaborativas
que visam a mudar a política e a prática é o que nos enfraquece
em relação à direita — a direita tem uma complexa rede de
instituições e organizações que fazem de tudo, desde fornecer
liderança intelectual e testar novas experiências até desenvolver programas políticos e se engajar no campo da cultura.
As organizações também transmitem às esferas decisórias seu
grau relativo de poder. Imagine um sindicato composto de dois
membros negociando com um empregador de mil trabalhadores. Imagine professores tentando negociar salários mais altos
no distrito escolar, só que, por serem contrários às organizações,
cada qual tem sua própria reivindicação de salário e benefícios.
As organizações incentivam a colaboração, mas também de-
monstram um grau relativo de poder e influência.

Depois que os protestos cessam, o que quase sempre acontece, para onde vão as pessoas que buscam dar continuidade
à ação? Onde se vinculam para desenvolver capacitações e conhecer mais ferramentas organizativas?

Uma suposição bastante generalizada é que, para construir
o movimento, a pessoa precisa ter muitos seguidores nas mídias sociais. Ter um monte de seguidores no Twitter até pode
ajudar, mas esse é apenas um dos diversos ingredientes necessários para que os movimentos tenham eficácia.

Vejamos um exemplo prático. Em 2016, DeRay Mckesson,
uma personalidade das mídias sociais, anunciou que ia concorrer

nas primárias do Partido Democrata para disputar a prefeitura de Baltimore. Nascido e criado na cidade, e com mais de 300 mil seguidores no Twitter, ele imaginou ser um nome conhecido, com credibilidade política suficiente para vencer uma primária para prefeito. O Jack'd, um aplicativo muito popular que facilita relações íntimas, enviou uma notificação incentivando todos os seus usuários a votarem em Mckesson. Os resultados foram reveladores: Mckesson teve 3445 votos, correspondendo a 2,6% do total. O vencedor da primária obteve 48 mil votos — número bastante baixo numa eleição, mas alto se comparado ao número de seguidores de seu adversário nas mídias sociais.

Para construir um movimento é preciso conseguir que as pessoas passem de espectadoras a estrategistas, de procrastinadoras a protagonistas. O que as pessoas fazem nas mídias sociais nem sempre corresponde ao que estão dispostas a fazer na vida cotidiana. A construção e a participação num movimento exigem engajamento constante, e os níveis de engajamento precisam mudar e aumentar continuamente — desde apenas aparecer até assinar uma petição, conseguir envolver nove amigos, ajudar a elaborar uma estratégia, pressionar um parlamentar, liderar um grupo e assim por diante.

Os movimentos bem-sucedidos também têm apelo amplo. Não são meros grupos que todo mundo conhece; são grupos a que todos querem aderir porque sabem que, se aquele movimento conseguir vencer, sua qualidade de vida mudará. Os movimentos defendem os marginalizados de uma forma ou outra, transferindo-os das margens para o centro. As mudanças promovidas pelos movimentos são as que dão visibilidade aos invisíveis, àqueles que a sociedade, a economia e o governo dizem não ter nenhuma relevância para o futuro.

O significado de movimento 181

"Interseccionalidade" é um termo que circula a torto e a direito — para o bem e para o mal —, mas, na maioria das vezes, é entendido de forma equivocada. Mais do que uma simples teoria, a interseccionalidade resulta, na prática, em desconstruir e desmontar a segregação e, assim, impedir as formas de consolidação do poder nas mãos de uma minoria. A interseccionalidade, termo cunhado pela dra. Kimberlé Crenshaw no final dos anos 1980, como comentei, é uma maneira de entender como o poder opera. E também de garantir que ninguém, como diz Crenshaw, seja deixado para trás. É uma maneira de entender como e por que há pessoas que foram deixadas para trás, fornecendo um guia para a mudança e dando visibilidade aos que atualmente são invisíveis. Com isso, ficamos mais bem preparados para reivindicar e conquistar mais.

PODE SER SURPREENDENTE VER que certos movimentos por justiça seguem a mesma dinâmica que pretendem contestar. Participei de milhares de reuniões, conferências, encontros, comícios e campanhas em que as pessoas não viviam na prática o mundo que se propunham a criar. Mesmo as organizações mais radicais muitas vezes ficam aquém dos ideais que defendem. Perdi a conta de quantas vezes organizações defendiam um valor como "poder para as irmãs" e, então, fingiam não notar que eram as mulheres que faziam a maior parte do trabalho emocional e administrativo, enquanto os homens ficavam com a maior parte do trabalho intelectual. Mais que isso, passei dez anos numa organização formada majoritariamente por mulheres de cor, tanto no conjunto de membros quanto nas equipes de trabalho, e, mesmo assim, os poucos homens da organização ficavam só olhando essas mulheres fazerem o grosso do trabalho de construção, recrutando novos membros, organizando reuniões comunitárias, arrumando as coisas antes e depois dessas reuniões, trafegando entre a complicada dinâmica das alianças e coalizões, angariando fundos para a organização, atendendo às crises entre os membros; enquanto isso, eles se entregavam a grandes discursos altissonantes com outros homens sobre as atividades que o movimento devia estar fazendo e os rumos que devia tomar.

Nem sei quantas vezes fui chamada de irmã, rainha e coisas do gênero por colegas de movimentos, mas sem que essas organizações me mostrassem em momento algum como o trabalho que fazíamos afetaria a *minha* qualidade de vida. Era como se eu estivesse ali não como estrategista, não como tática, não como construtora de grupo, mas como meio para a melhoria da qualidade de vida de outra pessoa — geralmente um homem hétero.

Para mim, a interseccionalidade não é um exercício intelectual. Um movimento não é interseccional se sou convidada a ingressar nele mas minhas preocupações, minhas experiências e minhas necessidades não fazem parte do que aquela iniciativa ou organização, como um todo, considera serem suas preocupações e necessidades — ou seu caminho para o poder.

A interseccionalidade às vezes é empregada como sinônimo de diversidade ou representatividade. Já ouvi pessoas dizendo que seus esquemas de rodízio de carona são interseccionais, quando, na verdade, estão se referindo a um esquema diversificado; já ouvi líderes dizerem que são organizadores interseccionais, quando, na verdade, estão se referindo a uma

O significado de movimento 183

agregação de pessoas de várias raças, classes e gêneros. Diversidade é quando se tem a representação de diferentes grupos num mesmo lugar. Representatividade é quando grupos que antes não eram incluídos passam a ser. Interseccionalidade é quando fazemos tudo com o foco de garantir que ninguém seja deixado para trás. Mais do que a inclusão de superfície (ou de meramente assegurar que todos estejam representados), a interseccionalidade é a prática de examinar, juntos, as dinâmicas de poder e os fundamentos básicos do que podemos ser.

Na verdade, muitos movimentos não são interseccionais. Essa é uma afirmativa forte e dolorosa. Enquanto tanta gente negra luta e morre por nosso direito à dignidade e às oportunidades, há alguns entre nós que tentam chegar lá montando nas costas dos outros, sem autorização, em vez de contribuir para formarmos uma corrente para que todos cheguemos lá — ou que ninguém chegue. Desde os direitos de voto e os direitos civis até o direito ao aborto, ainda não entendemos plenamente que, se um de nós for deixado para trás, significa que falhamos.

A interseccionalidade não é uma Olimpíada da Opressão — ou seja, evita privilegiar uma opressão mais do que outra. A gente vê esse tipo de rivalidade quando alguém diz: "Sou uma mulher negra, então você não tem nada a me dizer" e coisas assim. Ouço alguns ativistas usarem indevidamente o termo "interseccionalidade" para designar quem tem o direito de determinar a realidade. Alguns o utilizam para calar críticas legítimas a suas ações, condutas e impactos. Cheguei até a ouvir alguns ativistas dizerem coisas como "a interseccionalidade não é para as mulheres brancas", o que é uma contradição. Pois, para que algo seja interseccional, precisa levar em conta as experiências das pessoas marginalizadas de diversas maneiras. Crenshaw afirma:

O que estou sugerindo é que as mulheres negras podem sofrer discriminação de formas que são semelhantes e também diferentes das discriminações sofridas por mulheres brancas e homens negros. As mulheres negras às vezes sofrem formas de discriminação semelhantes às sofridas por mulheres brancas; às vezes têm experiências muito semelhantes às dos homens negros. Mas muitas vezes sofrem dupla discriminação — os efeitos somados de práticas que discriminam com base na raça e com base no sexo. E, às vezes, sofrem discriminação como mulheres negras — não como soma da discriminação por raça e da discriminação por sexo, mas como mulheres negras.

A questão de Crenshaw aqui é que a interseccionalidade é a estrutura pela qual examinamos como os grupos que sofrem dupla ou tripla discriminação têm suas necessidades atendidas de forma simultânea a — e não em detrimento de — outros grupos na mesma situação. Isso é importante porque, mais uma vez, mostra como e por que deixamos algumas pessoas para trás, forçando-nos a reconhecer as oportunidades que perdemos de construir movimentos que moldem o mundo em que queremos viver.

A interseccionalidade não é um passe livre para descartarmos as reais preocupações de outros grupos, e não determina se temos ou não direito a nossas experiências. Não se trata de dizer, por exemplo, que as experiências das mulheres negras são mais importantes ou mais válidas que as das mulheres brancas. Pelo contrário, a interseccionalidade questiona por que as experiências das mulheres brancas são o parâmetro da desigualdade com base no gênero. Ela afirma duas coisas: primeiro, ao olhar o mundo por outra lente que não apenas

O significado de movimento

a das pessoas brancas, podemos ver como e em que bases o poder é distribuído de forma desigual; segundo, precisamos garantir que o mundo pelo qual lutamos, o mundo que reivindicamos para o futuro, atenda às necessidades de todos os que estão marginalizados. O que está em jogo com a interseccionalidade? Se todos nós temos ou não direito a uma vida digna. A interseccionalidade nos convida a refletir por que não damos a mesma atenção à criminalização das meninas e mulheres negras que à dos meninos e homens negros. A perguntar por que pessoas negras com deficiência — o grupo mais provável de ser morto pela polícia — recebem pouca atenção em comparação aos homens negros fisicamente capacitados que são assassinados pela polícia. A interseccionalidade nos convida a examinar os lugares onde somos marginalizados, mas também solicita que examinemos como e por que pessoas marginalizadas como nós podem, por sua vez, marginalizar outras. Ela exige que nos tratemos melhor para que tenhamos mais poder juntos.

9. Unidade e solidariedade

É POSSÍVEL MONTAR MOVIMENTOS multirraciais se as pessoas organizam primariamente seu próprio grupo demográfico? Existe lugar para a unidade negra num mundo de movimentos multirraciais? Faz muito tempo que eu me debato com perguntas desse tipo. Por um lado, já tive essa conversa com pessoas brancas que indagam por que os espaços organizativos não podem, todos eles, ser diversificados, geralmente querendo dizer: por que não estou incluída em todo e qualquer espaço organizativo? Não é racista ter um trabalho de organização apenas dentro do seu grupo racial? Também me deparo com essa pergunta dentro de iniciativas multirraciais: se as pessoas negras se organizam entre elas mesmas, isso não ameaça nossa capacidade de montar um movimento multirracial?

Fui criada numa tradição organizativa que valorizava a solidariedade entre os oprimidos. Linda Burnham, líder da Third World Women's Alliance, uma querida amiga e mentora, introduziu o uso da expressão "people of color", pessoas de cor, para que as pessoas não brancas se vissem unidas numa mesma causa. Para construir um movimento global pela paz, uma economia cooperativa e não exploradora e uma democracia plena, é fundamental que as pessoas oprimidas vejam suas experiências e interesses comuns.

Unidade e solidariedade 187

Em meu trabalho, passei muitos anos desenvolvendo solidariedade, alianças e movimentos em que pessoas negras e latinas se uniam especificamente para lutar por si e umas pelas outras. Essa aliança fundamental costumava ser descrita com a expressão "unidade preto-marrom". Esse tipo de formação de aliança é uma estratégia essencial para derrotar a supremacia branca e criar uma verdadeira democracia — afinal, as pessoas de cor constituem a maioria da população mundial, e esses números vêm aumentando constantemente nos Estados Unidos. É somente por meio de políticas e práticas supremacistas que a minoria branca governa a maioria — e um elemento central é garantir que a maioria não branca não se una.

Mas há muito tempo tenho a incômoda sensação de que essas alianças, tal como costumam ser conceitualizadas e praticadas, muitas vezes são superficiais e, em alguns casos, oportunistas. A unidade é importante, claro — mas não é possível haver uma verdadeira unidade se evitamos abordar contradições complicadas, como o sentimento e a prática antinegros nas comunidades latinas. Muitas vezes, nossas alianças não têm rigor suficiente na hora de definir a base da união — e o que precisamos aprender e desaprender uns sobre os outros para que ela tenha solidez e profundidade suficientes. Essas alianças tomam como pressuposto que as pessoas de cor têm uma ligação com base na cultura, e não com base na opressão e na exploração que, embora sofridas de formas diferentes, estão interconectadas. É muito usual que a unidade reduza as experiências das comunidades negras às das comunidades negras americanas, que têm experiências próprias e distintas, por exemplo, das comunidades de imigrantes africanos ou das comunidades de afrodescendentes na América Latina e no Caribe.

Fiquei decepcionada, mas não surpresa, quando começamos a montar o Black Lives Matter e vimos que, para alguns, solidariedade significava que as pessoas negras deviam se unir e se organizar sob o olhar vigilante do que chamo de "defensores da unidade preto-marrom" — pessoas que achavam que tratar de casos específicos da opressão negra era, de certa forma, violar a aliança entre pessoas de cor. Para mim, isso põe em questão o real significado da solidariedade: é diluirmos e apagarmos nossas experiências e condições próprias em nome da paz, ou é ficarmos juntos em meio a nossas diferenças e declararmos que não aceitamos ser divididos pelos responsáveis pela nossa desgraça coletiva?

Em 2014, fiz parte de uma organização que lidava com a questão da estratégia de esquerda: de quem e do que precisamos para conter as forças que causam tanta miséria em nossas comunidades? Como podemos construir uma força com poder suficiente para criar as condições de vitória para nossas comunidades? No grupo havia pessoas que trabalhavam em várias questões sociais — justiça e igualdade educacional, justiça econômica e direitos trabalhistas, justiça climática e racismo ambiental —, ansiosas por um entendimento estrutural mais aprofundado das relações de poder e por uma estratégia, empregada coletivamente, que interrompesse e transformasse essas relações.

Havia muitas coisas que eu adorava nesse grupo. Estar junto com pessoas que, como eu, trabalhavam diariamente para criar uma vida melhor para todos nós; explorar teorias econômicas complexas, análises dos pontos fortes e dos pontos fracos dos movimentos sociais anteriores e atuais; e também o trabalho de definir como se afiguraria um programa de liberdade.

Unidade e solidariedade 189

Mas, de modo geral, eu era apenas uma entre meia dúzia de pessoas negras envolvidas, contribuindo para moldar a estratégia, a abordagem e a prática do grupo. Era raríssimo que houvesse uma pessoa negra da classe trabalhadora presente nessas reuniões — muito menos na liderança do grupo. Nas poucas ocasiões em que havia um número significativo de pessoas negras, inevitavelmente alguém dizia que precisávamos nos esforçar mais para garantir também a presença de latinos, tendo como premissa que devíamos manter o foco na construção da unidade preto-marrom.

Era a deixa para começarem os atritos.

Uma tarde, nos reunimos para discutir questões organizativas. Nossa pauta daquele dia consistia em desenvolver temas para futura educação política; estávamos realizando webinars para, entre outras coisas, incentivar as pessoas a ingressarem na organização. A pauta incluía também trocarmos ideias sobre organizações e indivíduos de que poderíamos nos aproximar a fim de expandir nossa atuação para além da Bay Area e da Califórnia.

À mesa estavam três pessoas afro-americanas (um homem e duas mulheres), duas mulheres latinas, um homem branco e um homem asiático.

Enquanto debatíamos a questão da educação política, sugeri que fizéssemos uma sessão sobre o Black Lives Matter e a resistência negra, que começara a se alastrar como um incêndio no país e no mundo. Àquela altura, Patrisse, Opal e eu já tínhamos lançado a hashtag, montado plataformas nas mídias sociais para que as conexões on-line se convertessem em ações conjuntas off-line, realizado uma videoconferência nacional sobre o julgamento de Ted Wafer pelo assassinato de Renisha

McBride e organizado a Caminhada Black Lives Matter pela Liberdade até Ferguson, que tivera um sucesso incrível. O Black Lives Matter como ideia, reivindicação e, recentemente, como organização começara a crescer muito e atrair a atenção do país e do mundo.

Uma das latinas respondeu:

— Na verdade, acho que a gente anda apresentando muito conteúdo sobre o pessoal negro. Meu medo é perdermos o impulso para a unidade preto-marrom se não falarmos sobre ela. Que tal fazermos alguma coisa sobre a imigração?

Senti o sangue subir ao rosto, e meu corpo todo foi tomado por uma onda de calor.

— Será que eu entendi bem o que você disse? O pessoal negro em todo o país está engajado numa resistência ativa à polícia e à violência do Estado, e você acha que estamos falando demais sobre isso?

— Não, não é isso que estou dizendo — ela gaguejou. — Meu medo é que a gente não esteja falando o suficiente sobre a necessidade de nos mantermos juntos, negros e pardos, neste momento, e de entendermos equitativamente as lutas que cada comunidade está enfrentando.

Era uma discussão, claro, que resultaria em soma zero. Falar sobre a resistência negra não atrapalhava em nada a unidade preto-marrom. E tampouco devia desestimular os latinos a se unirem ao movimento de resistência. Mas a conversa não se referia ao que podíamos fazer para fortalecer a base da aliança entre nossas comunidades — em vez disso, concentrava-se numa visão estreita: quais questões têm impacto sobre quem, quanto tempo de transmissão no ar cada uma delas teria. Qual é o sentido de fazer parte de um projeto focado na construção

Unidade e solidariedade 191

de uma unidade multirracial e precisar ouvir que estamos "falando demais sobre o pessoal negro", quando pessoas negras por todo o planeta estão se levantando numa luta de resistência para questionar seus assassinatos por policiais e milicianos? A insinuação de que um debate sobre a imigração seria de interesse especificamente latino também me enfurecia. Pois não havia imigrantes negros indo para as ruas, com o duplo risco de serem criminalizados, por causa da raça e da falta de acesso à cidadania? Qual era o sentido, num trabalho organizativo multirracial, de não podermos seguir fomentando o que já estava acontecendo — isto é, dar a devida energia e atenção a uma revolta de pessoas negras em todo o mundo, ocorrendo numa escala que não se via fazia pelo menos quarenta anos? Qual era o sentido de não abordarmos aquela forma de antinegritude muito flagrante e entranhada que acabava de ocorrer entre nós e, em lugar disso, apenas seguirmos em frente, como se o conflito fosse meramente interpessoal e não ideológico, não uma manifestação de uma dinâmica sistêmica?

A situação continuou assim por vários meses — um reconhecimento um tanto indiferente de que a resistência negra se dava em toda parte, com pouca concentração nas formas de recrutar um maior número de pessoas negras especificamente dentro do projeto que estávamos construindo em conjunto. Por fim, os poucos membros negros formaram um grupo interno para acompanhar melhor os levantes que ocorriam pelo país. Eu me sentia devastada, em vários aspectos, pelo fato de precisar fazer isso num grupo formado com a finalidade de construir um projeto de liberdade, mas, ainda assim, mais uma vez sentia-me grata pela capacidade e engenhosidade das pessoas negras em cavar um espaço para nós num oceano de multirracialismo frouxo. Poderia existir socialismo sem um profundo envolvimento do povo negro? Desconfio muito de qualquer iniciativa que não celebre viva e enfaticamente, não estude e não apresente como modelo a resistência negra e nossas contribuições a todos os movimentos pela liberdade que tiveram alguma mínima relevância. Não basta louvar os líderes negros do passado. Temos de enfrentar nosso medo de que o trabalho organizativo empreendido por pessoas negras signifique deixar as outras para trás. Temos de ir além, temos de reconhecer que, neste país, a libertação negra é o elemento-chave para a libertação de todos. Mais que isso, temos de nos esforçar mais para construir alianças que tenham rigor e profundidade. A unidade superficial sempre cederá sob pressão. Não basta nos unirmos: precisamos nos manter unidos. Como qualquer bom relacionamento, a unidade demanda trabalho — juntos e separados.

Minha insatisfação acabou me levando a sair do grupo, com a justificativa de que eu precisava concentrar meu tempo pessoal limitado a ajudar a construir a fase seguinte do movimento de libertação negra. Continuo com a consciência dividida até hoje: precisamos construir uma esquerda viável neste país, capaz de nos conduzir a todos a um modo de vida digno e humano. No entanto, não há o menor futuro para uma aliança ou uma coalizão unificada que não entenda, visceral e intelectualmente, que as comunidades negras são fundamentais, embora suborganizadas, e não um mero selo cultural — a eliminação das comunidades negras constitui o ponto central para que a supremacia branca consiga dominar.

O trabalho organizativo multirracial com base nos princípios da representação, e não na estratégia, é ineficiente e

Unidade e solidariedade 193

perigoso. Qualquer um que leve a sério o projeto de construir um movimento multirracial precisa necessariamente, e não só por questão de princípio, trabalhar para erradicar a antinegritude que existe mesmo nos espaços mais radicais. Temos de reconhecer que as pessoas de cor são criadas de forma a enxergar a si mesmas e suas histórias de origem em oposição à negritude e às pessoas negras. Pessoas da Ásia e das ilhas do Pacífico são oprimidas neste país e, apesar disso, muitas delas se esforçam para se distanciar das pessoas negras e da negritude. Todos os imigrantes são instruídos a se afastar de gente negra para não serem considerados negros. Numa sociedade em que a antinegritude é o eixo em torno do qual gira a supremacia branca, a construção de organizações e movimentos multirraciais que não rompam a antinegritude em todas as suas formas é tão útil para um movimento quanto uma bicicleta para um peixe.*

A UNIÃO, O CONVÍVIO E O AFETO que se dão exclusivamente entre pessoas negras podem parecer ameaçadores tanto a pessoas brancas quanto a outras pessoas de cor. Converso muito com as pessoas que amo sobre isso: não há problema algum em pessoas negras recorrerem umas às outras para desabafar, curar as dores, dar e receber apoio, compartilhar alegrias, elaborar estratégias, longe do olhar atento e às vezes fiscalizador de outras comunidades. Para alguns ativistas não negros, esse

---

* Retomada da célebre frase de Irina Dunn, depois adotada por amplos setores feministas, "A woman needs a man like a fish needs a bicycle" [Uma mulher precisa de um homem tanto quanto um peixe precisa de uma bicicleta]. (N. T.)

tipo de convívio parece demasiado exclusivista, divisionista. Parecem pensar que, quando os negros se juntam para afirmar mutuamente sua humanidade, para lutar mutuamente por sua dignidade, para dividir coisas que muitas vezes achamos difíceis ou cansativas de comentar e examinar com comunidades não negras, isso ameaça a possibilidade de montar um movimento que seja multirracial.

Aqui, evidentemente, o problema é que não pode existir nenhum movimento multirracial a menos que as pessoas negras sejam um componente forte e vibrante dele, e nós, gente negra, não podemos ser fortes e vibrantes a menos que tenhamos o espaço necessário para nos unir, nos reconfortar e contestar o que significa viver como indivíduo negro nos Estados Unidos.

Não foi apenas o pessoal branco propondo "All Lives Matter" [Todas as Vidas Importam] e "Blue Lives Matter" [Vidas Azuis Importam];* pessoas de cor não negras estavam apagando o "Black" e inserindo outras identidades. Brown Lives Matter [Vidas Pardas Importam]. Asian Lives Matter [Vidas Asiáticas Importam]. Native Lives Matter [Vidas Indígenas Importam].

Em alguns aspectos, eu entendo. As comunidades de cor sofrem formas de marginalização que as levam ao isolamento e à fúria. Falta-nos poder em tantas esferas que, quando a dinâmica própria de opressão ou de privação de direitos de um determinado grupo irrompe pelo véu do mainstream, todos nós tentamos aproveitar o momento para criar mais espaço para uma conversa ampla e aprofundada.

---

* O Blue Lives Matter foi criado por policiais da ativa e aposentados, reivindicando que o assassinato de integrantes das forças da lei fosse julgado como crime de ódio. (N. T.)

Unidade e solidariedade

No entanto, quando o Black Lives Matter ganhou espaço, suas reinterpretações vinham tingidas de racismo antinegro, literalmente apagando o Black de Black Lives Matter. A ironia da coisa, claro, é que isso comprovou precisamente o que estávamos dizendo.

É importante entender que a declaração de que as vidas negras importam não nega a importância das vidas de pessoas não negras, em particular de pessoas de cor não negras. Mas as vidas negras são específica e sistematicamente atacadas. O Vidas Negras Importam mostra sua necessidade no próprio nome: essas vidas não têm mérito ou valor em nossa sociedade.

Mas a retórica da igualdade nos movimentos leva a um apagamento voluntário e involuntário de experiências concretas que merecem atenção. Por que as pessoas negras correspondem a 12% da população dos Estados Unidos, mas a 33% da atual população carcerária? Por que a população carcerária de mulheres negras é quase o dobro da de mulheres brancas? Por que a taxa de mortalidade materna entre as mulheres negras é tão mais elevada do que entre as outras mulheres?

Não se expressa solidariedade ouvindo as dores alheias e então voltando a conversa para si mesmo. Solidariedade significa tentar entender como nossas comunidades vivem formas próprias de opressão e marginalização. Significa nos fazermos presentes uns aos outros, ouvirmos e então ampliarmos nossa luta, para incluir os problemas enfrentados por outras comunidades além da nossa. Se a minha melhor amiga me conta que está se separando do atual companheiro, solidariedade não é interromper o triste relato dela e dizer: "Eu também já me separei! Vou te contar como foi!". Solidariedade é ouvir, perguntar e estar ali oferecendo apoio — para escutar seus desabafos, para ajudá-la a ver como reconstruir sua vida, para oferecer apoio. E, embora passar por uma separação não seja igual a prestar apoio mútuo entre as comunidades oprimidas, as lições para uma boa amizade são instrutivas numa escala social mais abrangente.

Em alguns pontos dos nossos movimentos, a solidariedade é superficial demais. É a mera presença das frases vazias, sem realizar o efetivo trabalho de nos apoiarmos perante a opressão, a disfunção e a marginalização. Não podemos construir uma solidariedade mundial com as pessoas oprimidas se antes não praticamos aqui uma solidariedade autêntica.

PARA QUE AS PESSOAS NEGRAS SE TORNEM uma força política organizada e poderosa, precisamos nos unir, com todas as nuances e contradições, de forma a superar nossas diferenças. Ainda temos muito trabalho a fazer. As comunidades negras nos dividem de maneira contraproducente — o tom de pele, as dimensões do físico, as coisas que o corpo pode e não pode fazer, quem amamos e por quem somos atraídos, a terra de onde viemos, nossos valores e concepções de mundo. Se esses relacionamentos não são construídos e reconstruídos, se as relações entre nós não se transformam, não temos como nos juntar aos outros numa luta contra a opressão comum.

Ao mesmo tempo, as iniciativas organizativas restritas às pessoas negras têm sérias limitações. Para a mudança, é preciso haver movimentos majoritários, mas nós, negros, não somos a maioria sozinhos. As piores versões do trabalho organizativo apenas negro operam não só como se as comunidades negras fossem capazes de realizar a mudança sem solidariedade, mas

Unidade e solidariedade

também como se a união com outras comunidades oprimidas e marginalizadas fosse um diversionismo, impedindo a conquista de mudanças palpáveis e concretas para as comunidades negras. Isso alimenta a ideia xenófoba de que os grupos fora das comunidades negras não existem também dentro delas. Por exemplo, já tive inúmeras discussões com pessoas negras que alegavam que a "agenda gay" se apropriou do movimento pela libertação negra, como se essa agenda (que nem existe, até onde sei) pertencesse a um "grupo externo" que, ainda por cima, nem seria negro. Pessoas negras não são apenas isso — como uma comunidade complexa, somos heterossexuais, gays, lésbicas, bissexuais, somos cisgênero e transgênero. Quando falam em "grupos externos" que estão conquistando suas reivindicações antes das comunidades negras, esses reclamões geralmente se referem a lésbicas, gays, bissexuais ou transgênero, a imigrantes ou comunidades religiosas específicas, como os muçulmanos. Essa retórica é um perigo porque introduz sub-repticiamente uma política reacionária dentro de uma política revolucionária — em outras palavras, usa a solidariedade interna como disfarce para excluir e marginalizar.

Outra armadilha do trabalho organizativo apenas negro reflete uma a que todos os trabalhos organizativos estão sujeitos: a criação de panelinhas e a uniformidade de pensamento. Isso ocorre quando os organizadores adotam uma visão superficial da negritude — gente negra como um monólito intrinsecamente revolucionário e descolado — ao mesmo tempo ignorando as pessoas que não se enquadram nessa definição estreita. Segundo esse ponto de vista, as comunidades negras chegam ao mundo com total consciência dos problemas sistêmicos que enfrentam, e já vêm prontas para resolvê-los. Não oferecem ferramentas para os que ainda estão começando a despertar para tais questões. Esses são os ativistas que fazem grandes discursos altissonantes sobre o poder negro, mas não reconhecem o impacto da exclusão, da manipulação emocional, da remoção, da privação de direitos, da exploração, da dominação e da opressão sobre as comunidades negras ao longo de gerações.

Se um trabalho organizativo apenas negro for isolacionista ou reproduzir as mesmas barreiras à participação que as comunidades negras sofrem de outras maneiras, não terá eficácia. Tais iniciativas criam, no máximo, um espaço para examinarmos nossas relações mútuas, com todas as contradições. Podem oferecer oportunidades para curar velhas feridas, reforçar as ligações entre nós e criar novos laços. Ao fazermos esse trabalho juntos, podemos partir para o mundo mais amplo, unir forças com outras comunidades que partilham das mesmas causas e promover o avanço dos nossos movimentos.

10. Novos movimentos, nova liderança

UM MOVIMENTO PRECISA LIDAR com várias formas de liderança que ajudem a atingir seus objetivos. Quando se trata de uma mudança social, esse pode ser um território muito disputado. Quem chega a ser um líder? O que significa ser um líder? A liderança é um traço inato ou uma habilidade que se desenvolve com o tempo? Quais são as melhores formas de liderar para atingir os objetivos propostos, ao mesmo tempo transformando os modos como o poder opera?

Não há respostas fáceis para essas perguntas. Quanto a mim, atraem-me as lideranças que têm bases sólidas, que são eficientes e aproveitam o melhor de muitas abordagens diferentes, deixando de lado o que é problemático. Não existe uma forma de liderar que seja superior a todas as outras — mas as formas que adotamos devem ser honestas e adaptáveis ao meio em que são utilizadas. Qualquer uma que se adote deve ser deliberada — fundada numa estratégia que aproxime o movimento dos fins desejados.

O Black Lives Matter foi muitas vezes comparado ao Occupy Wall Street. No entanto, há algumas diferenças óbvias entre os dois movimentos, no que se refere ao papel e ao exercício da liderança. Desde o começo, o Black Lives Matter foi qualificado como um "movimento descentralizado, sem líderes". Não usamos essas palavras para descrever nosso trabalho — a descrição foi aplicada a nós.

Quando montamos a Black Lives Matter Global Network, tínhamos algumas ideias sobre o que achávamos que devia ser uma liderança, como devia funcionar, mas não sabíamos se elas dariam certo na prática.

Patrisse, Opal e eu nunca planejamos ser as "líderes" do Black Lives Matter. Nossa intenção era atuar nos bastidores, conectando pessoas que quisessem se envolver na transformação do mundo. Após a Caminhada Black Lives Matter pela Liberdade até Ferguson, enfrentamos um dilema: as pessoas que havíamos organizado para participar da caminhada começaram a se mobilizar para criar seções. Além disso, organizações (e pessoas) negras com visões diferentes da nossa começaram a reivindicar o trabalho que havíamos feito, afirmando que elas é que tinham "iniciado o Black Lives Matter", mas adotando valores que não condiziam com nossa visão. Para evitar que o roubassem diante de nossos próprios olhos, tivemos de tomar algumas decisões rápidas quanto aos procedimentos para estabelecer nosso trabalho como uma iniciativa distinta das organizações tradicionais do mainstream pelos direitos civis, mas de uma forma que contribuísse para seu crescimento sem a nossa presença.

Para nós três, portanto, a descentralização era uma questão tanto prática quanto política. Era prática no sentido de que tínhamos, além do Black Lives Matter, outros trabalhos fora dele, e queríamos e precisávamos de mais gente para dividir as tarefas e montar uma rede forte. Também era política: a descentralização podia nivelar o campo do poder. Permitiria que gente em geral marginalizada ou impedida de exercer a liderança passasse a liderar em público, em alto e bom som. A descentralização permitiria um exercício di-

Novos movimentos, nova liderança

ferente do poder, por meio do qual a condução do projeto seria determinada não por um pequeno núcleo, mas por um grande número de pessoas.

Patrisse e eu éramos formadas numa tradição organizativa em que os ativistas aprendem a desenvolver outros líderes; essa filosofia sustenta que é necessário haver muitos deles para criar uma mudança transformadora, e que eles devem vir de comunidades tradicionalmente excluídas do poder. Apesar disso, fazíamos parte de organizações hierárquicas. A hierarquia pode contribuir para a eficiência — nas tomadas de decisões e na execução das coisas —, mas claro que também segue linhas de raça, gênero e classe, e muitas vezes reproduz as dinâmicas de poder existentes. As hierarquias, quando uma pessoa ou um pequeno grupo de pessoas detém poder excessivo, também abrem espaço para a corrupção e o abuso. Existem boas razões para se desconfiar das hierarquias, sobretudo no que diz respeito a pessoas negras. O racismo inerente em sistemas, estruturas e práticas do governo, das instituições e congêneres faz com que as pessoas negras muitas vezes fiquem na base da hierarquia.

A liderança visível dentro do movimento de libertação negra tinha historicamente um viés masculino, heterossexual e carismático, como o trio icônico composto pelo reverendo dr. Martin Luther King, Malcolm X e Huey Newton. Cada um deles supervisionava as tomadas de decisão e as estratégias de suas respectivas organizações. Para King, era a SCLC; para Malcolm X, era a Nação do Islã; para Huey Newton, era o Partido dos Panteras Negras. No entanto, com o assassinato de cada um desses líderes, suas respectivas organizações também se extinguiram em larga medida. A luta continuou, mas aqueles movimentos específicos, com seus líderes mais famosos, nunca mais foram os mesmos. Como os movimentos negros — em especial os mais radicais, que contestam o aparelho estatal — são frequentemente visados pelo Estado para sofrer rupturas, distorções e destruição, considerar outros modelos de liderança é importante não só em termos políticos, mas também em termos estratégicos.

Uma liderança descentralizada, porém, não é sinônimo de "ausência de líderes". Descentralizar significa distribuir a liderança entre toda a organização, em vez de deixá-la concentrada num cargo, numa pessoa ou mesmo em poucas pessoas.

O Occupy Wall Street se definia como "sem líderes". Todos eram líderes e ninguém era líder. A única coisa que se exigia era a presença da pessoa.

O problema, porém, era que simplesmente declarar que não havia líderes não significava que isso fosse verdade. E não alterava o fato de que não só havia líderes, mas também que esses líderes tinham dificuldade em não reproduzir a liderança que estavam combatendo. A liderança era largamente masculina, heterossexual, branca e formada em universidades de elite. Se em nossos movimentos pela mudança perpetuamos as mesmas dinâmicas que queremos romper, não estamos desarticulando o poder e nem realizando a mudança — estamos apenas reformulando o mesmo conjunto de práticas e disfunções.

O Black Lives Matter se descreve como uma organização repleta de líderes. Isso significa que não há um líder só, há muitos. E isso não é mera retórica. Cada seção tem seus responsáveis, que desenvolvem a liderança dentro delas. Eles tomam decisões sobre as atividades de suas seções, mas também ajudam a determinar as atividades e as posições da rede como

Novos movimentos, nova liderança 203

um todo. E rejeitam a ideia de que um líder, ou mesmo três líderes, possa falar ou decidir por todos. Acredite — sei disso por experiência própria. Os líderes dentro do Black Lives Matter lhe dirão que não sou a líder, e vão também me lembrar esse fato se acharem que estou falando unilateralmente em nome da rede. Me tornei muito mais determinada a manter a transparência sobre as opiniões que são minhas e as declarações que são oficiais — debatidas e decididas pela própria rede.

A descentralização também tem outra finalidade: permitir que uma organização — ou, se preferir, um grupo de pessoas tentando fazer algo juntas — receba ideias, lideranças, estratégias e contribuições de mais gente. Desse ponto de vista, a descentralização é simplesmente mais inteligente, pois abre a organização às contribuições de todos.

Como organizadora, vejo evidente valor e utilidade numa liderança descentralizada. Prezo pela participação, opiniões e contribuições de muitos, e a descentralização pode pôr em xeque nossas tendências de dar mais valor à participação de uns em detrimento de outros. Pode ainda permitir, se for construída deliberadamente, uma pluralidade de visões políticas. Mas é também uma maneira de ser estratégico, de combater com maior eficiência. Imagine se o Partido dos Panteras Negras funcionasse como uma organização descentralizada. Ele teria sido destruído com a mesma facilidade com que foi sob uma estrutura de comando centralizado?

Ao mesmo tempo, de fato prefiro trabalhar com algum tipo de hierarquia, e creio que algumas aplicações da hierarquia são mais eficientes que outras. Ter muitos líderes ou rejeitar totalmente a ideia de liderança significa um processo mais demorado para se fazer as coisas. Não que os procedimentos na tomada de decisões sejam necessariamente difíceis nos modelos descentralizados — mas a falta de habilidade e de prática pode levar a processos circulares, que não chegam a nenhum resultado. Um dos problemas que as práticas descentralizadas traziam ao Black Lives Matter era como tomar decisões rápidas num meio em constante mudança. Nos momentos em que precisávamos responder depressa a condições que estavam sempre mudando, não tínhamos um modelo fundado em nossos valores para tomar decisões. Na minha experiência, a descentralização, ou talvez a má aplicação de métodos descentralizados de liderança, resultou em deixarmos passar muitas oportunidades para fazer intervenções importantes, pois insistíamos demais em não tomar decisões centralizadas. Talvez uma parte disso também possa ser atribuída ao amplo leque de perspectivas políticas dentro da organização, abordagens que simplesmente não tínhamos tempo de analisar e debater em conjunto — e para isso contribuía muito o fato de nossas relações e conexões serem muito recentes. Acredito que, na atividade organizativa, é preciso ser capaz de se adaptar ou proceder com agilidade. Nessas circunstâncias, pode ser prejudicial se aferrar aos princípios em detrimento dos objetivos.

Também sei que nem todo mundo é ótimo em tudo. Imagine botar uma pessoa sem experiência culinária e sem o treinamento adequado na posição de chef num restaurante estrelado do Guia Michelin só porque os princípios de que todos são líderes afirmam que ela é capaz. A má aplicação de práticas descentralizadas às vezes pode ser como enfrentar uma tempestade num barco sem remo. Não admitir que nem todos serão bons em tudo pode ser um perigo para o que tentamos realizar. Assim, embora teoricamente todos sejam capazes

Novos movimentos, nova liderança

de liderar, a liderança não é apenas algo que se recebe, e sim uma habilidade que se desenvolve deliberadamente ao longo do tempo. Os movimentos precisam de milhões de líderes. A descentralização, junto com outros métodos e modelos de liderança, pode nos ajudar a ativar esses líderes. Em vez de alegar que a liderança não existe ou não é válida, os movimentos precisam determinar quais são as formas de liderança que melhor ajudam a alcançar os objetivos almejados.

11. Votar pode ser um movimento

As eleições têm importância? Alguns sustentam que são inúteis, uma mera encenação que nos permite fazer de conta que a democracia realmente existe, manipulada em favor dos ricos e poderosos, dos brancos e homens. A lógica desses argumentos leva à abstenção de todo o processo, seja como forma de protesto, seja apenas para nos poupar da inevitável decepção. Em decorrência disso, alguns dizem que é melhor construir poder fora do sistema vigente. Talvez se ausentar totalmente do sistema possa levar, de alguma maneira, ao desaparecimento dele.

Discordo da ideia de se abster das votações ou da política eleitoral, embora entenda muito bem por que nossas comunidades estão fartas da política tal como ela é. Mas, a meu ver, construir nossos movimentos apenas fora das estruturas existentes não nos aproxima do ponto a que precisamos chegar. A política é um local onde o poder opera, o que significa que ali existem oportunidades para promover nossa agenda. A política também é um espaço de aprendizagem: um terreno onde podemos desmascarar as prioridades dominantes e apontar os responsáveis por elas, e onde podemos lutar para que essas prioridades sejam remodeladas e reorganizadas.

O poder eleitoral e o uso que lhe é dado exercem grandes impactos em nossas vidas. Nosso trabalho de reimaginar e construir sistemas mais radicalmente democráticos precisa se dar primeiro em nossos espaços mais íntimos e em nossas organizações — mas, quando aplicado em maior escala à atividade organizativa eleitoral, esse mesmo trabalho pode transformar a sociedade. O mundo que imaginamos não nascerá se não tivermos coragem suficiente para enfrentar o poder onde ele opera em sua máxima escala, afetando a vida de milhões e até bilhões de pessoas. Precisamos de uma mudança drástica nas estruturas que, em princípio, envolvem milhões de pessoas em tomadas de decisões que determinam nossas vidas, e precisamos alterar nossa forma de participar dessas mesmas estruturas — transformá-las e não deixar que operem sem nosso consentimento. Um enfrentamento efetivo requer pressão externa, interna e contra a estrutura do sistema como um todo. Mas, em 2020, outra dimensão também se faz necessária: uma luta pelo Estado — pois não somos mais os únicos a querer mudar o papel do governo.

A ELEIÇÃO PRESIDENCIAL DE 2016 não marcou apenas uma mudança na Casa Branca, mas também uma mudança na filosofia de governo, passando do neoliberalismo para o neofascismo. Na temporada eleitoral de 2016, foram-nos apresentadas várias escolhas: mais notadamente, pelo lado do Partido Democrata, os Clinton, com uma longa relação, complicada e perigosa, com as comunidades negras, versus Bernie Sanders, um socialista democrata de Vermont, onde a população negra corresponde a 1,4%, para quem a raça parecia ser apenas um pretexto para falar sobre as diferenças de classe. Pelo lado republicano, numa primária que foi provavelmente a mais diversificada na história americana, havia dezessete candidatos, entre os quais se incluíam Ted Cruz, senador do Texas; Marco Rubio, senador da Flórida; Carly Fiorina, ex-diretora executiva da Hewlett-Packard; Ben Carson, neurocirurgião pediatra aposentado, que ganhou popularidade por comparar a Lei de Atendimento Infantil Acessível à escravidão durante o Café da Manhã Nacional de Oração de 2013 e por ser apenas a terceira pessoa negra na história americana a concorrer à presidência na chapa republicana; Bobby Jindal, então governador da Louisiana que foi o primeiro indígena americano a concorrer na chapa republicana; e Donald Trump, um magnata dos negócios mais do que disposto a mobilizar o racismo e o ressentimento branco para construir seu apoio político.

Nesse novo panorama, como iríamos influenciar os tomadores de decisão e os agentes do poder — as políticas e as leis — para que as vidas negras importassem?

Hillary Clinton era a favorita para ser indicada como candidata dos democratas à eleição presidencial. O movimento feminino mainstream já se decidira por ela e, mais importante, decidira que era sua vez de ser presidente. Muitas mulheres diziam que sua carreira e trajetória política tinham sido injustamente manchadas pelas ações do marido, injustamente diminuídas e então julgadas pelas lentes do patriarcado. Mas, embora admitindo que às vezes ela era julgada pelas falhas do marido, devíamos também reconhecer que a concepção de mundo e a política de Hillary Clinton eram moldadas e sustentadas pelo racismo disfarçado e pela triangulação — uma estratégia política deliberada de ganhar os eleitores indecisos

Votar pode ser um movimento 209

afastando a esquerda e se posicionando como a pessoa capaz de se elevar acima da ideologia na busca por soluções.

De fato, Hillary Clinton estabeleceu seu próprio padrão com o uso de táticas baseadas em estereótipos sobre as comunidades negras a fim de influenciar o eleitorado branco. Em sua primeira disputa pela indicação do partido à presidência, em 2008, contra Barack Obama, então senador do Illinois, ela insinuou aos eleitores brancos, numa tática de racismo disfarçado, que Obama estava ligado ao pastor Louis Farrakhan por intermédio do reverendo Jeremiah Wright, criticado por alguns devido a um sermão em que dissera "Deus condene a América", entre outras declarações aparentemente controversas. Sua campanha vazou uma foto de 2006 mostrando Obama em trajes somalis, numa tentativa maldisfarçada de reavivar o medo pelos terroristas ditos muçulmanos num contexto pós-Onze de Setembro. Na segunda disputa, ela se irritou ao se ver obrigada a discutir políticas que havia promovido e que tiveram um impacto desproporcional sobre as comunidades negras. Até hoje, os Clinton sustentam que o motor principal de suas políticas do começo dos anos 1990 até 2001 foram as próprias comunidades negras. A avó com medo de sair de casa por causa dos traficantes de drogas que haviam ocupado o quarteirão. O pastor da igreja que estava cansado de enterrar os corpos de jovens da comunidade. A família que perdera vários de seus membros para a violência armada. Michelle Alexander, a estudiosa e autora do best-seller *The New Jim Crow* [A nova legislação segregacionista], escreveu sobre essas justificativas num artigo contundente de 2016, lembrando aos eleitores que ela tivera um papel ativo, e não passivo, na promoção de tais estereótipos quando o marido ocupava a presidência —

contrariando enfaticamente a ideia de que ela estivesse sendo
objeto de maledicências injustas:

Alguns podem argumentar que é injusto julgar Hillary Clinton
pelas políticas defendidas por seu marido anos atrás. Mas Hillary
não ficou cuidando da decoração de casa quando era primeira-
-dama. Rompeu corajosamente os padrões e redefiniu essa função como nenhuma mulher fizera antes. Não se limitou a fazer
campanha por Bill; também exercia poder e uma influência significativa após a eleição dele, fazendo lobby para a aprovação
de leis e outras medidas [...]. Pode-se dizer, claro, que é injusto
criticar os Clinton por punirem a população negra com tanto rigor, visto que também havia muitas pessoas negras participando
do movimento "vamos endurecer" [...]. Mas o que muitas vezes
passa batido é que a maioria daqueles políticos e ativistas negros
não estava pleiteando apenas o endurecimento. Estavam também
reivindicando investimentos em suas escolas, moradias melhores, programas de emprego para os jovens, pacotes de incentivos
econômicos, atendimento aos dependentes de drogas e melhor
acesso ao sistema de saúde. No final, acabaram ficando com a
polícia e as prisões. Dizer que era isso o que a população negra
queria é, no mínimo, enganoso.

Infelizmente, os Clinton usaram preocupações reais, me-
dos reais e devastações reais como forma de promover seus
interesses políticos — e não para resolver efetivamente os problemas nas comunidades negras. O endurecimento nessas
comunidades permitiu que os Clinton se tornassem uma das
famílias mais influentes e poderosas do país, se não do mundo.
Da reforma da assistência social ao encarceramento em massa,

Votar pode ser um movimento

a Wall Street e à guerra, os Clinton usaram a América negra para implantar sua agenda e a agenda de outros poderosos interesses alinhados com eles. Quanto mais fossem vistos como amigos das comunidades negras, melhor seria. Mas, na verdade, os Clinton fizeram pouco por elas.

Bernie Sanders se tornou um rival respeitável de Clinton nas primárias democratas ao conquistar eleitores jovens, em especial jovens brancos. E, apesar de tudo, metade dos jovens negros votou em Hillary Clinton. Ela procurava agradar aos eleitores negros, em especial os de mais idade, ao passo que Sanders dava mais ênfase à classe do que à raça. Enquanto isso, a direita e os republicanos lançavam mão de outra estratégia — a de mobilizar o ressentimento e a raiva. O campo republicano era diversificado e sustentava vários interesses diferentes. O vitorioso nas primárias representava uma facção dentro do Partido Republicano que vinha ganhando força desde a campanha de reeleição de Obama, reavivada pelo ressentimento contra um presidente negro e também por um claro projeto de tomar o poder e transformá-lo a fim de implantar sua agenda, defendida ao longo de décadas, de reduzir o alcance do governo federal.

Compreensivelmente, muitos em nossa rede e dentro do movimento não tinham nenhum interesse em se envolver na disputa eleitoral. Oito anos de presidência negra não haviam concretizado as esperanças e mudanças prometidas para a América negra. Houve realizações importantes nos dois mandatos de Obama na presidência. A libertação de mais de 7 mil pessoas da prisão, o maior número da história recente por iniciativa de um presidente no cargo. Maior supervisão das jurisdições com perfil e histórico de discriminação racial no policiamento. Acordos com os departamentos policiais que tinham as práticas e disparidades mais flagrantes em todo o país. Cobertura do seguro-saúde que teria sido impossível se ficasse a cargo do mercado e das seguradoras. Mesmo assim, houve também grandes decepções. A deportação de centenas de milhares de imigrantes — mais do que em qualquer outro governo, democrata ou republicano. Nomeações ministeriais como a de Rahm Emanuel como chefe de gabinete e de Arne Duncan como ministro da Educação, dois servidores que defendiam a privatização dos recursos mais importantes em nossas comunidades. E, embora o desemprego tenha diminuído, inclusive entre os cidadãos negros, não houve por parte do presidente nenhuma iniciativa econômica significativa para melhorar a qualidade de vida das pessoas negras nos Estados Unidos — muito embora o comparecimento das pessoas negras, sobretudo das mulheres, às urnas tivesse sido o mais alto entre todos os grupos raciais ou étnicos e entre todos os gêneros, tanto em 2008 quanto em 2012. Muitas pessoas nas comunidades negras que haviam apoiado Obama lamentavam em silêncio que não era nisso que tinham votado, vendo frustradas as promessas de esperança e mudança, mesmo enquanto aguardavam um segundo mandato, quando ele poderia realmente mostrar às comunidades negras o que faria, não estando mais sob a pressão para ser reeleito.

Havia um forte contraste entre os candidatos de 2008, 2012 e 2016. Para uma geração saindo de oito anos da primeira presidência negra na história do país, não havia nada de inspirador numa enxurrada de candidatos brancos acima dos sessenta anos discursando sobre a classe média, posição social que muitos eleitores negros não tinham qualquer esperança de alcançar

Votar pode ser um movimento 213

sem uma vigorosa intervenção. Nenhum candidato se mostrou à altura do desafio de atrair e conquistar a imaginação dos eleitores (e potenciais eleitores) negros mais jovens que estavam envolvidos em seu próprio movimento pelos direitos civis. Embora o movimento estivesse a todo vapor, nenhum candidato parecia capaz de falar por iniciativa própria, sem ser obrigado a isso, sobre o Black Lives Matter ou qualquer solução política associada a ele.

As comunidades negras são deploravelmente suborganizadas. Não existe (ainda) uma agenda ou uma pauta de objetivos comuns que estejamos promovendo juntos ou cobrando coletivamente dos políticos. Em decorrência disso, os candidatos que concorrem a cargos do governo não se sentem no dever de prestar contas ao povo negro. Nossas reivindicações são muitas vezes vagas e difusas, radicadas no que já é politicamente possível, em vez de exporem o que deve ter prioridade para que se conquiste o apoio do eleitorado negro. Nos anos 1990, bastava a Bill Clinton ir ao talk show noturno de Arsenio Hall e tocar saxofone para achar que já dera seu recado aos eleitores negros. No entanto, em momento algum Clinton falou de maneira substancial sobre qualquer agenda política que fosse melhorar a vida da maioria das pessoas negras — embora esse fosse o principal público do programa de Arsenio Hall.

Da mesma forma, na eleição de 2016, o nível foi baixíssimo. Mas pelo menos Obama conseguiu insuflar as pessoas negras por ser ele mesmo negro, e — talvez de modo inconsciente — muita gente negra achou que ele não nos abandonaria, como fizera George W. Bush durante o furacão Katrina em 2005. E Obama, vale dizer, sabia que precisava envolver as comunidades negras junto com o resto do país. Mas essa sábia percepção foi pelo ralo na eleição de 2016, quando a candidata democrata retomou as estratégias dos anos 1990, que tinham dado certo com Bill Clinton. Hillary Clinton foi a programas de entrevistas e aprendeu a dançar uns passinhos de hip-hop. Apareceu como convidada em *Black Girls Rock!*, da emissora BET (Black Entertainment Television), no mesmo ano em que Patrisse, Opal e eu recebíamos o prêmio de Agentes de Mudança na Comunidade. Em seus comícios, Hillary Clinton declarou a jovens ativistas negros, que apareceram para protestar contra ela, que acreditava em mudar as linhas de ação política, não em mudar opiniões ou sentimentos.

Bernie Sanders não ficou muito atrás. Embora ele se abstivesse das formas mais descaradas de adulação, insistia no hábito de falar sobre o que fizera para melhorar a vida das pessoas negras durante o movimento dos direitos civis, mas, como senador pelo estado de Vermont, cuja população era quase totalmente branca, não tinha muito serviço para mostrar às comunidades negras sobre o que faria em relação aos problemas profundamente arraigados que elas estavam enfrentando. Por fim, Sanders acabou falando em reforma da justiça penal, mas sem oferecer um conteúdo muito além das platitudes genéricas. Sua plataforma política se centrava basicamente em melhorar a economia, porém ele parecia relutante em admitir que a melhora da economia também devia passar pela remoção de barreiras sistêmicas que, em função da cor da pele, vedam oportunidades e chances de mobilidade social a várias pessoas e famílias.

Em junho de 2016, percebi que não havia escolha possível nessa eleição para o eleitorado negro. Tentamos organizar um debate no Comitê Democrata Nacional para tratar de questões

Votar pode ser um movimento 215

importantes para as comunidades negras, mas fomos prontamente silenciadas pela então presidente do comitê Debbie Wasserman Schultz, que renunciou à função algumas semanas depois, em meio a denúncias de que tentara influenciar o processo de indicação para favorecer Hillary Clinton. Havíamos exposto prioridades políticas aos candidatos e ajudamos individualmente a marcar reuniões apenas para ser recebidas, em alguns casos, por assistentes que se empenhavam mais em nos doutrinar sobre a necessidade de comparecer às urnas do que em fazer eles mesmos esse trabalho, com ou sem a nossa colaboração. Embora tivéssemos construído uma marca cultural e o Black Lives Matter fosse um nome conhecido, discutido nos jantares dominicais e nos telefonemas das famílias, ainda não nos consolidáramos como uma força política que os candidatos achassem importante não desapontar. A ameaça de Trump na presidência começou a ganhar um foco mais nítido, mas a ambivalência de muitas das nossas forças, dentro e fora da Black Lives Matter Global Network, também ficou mais evidente. Senti um desalento avassalador.

Também deveríamos ter encontrado um equilíbrio maior entre protestar contra os candidatos democratas e forçá-los a nos prestar contas. O protesto é uma tática de pressão importante, mas existem muitas outras que podíamos ter utilizado. Os organizadores sabem que o protesto e a ação direta podem ser eficientes como uma escalada de táticas em sequência — mas se você sempre partir direto para o protesto, sem estabelecer uma série de reivindicações objetivas com amplo apoio, é menos provável que essa tática tenha eficiência por si só.

Em decorrência disso, em alguns casos o protesto se tornava previsível, passando a ser algo para o qual os candidatos se preparavam e que tentavam evitar, em vez de levá-los a mudar de comportamento. Por exemplo, em 13 de julho de 2015, Sandra Bland foi encontrada morta, enforcada numa cela na cadeia de Waller County, no Texas — exatos dois anos depois de George Zimmerman ter sido absolvido do assassinato de Trayvon Martin. No dia em que saiu a notícia, manifestantes da Black Lives Matter Global Network e de outras organizações afiliadas abordaram os candidatos Bernie Sanders e Martin O'Malley na Netroots Nation, uma conferência democrata progressista, em Phoenix, no Arizona. Quando lhe perguntaram se as vidas negras importavam ou não, O'Malley respondeu: "As vidas negras importam. As vidas brancas importam. Todas as vidas importam". Sanders respondeu: "As vidas negras importam, claro. Passei cinquenta anos da minha vida lutando pela dignidade e pelos direitos civis, mas, se vocês não querem minha presença aqui, tudo bem. Não quero abafar a voz de ninguém". Clinton não estava na conferência.

Poucas semanas depois, Sanders foi abordado outra vez num comício de campanha em Seattle, no estado de Washington, por três integrantes de uma seção local do Black Lives Matter. Depois de Sanders declarar que Seattle era "uma das cidades mais progressistas dos Estados Unidos", os manifestantes subiram no palanque para contestar essa afirmação. Pediram que a multidão fizesse quatro minutos e meio de silêncio em homenagem à vida de Michael Brown, o rapaz negro de dezoito anos assassinado pelo policial Darren Wilson no ano anterior, em Ferguson, no Missouri. Também criticaram Sanders pelo tratamento que dera ao protesto na Netroots Nation e concla-

Votar pode ser um movimento 217

maram os presentes ao comício, bem como Sanders, a tomar mais ações contra a violência policial. Em vez de responder às questões lançadas pelos manifestantes, Sanders se retirou, desistindo de discursar no comício.

No começo de 2016, Hillary Clinton foi abordada num evento privado em Charleston, na Carolina do Sul, por um manifestante com um cartaz que dizia "PRECISAMOS RENDÊ--LOS". O manifestante disse a Clinton: "Não sou um superpredador" e pediu que ela se desculpasse pelo encarceramento em massa. Clinton respondeu: "Nunca ninguém me pediu isso antes. Você é a primeira pessoa a pedir. E fico contente em atender". Ainda naquela semana, Clinton deu uma declaração quanto a seu discurso sobre "o superpredador":

> Eu não devia ter usado essas palavras, e hoje não usaria. O trabalho da minha vida é elevar crianças e jovens que foram deixados de lado pelo sistema ou pela sociedade, garotos que nunca tiveram a chance que mereciam. E hoje, infelizmente, é imenso o número desses garotos, sobretudo nas comunidades afro-americanas. Não temos agido certo com eles. Precisamos corrigir isso.

Poucos dias depois, ao ser abordada por manifestantes do Black Lives Matter de Boston sobre seu papel na epidemia de encarceramento em massa, ela adotou outro tom:

> Veja, não acredito que a gente mude sentimentos. Acredito que a gente muda leis, muda a alocação de recursos, muda o modo de funcionamento dos sistemas. A gente não vai mudar os sentimentos de todo mundo. Não mesmo. Mas, no fim, conseguimos fazer muita coisa para mudar os sentimentos de alguns, mudar alguns

sistemas e criar mais oportunidades para pessoas que merecem tê-las, que merecem viver todo o potencial que lhes foi dado por Deus, viver em segurança sem medo da violência em suas próprias comunidades, ter uma escola decente, ter uma casa decente, ter um futuro decente.

Então podemos fazer isso de muitas maneiras. Vocês podem manter vivo o movimento que iniciaram e, por meio dele, realmente mudar os sentimentos de alguns. Mas, se a coisa se resume a isso, daqui a dez anos ainda estaremos com essa mesma conversa. Não teremos todas as mudanças que vocês merecem ver em vida só por causa da sua disposição para sair e falar sobre isso.

Esses protestos foram importantes e ajudaram a fazer com que os candidatos abordassem questões importantes para o povo negro, e não apenas com meros discursos de campanha. Depois dos protestos em Seattle, a campanha de Sanders lançou uma agenda de justiça racial, coisa que não havia antes em seu programa. Nela, Sanders admitiu que era preciso resolver cinco tipos de violência que afetavam as comunidades negras, pardas e indígenas — física, política, jurídica, econômica e ambiental — e passou a repetir uma ladainha sobre as maneiras de lidar com elas. Clinton, pela primeira vez desde 1996, corrigiu seus comentários sobre os superpredadores e pediu desculpas. Então passou a tratar da violência armada e da violência pessoal, construindo uma relação mais sólida com o Mothers of the Movement — as mães de Eric Garner (assassinado pela polícia em Nova York), de Trayvon Martin (assassinado por um miliciano racista na Flórida), de Jordan Davis (também assassinado por um miliciano racista na Flórida), de Michael Brown (assassinado pela polícia no Missouri), de Sandra Bland (encon-

Votar pode ser um movimento 219

trada enforcada numa cela depois de ser parada no trânsito e detida no Texas), de Hadiya Pendleton (alvejada nas costas e assassinada num parque em Illinois) e de Dontre Hamilton (um homem com distúrbio mental que foi assassinado pela polícia de Milwaukee) —, e todas elas endossaram o nome de Hillary Clinton na eleição presidencial de 2016.

Mas o que aprendemos foi que os protestos não bastam para trazer à política o grau de mudança que nos é necessário. É onde entra o trabalho da governança: se não gostamos do sistema bipartidário, se sabemos que a democracia não chega nem perto do que precisa ser para que as pessoas tenham voz efetiva no que acontece em suas vidas, temos de protestar e temos também de passar a liderar e governar.

Imagine se o Black Lives Matter tivesse um conjunto claro de reivindicações que fossem apresentadas durante a campanha; além de responsabilizar Hillary Clinton por seu papel no encarceramento em massa, que tal se exigíssemos um compromisso em intervir, por exemplo, na mudança de políticas que levaram à detenção de mais de 7 milhões de pessoas por delitos relacionados com a maconha nos últimos dez anos? Teria sido algo similar à soltura de mais de 7 mil pessoas encarceradas por crimes não violentos, determinada por Obama. Imagine se o Movement for Black Lives tivesse levado sua Visão para as Vidas Negras a todos os candidatos e conseguisse que eles apresentassem publicamente suas propostas para tratar das questões ali esboçadas, desde o acesso à moradia em condições acessíveis até a ampliação das proteções trabalhistas para os mais vulneráveis?

Como observa Angela Davis, "radical" significa "que chega à raiz". Desengajar-nos da política tal como a conhecemos é falhar em chegar à raiz dos processos decisórios, como se dão e a quem favorecem. Alguém ocupará a presidência, gostemos ou não. E, qualquer que seja o presidente, o mais provável é que tenhamos de combatê-lo, por isso vale apostar naquele que queremos combater — escolher nosso oponente e o terreno em que lutamos, em vez de deixar que escolham por nós.

Para o Black Lives Matter, tanto a organização quanto o movimento, foi importante desafiar os democratas. Foi fundamental, na verdade, porque, se os democratas não tivessem sido empurrados para a esquerda, não teríamos tido tantas discussões relacionadas à justiça racial, como a reforma da justiça penal ou a violência policial — muito embora por todo o país pipocasse uma quantidade de protestos que ultrapassava o número de manifestações durante o período final do movimento dos direitos civis.

Mas faltava uma parte essencial na conversa: a agenda e a estratégia dos republicanos, e o movimento engajado nessa agenda e nessa estratégia. Durante o período eleitoral de 2016, houve duas ocorrências de grande importância que já deviam ser um sinal claro do que estava por vir.

Em 7 de julho de 2016, cinco policiais de Dallas foram assassinados. Pouco mais de uma semana depois, três policiais em Baton Rouge, na Louisiana, foram assassinados. Os dois atiradores eram negros e ex-militares. Um dia antes do tiroteio em Dallas, surgira um vídeo mostrando o assassinato de Philando Castile pela polícia em Falcon Heights, em Minnesota. No dia anterior ao assassinato de Castile, Alton Sterling foi assassinado pela polícia em Baton Rouge. Dez mortos em duas semanas.

Donald Trump e os republicanos começaram imediatamente a culpar o Black Lives Matter pelos ataques à polícia,

Votar pode ser um movimento 221

tentando obscurecer os assassinatos de Alton Sterling e Philando Castile, mas também usando esses casos como oportunidade para instigar suas bases em torno da "lei e ordem". Explorou-se muito a filiação do atirador de Dallas ao Novo Partido dos Panteras Negras. No caso do atirador de Baton Rouge, houve várias tentativas de filiá-lo a uma organização, embora ele declarasse por escrito que queria assumir responsabilidade exclusiva pelos atos que cometera. Trump respondeu:

Um ataque brutal à nossa força policial é um ataque ao nosso país e um ataque às nossas famílias. Devemos prestar solidariedade aos que mantêm a ordem, que, devemos lembrar, é a força entre a civilização e o caos absoluto. Todo americano tem o direito de viver em paz e segurança.

Eram mensagens codificadas de racismo disfarçado para atiçar uma base branca já preocupada com as mudanças demográficas no país, com as revoltas sociais devido à maior visibilidade — graças ao impacto do movimento Black Lives Matter — dos assassinatos cometidos por policiais e milicianos, e com medo de um declínio econômico. Aqui, Trump se dirigia diretamente às bases do Blue Lives Matter, que acreditava que eram os policiais, e não as comunidades negras, que estavam sob fogo.

Era um movimento estratégico e passou sem quase ser contestado. Isso foi, em parte, uma falha nossa. Não só do Black Lives Matter, mas de todos nós que desejamos um mundo melhor.

As eleições têm importância sim — e têm consequências. Era de se esperar que as campanhas tomassem esse rumo. Estamos lutando por um mundo diferente e estamos construindo forças novas para isso. É esse tipo de engajamento, e nesse grau, que tem sido aceitável para nossas comunidades e aceito pelos principais partidos políticos: que o compromisso com a comunidade negra não precise ser substancial; que os partidos não precisem entrar em nossas comunidades, construir uma infraestrutura e manter as ações durante e entre os ciclos eleitorais; que não precisem responder pelas falhas de sua liderança.

Fizemos um trabalho importante, mas *também* houve um trabalho que decidimos não fazer — e essa decisão teve consequências. Podíamos ter desenvolvido uma plataforma de valores e posições políticas centrais, os quais então pressionaríamos os candidatos e parlamentares a apoiar. Podíamos ter nos reunido com parlamentares na época e tentado que eles usassem sua influência para persuadir os candidatos, de modo que eles falassem sobre as coisas que nos preocupavam no mundo que estávamos ativamente moldando. Podíamos e devíamos, naquele momento, ter levado mais a sério a necessidade de uma estratégia eleitoral e as implicações de não termos uma. Podíamos ter construído uma força que pressionasse esses candidatos a ser mais receptivos ao movimento que estava tomando o país. E devíamos ter levado mais a sério a ameaça do candidato que estava surgindo no outro lado — mesmo que decidíssemos enquanto organização, como fizemos, não dar apoio a nenhum candidato.

Nosso movimento estava e ainda está engatinhando, os membros ainda se conhecendo uns aos outros, aprendendo a trabalhar juntos e a reconciliar a posição política da rede com a política eleitoral. Em suma, o movimento ainda busca seu caminho; mesmo assim, tem todos os olhos sobre si para con-

Votar pode ser um movimento

tinuar levando o país rumo à justiça, e os que não querem seu sucesso desferem ataques contra ele e contra as estruturas que supostamente nos protegeriam. É difícil construir um avião em pleno voo — ainda por cima sob fogo inimigo. Ainda não tínhamos aprendido a lutar juntos politicamente de uma forma que nos ajudasse a ter mais força e uma posição mais unificada. Em decorrência disso, perdemos oportunidades essenciais de engajar nossas comunidades e mudar o equilíbrio do poder. Dito isso, esses problemas não são exclusivos do nosso movimento ou organização. A esquerda continua assolada por tais questões e contradições. Temos uma profunda e arrazoada desconfiança do governo, e mesmo assim queremos e precisamos que o governo desempenhe melhor o papel que lhe é designado. Não gostamos de políticos, e mesmo assim são políticos aqueles que nos representam e tomam decisões em nosso nome. Não gostamos da forma como o poder opera e por isso o evitamos, mas precisamos dele para transformá-lo. O problema não são as contradições em si. É a nossa indecisão sobre a maneira de termos um impacto na política, para que possamos mudar nossas vidas e as de milhões que estão sofrendo enquanto isso.

No momento em que escrevo este livro, a disputa pela Casa Branca está em andamento — isto é, mais ou menos. A temporada das primárias democratas começou mais cedo do que o habitual, com o leque de candidatos mais diversificado da história americana: seis mulheres, sendo duas delas de cor, e 22 homens, cinco deles de cor e um deles o primeiro gay assumido a se lançar na disputa pela presidência. Com uma campanha bastante insípida, o ex-vice-presidente Joe Biden venceu facilmente a primária na Carolina do Sul, endossado pelo congressista Jim Clyburn. Numa virada surpreendente, três dos outros sete candidatos restantes se retiraram e deram apoio a Biden, depois de ficar evidente que a ala progressista, liderada por Bernie Sanders e Elizabeth Warren, tinha chance de levar a indicação. Warren, que começou bem mas não conseguiu atrair os votos necessários para seguir na briga pela indicação, logo se retirou, deixando a disputa entre Sanders e Biden. A pandemia mundial do novo coronavírus, conhecida como covid-19 e apelidada de "Rona" entre as pessoas negras de todo o país, encerrou de fato a primária democrata, deixando Biden como o presumível indicado.

Embora o novo coronavírus tenha criado um caos nas primárias, a verdade é que elas estavam numa situação complicada antes mesmo de seu surgimento. A presença de dois candidatos decididamente progressistas constituía uma boa oportunidade para derrotar os candidatos mais moderados e conservadores na primária, o que poderia levar a uma grande batalha épica na eleição geral, entre um progressista e um extremista nacionalista branco. Infelizmente, o resultado foi muito diferente. Sanders se colocou como extrema esquerda do espectro político, declarando-se "socialista democrático", enquanto Warren se posicionava mais próxima do centro, dizendo ser "uma capitalista até o osso".

Na esquerda, onde muitos deixaram de se engajar na eleição de 2016 porque Clinton não era suficientemente progressista, é notável que nossos movimentos tenham se mobilizado em torno de Sanders e Warren, mas não o suficiente para criar um poder mais consolidado, pois concentraram suas energias mais na ideologia do que na construção de bases. Em vez de se concentrarem em derrotar os candidatos moderados e con-

Votar pode ser um movimento 225

servadores, montando a mais ampla coalizão possível e mobilizando um maior comparecimento às urnas — inclusive dos eleitores que não se consideravam ativistas nem participantes de nenhum movimento —, a esquerda se preocupou com questões ideológicas e rótulos que eram, e continuam sendo, largamente irrelevantes para milhões de pessoas que estão tentando decidir em quem votar. Óbvio que é importante fazer um trabalho organizativo em torno de outras formas de economia, o que se dá no longo prazo. Por exemplo, muitas pessoas de fato apoiam ideias socialistas, mas foram organizadas por meio de uma longa e violenta guerra cultural e levadas a crer que o socialismo é uma coisa ruim. Por que se sacrificar pelo socialismo quando essa energia pode ser usada para mobilizar um número maior de eleitores para votar no seu candidato — eleitores que talvez não compareçam às urnas por causa do socialismo, mas que comparecerão porque querem e precisam de acesso ao sistema de saúde, que comparecerão para pôr fim à economia punitiva que destroça famílias brancas e negras sem recursos e sem acesso à reabilitação ou à recuperação, que comparecerão por causa da promessa de remuneração igual para trabalhos iguais? Essa eleição, infelizmente, não era um plebiscito para decidir se o capitalismo continuaria a existir ou não — era, como de costume, uma oportunidade de evidenciar o poder das nossas ideias ao mostrar quantas pessoas conseguimos organizar do nosso lado. Os dois candidatos progressistas perderam essa batalha.

Quanto à atividade organizativa, havia um eleitorado fundamental que precisava ser organizado e motivado: o eleitorado negro — que se alinhou solidamente ao lado do ex-vice-presidente de Barack Obama.

12. O poder da política identitária

UMA NOITE, cheguei ao aeroporto da minha cidade depois de um longo voo vindo de Washington, D.C. Houve atrasos devido aos incêndios que se alastravam nas matas da Califórnia, deixando a atmosfera densamente enfumaçada e tóxica. Eu queria e precisava de uma bebida depois de mais de sete horas no avião, num voo que normalmente não levaria mais de cinco. A caminho de casa, parei no meu bar favorito.

Costumo ir a esse bar porque lá consigo passar despercebida — não preciso ficar conversando com ninguém, a menos que eu queira, e felizmente os clientes habituais estão acostumados com isso. Achei que ele estaria relativamente vazio naquela noite, o que me daria o conforto que eu procurava. Afinal, era uma segunda-feira, passava das nove, e imaginei que a maioria das pessoas estaria em casa. Mas, quando cheguei lá, havia um grupo de umas cinco ou seis pessoas, um tanto embriagadas. Eram todas brancas.

Peguei minha bebida e fui até as mesas do lado de fora, para fumar. Enquanto procurava uma cadeira para descansar o corpo exausto, passei ao lado de uma mulher que conhecia de vista daquele bar — jovem, branca, estilosa. Já a vira muito bêbada, em toda a sua glória loira, falando de forma um tanto agressiva. Suas ideias e opiniões me pareciam desagradáveis, e assim, quando a via, eu costumava apenas passar por ela — como fiz nessa noite específica.

O poder da política identitária 227

No entanto, mesmo num bar lotado, onde a gente nem consegue ouvir os próprios pensamentos, é difícil deixar de ouvir de vez em quando as conversas dos outros. Ouvi uma que era mais ou menos assim:

LOIRA: Ah, meu ator favorito estava naquele filme. Ele é egípcio.
CARA BRANCO: Egípcio? Não sabia disso. Que ótimo — a gente precisa de mais pessoas de cor nos filmes.
LOIRA: Ele é um grande ator e é por isso que deve aparecer em mais filmes, e não porque é de cor. Aliás, estou cansada de ouvir essas coisas. Negro, branco, blá-blá-blá. A gente precisa parar com essa merda. Isso me deixa louca da vida. Quando a gente vai tratar de ser *humano*?!

Hora de revirar os olhos. Ela não estava furiosa por causa da sub-representação das pessoas de cor nos filmes. Ela estava furiosa pela ousadia de dar nome à questão, como se o fato de nomear a sub-representação perpetuasse sua dinâmica.

NÃO É UMA OCORRÊNCIA RARA E, de fato, já fui literalmente confrontada em locais públicos por pessoas brancas, que exigiam saber por que reivindicamos uma identidade própria que nos divide, em vez de perceber que todos nós fazemos parte da mesma família humana. Uma vez, uma mulher branca me passou um sermão de uns vinte minutos, dizendo que ela era da França, que lá não existia racismo, e que isso era porque as pessoas negras se identificavam com a nação e não com sua raça. Imagine só, o assunto não tinha nada a ver com qualquer conversa que eu estivesse tendo com ela ou com qualquer outra pessoa — eu estava apenas sentada ali sozinha, esperando uma amiga voltar do banheiro, e ela achou que era uma boa oportunidade para vir me impor suas ideias sobre raça.

Além de irritantes, esses confrontos mostram a persistência de uma ideia que continua disseminada entre as pessoas brancas, inclusive ativistas da esquerda; uma ideia que é ao mesmo tempo ingênua e perigosa. Por isso, aqui está meu sincero esforço de explicar por que a política identitária veio a ser tão criticada e por que ela é importante para nós que trabalhamos na construção de um mundo melhor.

A POLÍTICA IDENTITÁRIA É FÁCIL E, ao mesmo tempo, difícil de definir, em parte por ser muito demonizada pelos conservadores americanos. Por ser, ao fim e ao cabo, um conceito político, se quisermos entender plenamente por que a política identitária é importante, devemos começar pela definição de poder. Eu defino o poder como a capacidade de tomar decisões que afetam nossa vida e a de outras pessoas, a liberdade de moldar e determinar a história de quem somos. Poder também significa ter a capacidade de premiar e punir, assim como de decidir como distribuir os recursos.

É evidente que essa definição difere daquilo que nós, na maioria, pensamos ser o poder, como algo individualizado. Em geral, falamos sobre o poder relacionando-o com nosso estado de ânimo num determinado momento. Podemos acordar de manhã cedo nos sentindo empoderados — mas empoderamento é diferente do poder. O poder se refere a quem faz as regras, e a realidade é que nós, na maioria, não temos poder efetivo, nem mesmo sobre as decisões que estão mais

O *poder da política identitária*   229

próximas de nós. Sem dúvida, tenho o poder de decidir (e nesse sentido estou empoderada) o que vou comer hoje no café da manhã, mas são forças maiores que criam as opções entre as quais posso escolher — ou mesmo se eu tenho ou não acesso a um café da manhã. Para que o poder funcione, é fundamental que não se entenda o que ele é. O poder prefere operar na obscuridade; se operasse de maneira totalmente transparente, desconfio que muitos de nós nos rebelaríamos contra ele.

A insistência daquela loira em ignorar o poder é um ótimo exemplo para mostrar como ele opera. Os que têm poder raramente querem reconhecer que se beneficiam às custas dos outros sem merecer. A reclamação dela apenas ilustra como o poder opera em seu melhor — nos bastidores, sem se mostrar, sem se comprometer. A chamada política identitária procura tornar visível esse poder invisível.

A expressão "política identitária" provém do período final do movimento dos direitos civis e é utilizada para descrever as experiências concretas de pessoas que não são homens cis, brancos, heterossexuais. O termo "identitário" na expressão é uma forma de descrever o que significa viver fora do padrão definido como norma nos Estados Unidos. Quando se faz uma experiência científica, é preciso ter um grupo de teste e um grupo de controle para entender os resultados. No grupo de controle, não se muda o que é constante. É o grupo não submetido à experiência; é a ele que se compara o experimento, para ver se houve alguma mudança. Nos Estados Unidos, as pessoas brancas, a cultura branca e as vivências brancas constituem o grupo de controle ao qual se compara todo o resto. Para as pessoas que não são brancas, isso pode criar um incrível estranhamento — nunca ver pessoas parecidas conosco nas revistas de moda, não conseguir produtos de maquiagem que combinem com nosso tom de pele. A branquitude como grupo de controle são aquelas roupas que só cabem num determinado tipo de corpo, tal como é definido pela branquitude. São os band-aids e as meias-calças bege ou o tom de pêssego dos produtos de maquiagem. A branquitude, a identidade branca, é um princípio organizador central dos Estados Unidos.

A política identitária foi desenvolvida por feministas negras que não aceitavam ser definidas pessoal ou politicamente por um conjunto de padrões que não eram os seus. A expressão aparece pela primeira vez no manifesto do Combahee River Collective, lançado em 1977 por um grupo de feministas negras tentando marcar posição em movimentos sociais que diziam lutar pela liberdade delas, mas que acabavam reproduzindo as mesmas dinâmicas que queriam destruir.

Para o Combahee River Collective, suas experiências de vida eram moldadas pelo que chamavam de "opressões entrelaçadas" — o racismo, o sexismo, o capitalismo, o heterossexismo e assim por diante. Elas se comprometiam a ser antirracistas, à diferença de suas correspondentes brancas, e antissexistas, à diferença de seus correspondentes brancos e negros. As experiências que tiveram no movimento das mulheres as levaram a concluir que o movimento era concebido basicamente para a libertação das mulheres brancas, e não de todas as mulheres. De maneira análoga, a experiência que tiveram no movimento negro foi que ele era concebido para a libertação dos homens negros, e não de todas as pessoas negras. Assim, procuraram espaços políticos que abrigassem a complexidade de suas experiências como pessoas negras, como mulheres negras, como mulheres negras que eram lésbicas. Perceberam que, se elas

O *poder da política identitária* 231

mesmas não lutassem, ninguém faria isso por elas. Cunharam a expressão "política identitária" para declarar que iriam formar uma política baseada em suas experiências próprias e no desejo de alcançar sua libertação, em oposição a uma política focada na libertação de outrem.

Esse foco sobre a nossa própria opressão está encarnado no conceito de política identitária. Acreditamos que a política mais profunda e potencialmente mais radical provém diretamente de nossa identidade, em oposição ao trabalho para pôr fim à opressão de outrem [...]. Ser reconhecido como humano, igualmente humano, é suficiente. [...]

Uma contribuição política que pensamos já ter dado é a expansão do princípio feminista de que o pessoal é político [...]. Tivemos que investir muita energia refletindo sobre a natureza cultural e vivencial da nossa opressão porque nenhum desses assuntos jamais fora examinado antes. Nunca ninguém tinha examinado as múltiplas camadas que compõem a textura da vida das mulheres negras.

"O pessoal é político" é um adágio que provém do movimento das mulheres e, mesmo assim, as integrantes do Combahee River Collective o adotaram e o tornaram específico da vida das mulheres negras. A política identitária, nesse caso, significava que as mulheres negras não podiam deixar de lado os homens negros devido às experiências racistas que tinham em comum, mas, ao mesmo tempo, precisavam lutar contra o fato de que homens negros, mulheres brancas e homens brancos se beneficiavam, todos eles, com a opressão das mulheres negras. Assim, a política identitária se torna uma desafiadora recusa do aplainamento de suas vivências pessoais em favor da unidade ou da uniformidade.

As mulheres negras não podiam, e ainda não podem, se contentar com um movimento de mulheres que enxerga a opressão de gênero apenas pelas lentes das mulheres brancas. Este é um princípio fundamental do feminismo negro: a ideia de que as experiências das mulheres negras são exclusivas e complexas, e assim devem ser vistas para que se possa erradicar essas diferenças.

Apesar disso, muitas feministas brancas não conseguem entender por que as mulheres negras não se alinham. Por que anunciar uma identidade racial em separado? Se a branquitude é uma espécie de amnésia coletiva, uma de suas manifestações é, sem dúvida, esse tipo de feminismo branco, que pede às mulheres negras para esquecerem também.

Será que as mulheres negras devem esquecer que, durante a escravidão, eram obrigadas a amamentar bebês brancos, deixando seus próprios bebês de lado? Será que as mulheres negras devem esquecer a fúria que enfrentavam das mulheres brancas cujos maridos tinham um desejo ardente pelas negras em posições submissas? Será que as mulheres negras devem esquecer o famoso discurso de Sojourner Truth, desafiando as heroínas feministas brancas da época, como Susan B. Anthony, a verem que as mulheres negras eram dignas do direito de participação? Em termos históricos, não há muitas razões para as mulheres negras acreditarem que as mulheres brancas lutarão em favor delas com o mesmo empenho com que lutam por si próprias. Embora haja muito a ganhar com a igualdade entre todos os gêneros subjugados, também é verdade que, historicamente, os Estados Unidos subordinaram as mulheres brancas aos ho-

O *poder da política identitária* 233

mens brancos, mas lhes deram poder e privilégio acima das mulheres negras.

A política identitária, portanto, é a ideia radical de que a visão de mundo é moldada por nossa história e experiências, e que essas experiências variam conforme o poder que um grupo ou um indivíduo possui na economia, na sociedade ou na democracia. E, visto que o poder que alimenta os Estados Unidos é o da política da identidade branca, a própria branquitude é a primeira e principal encarnação da política identitária. O país é construído sobre a política identitária branca: a tentativa de genocídio dos povos indígenas nas Américas a fim de obter a terra e os recursos necessários para construir uma nação cristã branca; a escravização de povos da diáspora negra a fim de obter mão de obra gratuita para construir uma nação cristã branca; a exploração, o aprisionamento e a degradação da mão de obra imigrante latina, chinesa, das ilhas do Pacífico e de outros lugares da Ásia a fim de impulsionar o comércio, com vistas a tornar a nação cristã branca a mais poderosa do mundo.

Por que isso importa? Voltemos ao caso da loira no bar. Não é justo dizer que são só pessoas brancas que formulam aquelas ideias, mas é justo dizer que as pessoas brancas que se enfurecem com qualquer grupo que ouse declarar que suas experiências são outras não conseguem entender o papel que elas mesmas desempenham. Muitas vezes rio sozinha quando ouço esse tipo de sentimento expressado pela loira no bar, pois a primeira coisa que me vem à cabeça é: *Foi você que criou isso.*

Em outras palavras: se as pessoas brancas não tivessem criado classificações artificiais baseadas na cor da pele, nos órgãos genitais ou na classe social, a fim de manter seu poder e privilégio sobre os outros, estaríamos falando sobre esse assunto? Se as pessoas brancas não tivessem criado um sistema de escravização em que povos negros do Caribe, da África e da América Latina eram roubados e obrigados a se submeter durante gerações, estaríamos falando sobre esse assunto? Se os efeitos e os impactos da manutenção daquele sistema de escravização e subjugação — em que as pessoas negras são consideradas sub-humanas, não merecendo compaixão, recursos, dignidade e, em muitos casos, nem a própria vida — não tivessem prosseguido, haveria alguma razão para que as pessoas negras procurassem segurança entre aquelas que dividem as mesmas experiências? A identidade é o elefante na sala dos Estados Unidos.

ALGUNS TALVEZ REAJAM DIZENDO: "Sim, são fatos trágicos que mancham o passado americano, mas precisamos seguir em frente". Porém, enquanto não examinarmos como esse elefante na sala continua a moldar nossas vidas, não temos nenhuma possibilidade efetiva de seguir em frente. Na verdade, este é um dos efeitos da amnésia: o esquecimento deliberado de experiências traumáticas permite que seus efeitos danosos persistam. Esquecer que as trabalhadoras domésticas hoje não encontram proteção em muitas das leis trabalhistas americanas obscurece a razão pela qual elas não têm tais proteções — o racismo — e, assim, passados quase cem anos desde que lhes foram negadas as proteções trabalhistas mais básicas, elas continuam a existir de forma precária na economia.

E eis por que essa amnésia realmente importa: o obscurecimento da política identitária, quando mapeamos o poder, nos impede de mudar o modo como, em primeiro lugar, ele

O poder da política identitária 235

opera. Se não reconhecemos que o poder opera em benefício dos homens brancos, cristãos, heterossexuais e cisgênero, continuaremos a dizer que os subjugados por esse poder são os responsáveis por sua própria subjugação, em vez de trabalharmos juntos para erradicar o legado da distribuição desigual do poder.

As mesmas forças que recusam seguro-saúde a pessoas com problemas preexistentes, que querem negar às mulheres o direito de decidir sobre seus corpos e sua reprodução, que querem negar proteção às pessoas transgênero, que querem revogar os direitos de voto das pessoas negras, as mesmas forças que querem negar a cada um de nós o direito a uma vida digna são as que se empenham maciçamente em garantir que não entendamos como as discriminações com base em raça, gênero, sexualidade e classe social são, todas elas, estratégias para manter os poderosos no poder e negar acesso aos desprovidos de poder. Faz mais de quarenta anos que o movimento conservador vem lutando para conquistar a adesão emocional e intelectual das pessoas e alinhá-las com uma agenda que beneficia uma minoria em detrimento da maioria. O empenho do movimento conservador neste país em ocultar as disparidades de raça, classe e gênero é maior do que o empenho do movimento progressista em lhes dar destaque.

Muitos historiadores descrevem o último período da era dos direitos civis como uma época turbulenta em que a cultura e a política estavam em disputa. O poder e a unidade crescentes dos movimentos pelos direitos civis, pelos direitos humanos, pela justiça social, pela justiça de gênero, pela justiça para pessoas transgênero e queer ameaçavam o sistema social e político deste país. Mulheres, gays, transgênero, negros, latinos, nações indígenas, asiáticos e algumas pessoas brancas estavam, todas elas, lutando por sua existência social, política e econômica num mundo em que a branquitude era o grupo de controle. Esses movimentos, quando começaram a se amalgamar, podendo ter maior poder em conjunto, sofreram enormes reveses e derrotas. Programas de vigilância e disrupção patrocinados pelo governo criaram profundas tensões e cisões entre e dentro desses movimentos sociais, chegando ao ponto de prender e, em alguns casos, de assassinar os líderes desses movimentos. E os conservadores começaram a tomar o poder de um modo nunca feito antes. Uma parte dessa tomada do poder consistia em controlar a narrativa e moldar as normas culturais. A direita investiu em novas narrativas sobre as comunidades de cor, especificamente sobre os negros e imigrantes de origem latina. As mulheres negras se tornaram rainhas da assistência social se aproveitando do governo; os imigrantes se tornaram predadores perigosos; os homens negros se tornaram radicais raivosos armados que queriam destruir nosso modo de vida. As mulheres, que finalmente estavam rompendo os limites impostos, se tornaram a razão pela qual famílias e lares eram desfeitos e a explicação para um novo estilo de vida.

Controlar a história de quem somos e do que nos constitui é um exercício de poder — quanto mais pessoas você consegue que adotem essa sua história, que a tomem como a delas mesmas, mais poderoso você se torna. Esta é a narrativa da direita: a história dos Estados Unidos consiste em perseverança, individualismo ferrenho, fé e muito trabalho. Nessa história, há personagens que ameaçam o êxito do projeto, que, para começar, nem deviam estar incluídos nele. Pessoas negras que foram trazidas para este país como escravizadas, e então luta-

O poder da política identitária 237

ram e conquistaram a liberdade. Povos indígenas que resistem ao genocídio e à colonização, que se recusam a abrir mão de suas terras e de seu modo de vida. Mulheres que se negam a ser meras máquinas reprodutivas e cuidadoras do lar. Pessoas lésbicas, gays, bissexuais, trans, variantes, agênero que rejeitam a família nuclear, que rejeitam binarismos como homem e mulher, gay e hétero, que abraçam a complexidade de quem somos e de quem estamos nos tornando. Imigrantes que recusam a assimilação. Essa história não deveria ser contestada, mas está sendo, incessantemente, e muitas vezes com sucesso. Contar uma nova história requer aceitarmos as mudanças das normas, dos estilos de vida, do que quer que seja. Como disse Octavia Butler: "A única verdade duradoura é a mudança". É fascinante como uma nação que diz valorizar a inovação pode ser tão resistente à mudança.

QUANDO DONALD TRUMP SE TORNOU presidente dos Estados Unidos em 2017, fomos atingidos com uma enxurrada constante de matérias, artigos de comentaristas e análises, tanto nas mídias sociais quanto em outros meios de comunicação. Um deles era notável — escrito, claro, por um homem branco —, desancando a política identitária. O argumento era que, embora essa maior diversificação dos Estados Unidos fosse uma bela coisa, havia um nervosismo nessa afirmação das diferenças que só se resolveria se encontrássemos o elemento de unificação entre todos nós. Em suma, o argumento é igual ao da loira no bar: quanto mais falamos sobre nossas diferenças, mais nos dividimos.

Isso também é a política identitária branca em ação — desqualificando as experiências dos despossuídos, mas ao mesmo tempo apoiando as comunidades brancas que ainda não colheram todos os frutos da branquitude. Ansiosos em pegar atalhos até o efetivo poder, os movimentos progressistas não medem esforços quando se trata de se dedicar ao trabalho necessário para tornar a política identitária obsoleta. Muitas vezes, os que não precisam enfrentar a política de suas identidades — pois o poder obscurece suas identidades privilegiadas — são os primeiros a criticar a política identitária, incapazes de reconhecer por que existem aqueles que não conseguem dissociar suas experiências de vida das identidades que adotaram e das que lhes foram atribuídas sem possibilidade de escolha.

Mas os Estados Unidos constituem uma nação onde as pessoas não brancas, não cristãs, não heterossexuais, não cis e não masculinas estão se tornando a maioria em termos demográficos, o que indica o potencial de se tornarem a maioria em termos políticos, culturais e sociais. Para as pessoas brancas, a ansiedade gerada pela perda de poder é significativa. No entanto, nessa perda, nessa ansiedade, também há novas possibilidades. Não é necessariamente verdade que, quando aqueles antes despossuídos chegarem ao poder, os que antes o detinham se tornarão igualmente despossuídos. O poder não precisa ser uma gangorra, em que num determinado momento um grupo tem poder e se eleva às custas de outros grupos, e no momento seguinte o grupo que não tinha poder passa a tê-lo, sujeitando então o outro grupo aos mesmos maus-tratos.

Um equívoco de alguns progressistas e liberais brancos em relação à política identitária é que, se o poder é apenas transacional, nunca teremos uma unificação entre os destituídos de poder e os que temem perdê-lo. Um acordo justo não é uma simples troca de quem vai oprimir quem. Vai chegar uma hora em que os acostumados a um poder irrestrito terão de avaliar o que significa distribuir o poder de maneira mais igualitária.

13. A síndrome do impostor e o patriarcado

Quando escrevo, quero chegar a um resultado. Escrevo quando sinto a garganta travada e não consigo respirar. Ao escrever, apresento o que me pesa no coração e no espírito. Aprendi que reprimir esses impulsos faz mal para minha saúde física, espiritual e emocional. Quando escrevo, as palavras e as frases, as expressões e as metáforas se reúnem na minha cabeça antes de chegarem a uma assustadora página em branco. Posso ouvir a cadência da frase antes que as palavras se alinhem, como se algo fora de mim me impelisse a colocá-la por escrito. Sinto um formigamento, meu corpo eletrizado por um espírito que parte do peito, desce pelos braços e chega aos dedos. Às vezes choro enquanto os dedos voam pelo teclado e as lágrimas ardentes caem no meu colo. Costumo tomar notas para mim mesma no celular ou em papeizinhos. Para mim, escrever é uma atividade espiritual. É uma purificação, uma renovação, um chamado à ação que não consigo recusar. Foi como aprendi a me comunicar quando parecia não existir outra maneira.

Quando me sinto acuada e sufocada, geralmente é porque fui silenciada. É porque fui aconselhada a não escrever, a não dizer o que, muito convenientemente, está ausente da linguagem comum. Há uma indignação em estar invisível, em ter de ouvir sem poder falar, que me obriga a escrever e me obriga a alimentar esse meu ofício de escritora.

Tenho dificuldade em me definir como escritora em vez de como uma pessoa que escreve. Já publicaram muitas coisas minhas ao longo dos anos, em jornais, revistas e vários livros. Apesar disso, não é fácil aceitar que as duas coisas sejam verdade — que posso ser uma pessoa que escreve e uma pessoa que é, de fato, escritora. Uma pessoa para quem o ato de escrever vem tão naturalmente quanto o impulso de respirar, como o ar entrando e saindo dos meus pulmões.

"SÍNDROME DO IMPOSTOR" É UMA EXPRESSÃO derivada de um estudo de 1978, de Pauline Rose Clance e Suzanne Imes, para designar um sentimento de farsa em pessoas que não se acham inteligentes, capazes ou criativas, apesar de suas grandes realizações. O *New York Times*, ao apresentar essa pesquisa, citou um trecho das autoras: "Embora essas pessoas sejam altamente motivadas para realizar coisas, também vivem com medo de serem 'descobertas' ou desmascaradas como fraudes". Para mim, a síndrome do impostor pode ser descrita simplesmente como um derivado do patriarcado. Como mulher queer negra, posso afirmar com muita segurança que também sou sobrevivente da síndrome do impostor.

Sou uma escritora que não conhece muito a "sociedade literária" (ou que não liga muito para ela). Sou uma radical que não se importa muito com as diferenças doutrinárias entre a esquerda. Sou uma garota negra que não cresceu entre outras garotas negras, exceto minha mãezinha, que é a mulher mais negra que existe e que ama fervorosamente as pessoas negras. Sou uma pessoa queer e tive mais dificuldade em me revelar a desconhecidos e amigos no cotidiano do que à minha família,

A *síndrome do impostor e o patriarcado* 241

que continuou em larga medida a me dar força quando me abri com eles. Sou uma garota negra basicamente de classe média; precisei trabalhar para ter tudo o que tenho, mas também recebi uma infinidade de coisas dos meus pais.

Minha mãe sempre reforçou que eu era capaz de qualquer coisa que decidisse fazer. Às vezes, sendo o poder institucional o que é, reviro os olhos quando ela fala isso, mas mesmo assim acredito nela, tanto porque é minha mãezinha quanto porque realmente faço quase tudo o que decido fazer. Sou uma mulher negra atraente, chegando aos quarenta anos com muito a oferecer ao mundo, e acredito que estou apenas começando. Minha autoestima está intacta, tenha certeza disso. Mas só autoestima não basta.

A síndrome do impostor é um sintoma de um fenômeno maior, em que as mulheres negras, em especial as mulheres negras queer, parecem não fazer parte de lugar algum. Não fazemos parte da linha de frente nos movimentos sociais, nas organizações, no Congresso, nos conselhos municipais, nas empresas, nas salas de aula ou qualquer outro lugar que se possa imaginar. As mulheres negras sempre foram o trampolim para que outros ocupassem o posto na linha de frente que diziam caber a eles. Ensinaram-nos que não pertencemos a lugar nenhum.

A SÍNDROME DO IMPOSTOR PARA esta garota negra é, literalmente, uma sensação de inautenticidade, de que meu lugar não é aqui. Seria bastante fácil e gratificante chamar isso de insegurança, superável com alguns anos no divã do terapeuta e recitando fórmulas motivacionais diante do espelho. Mas não: minha síndrome do impostor não é superável se eu ficar diante do espelho repetindo frases positivas para mim mesma, pois, tão logo me afasto dali, o mundo me lembra que não tenho lugar nele.

Não uso livros de autoajuda nem frases inspiracionais para combater meus sintomas da síndrome do impostor. Uso a boa e velha atividade organizativa e a construção de movimentos, porque as mulheres negras pertencem, sim, a todos os lugares.

Uma maneira muito simples de entender o patriarcado é ver que ele é um sistema de poder em que homens e pessoas com físico masculino obtêm preponderância e privilégios a partir das desvantagens impostas às mulheres e às pessoas de identidade feminina. Combater o patriarcado não significa que todos os homens são maus. Reconhecer o poder e os privilégios imerecidos que os homens acumularam nesse mundo, às custas do bem-estar e da dignidade das mulheres e das meninas, não transforma ninguém em uma odiadora dos homens. Na verdade, o patriarcado não tem nada a ver com ser uma pessoa boa ou decente, ou com odiar ou não os homens (e, francamente, não está nem aí para isso). O patriarcado é um sistema de poder e privilégios. Não se trata apenas de um fatal desequilíbrio entre homens cis e mulheres cis; ele é também racializado. Com isso, o que eu quero dizer é, muito simplesmente, que nem todo patriarcado é formado da mesma maneira. Ser racializado significa que algo é segregado ou, no mínimo, caracterizado pela raça. É o que permite que as experiências brancas funcionem como controle ou padrão para todas as outras.

O patriarcado racializado é o que permite que Donald Trump se vanglorie de agarrar as mulheres "pela xoxota" e —

A *síndrome do impostor e o patriarcado*

na hora de o povo escolher entre um predador sexual ou Hillary Clinton, adepta de conceitos e soluções neoliberais com ideias importantes sobre as maneiras de promover o bem-estar das mulheres — ainda assim receba os votos de 47% das mulheres brancas que compareceram às urnas. Pois, embora o patriarcado seja terrível, as mulheres brancas se enfureciam muito mais com os oito anos passados sob uma liderança negra do que com Trump agarrando vaginas por aí. É por isso que, quando falamos sobre diferença salarial e igualdade de remuneração e dizemos que as mulheres recebem 81 centavos por dólar recebido pelos homens, na verdade estamos falando sobre homens brancos e mulheres brancas. As mulheres negras recebem 66 centavos por 81 centavos recebidos pelas mulheres brancas e por dólar recebido por um homem branco, e as latinas recebem 58 centavos por 81 centavos recebidos pelas mulheres brancas e por dólar recebido pelos homens brancos. Um patriarcado racializado significa que as mulheres brancas são tidas como merecedoras de proteção, ao passo que as mulheres negras e as mulheres de cor são tidas como aquelas contra as quais as mulheres brancas precisam ser protegidas.

PASSEI GRANDE PARTE DA VIDA combatendo o patriarcado, mesmo sem saber disso.

Quando criança, eu desafiava sistematicamente o patriarcado no meu próprio lar. Meu pai costumava beber café como se a vida dele dependesse disso. Acordava de manhã e tomava uma xícara — com leite e creme, e adoçado com três pacotinhos de adoçante. Eu era especialista em preparar como ele gostava, e minha mãe também. "Lynette, me faz um café!" era uma frase muito habitual lá em casa. Às vezes, era para mim. "Alicia!", meu pai berrava pela casa. "Me faz um café!" Eu odiava aquilo. Havia alguma coisa naquela ordem de parar o que estava fazendo, deixar tudo de lado e ir correndo até a cozinha fazer uma xícara de café para um homem plenamente capaz que me deixava louca da vida. Eu era criança e, portanto, não estava ocupada com nada muito importante. Mas, na cabeça daquela menina de oito anos, a questão não era essa. Eu odiava ouvir a ordem dada à minha mãe mais do que a mim mesma. Minha mãe fazia tudo em casa — garantia que as contas fossem pagas, mantinha a casa limpa, preparava as refeições e cuidava de nós. Meu pai tocava o negócio da família, que também dava bastante trabalho, mas, pelo que eu via, ele passava a maior parte do tempo dizendo aos outros o que fazer, e nós passávamos a maior parte do tempo fazendo o que ele dizia. Isso sempre me deixava furiosa.

Um dia, respondi ao meu pai pela primeira vez. "Faz você!", gritei do meu quarto. Nem preciso dizer que não deu muito certo — até onde me lembro, fiquei de castigo e continuei a preparar o café sempre que meu pai mandava. Mas para mim, mesmo com o castigo, valeu a pena.

Todos os movimentos sociais de que participei ou de que tenho notícias estão contaminados pelo patriarcado. Quando as pessoas se juntam para resolver problemas, não ficam automaticamente imunes às distorções na forma de organização da sociedade e da economia. Sempre carregamos conosco aquilo que nos molda, consciente e inconscientemente. A menos que decidamos pôr de lado o que aprendemos, vamos perpetuar

A síndrome do impostor e o patriarcado 245

essa carga, mesmo trabalhando com afinco por um mundo melhor.

Como organizadora, estou acostumada a ver ambientes onde as mulheres, geralmente mulheres de cor, arcam com a maior parte do trabalho, mas têm apenas uma parcela minúscula da liderança visível. Em todas as organizações de que fiz parte, havia mulheres fazendo o trabalho administrativo, mulheres consolidando as relações, mulheres desenvolvendo as estratégias e homens atuando como a liderança externa e visível daquela organização. Esses mesmos padrões se refletiam entre o conjunto de membros. A maioria era sempre de mulheres — mulheres de cor pobres e da classe trabalhadora, mulheres imigrantes e mulheres queer. Mas, quando vinham homens a nossas reuniões comunitárias, geralmente ocupavam a maior parte do espaço. Eram os que mais falavam, pontificavam, sempre prontos para dizer às pessoas o que elas "de fato precisavam estar fazendo".

As mulheres que organizávamos raramente abordavam o trabalho dessa maneira. Se tinham reservado um tempo de suas vidas para vir e se envolver com a organização, era porque estavam prontas para ser parte da solução — mesmo que não soubessem bem qual seria ela. Ora, isso não significava que elas não tivessem ideias e opiniões fortes. Essas mulheres dirigiam o lar, cuidavam de filhos e netos, tratavam todas as crianças da comunidade como se fossem filhos seus. Refreavam os sobrinhos que estavam na cadeia ou envolvidos com gangues de rua, berravam com a polícia para parar de aterrorizar as crianças e então berravam com os traficantes por venderem drogas no quarteirão. Mas não iam às reuniões comunitárias munidas de uma teoria de catorze itens sobre as formas de salvar a América negra. Quem fazia isso eram os homens.

Sendo uma organizadora jovem, volta e meia os homens davam em cima de mim. Alguns vinham participar das reuniões comunitárias porque achavam que, quando eu estava na porta da casa deles conversando sobre o racismo ambiental e a violência policial, na verdade o que eu secretamente queria era que me convidassem para sair ou, pelo menos, pedissem meu telefone. Na minha primeira vez fazendo visitas à comunidade, um homem me trancou dentro da casa dele; o cara estava chapado, ao que me pareceu, de metanfetamina. A única forma de sair ilesa daquela casa era fingir que eu estava a fim dele, e então o convidei para ir lá fora comigo, para fumar um cigarro e assim "a gente vai poder se conhecer melhor". Quando saímos, felizmente o homem que fazia as visitas à comunidade junto comigo estava me esperando.

Em 2007, compareci ao Fórum Social dos Estados Unidos, onde estavam reunidos mais de 10 mil ativistas e organizadores para compartilhar estratégias a fim de mitigar os sistemas de poder que afetavam nossa vida diária. Foi uma das minhas primeiras viagens com a Power, e eu estava doida para me provar ajudando a coordenar nossa delegação com cerca de trinta membros, junto com a equipe. Um dia, o diretor da organização me convidou para ir a uma reunião com ele.

Era a reunião de um novo grupo de organizadores negros de coalizões de todo o país, unindo-se para trabalhar juntos a serviço do povo negro de uma maneira nova e mais sistemática. Fiquei animada com o potencial do que poderia acontecer caso a reunião desse certo. Eu estava me politizando nessa organização, aprendendo mais sobre a história das iniciativas negras para uma vida digna, e ansiava em par-

A síndrome do impostor e o patriarcado   247

ticipar de um movimento com o foco específico de melhorar as vidas negras.

Quando chegamos, olhei em torno da sala e, entre umas cem pessoas ali reunidas, havia apenas meia dúzia de mulheres. Literalmente: eram cinco mulheres negras e cerca de 95 homens negros.

Um homem negro de idade deu início à reunião. Sentei-me ao lado do meu colega de trabalho, espantada e nervosa. *Por que tem tão poucas mulheres negras aqui?*, me perguntei. Em nossa organização local, os participantes de nossas reuniões eram, em sua maioria, mulheres negras. O homem negro de idade falou durante uns quarenta minutos. Quando finalmente terminou, veio uma sucessão de homens, um depois do outro, com longas diatribes sobre o que devíamos estar fazendo, tratando nossas falhas como resultantes do nosso torpor, que nos fazia esquecer quem realmente éramos. Aquela sensação que eu tinha quando menina, sempre que meu pai gritava para que eu ou a minha mãe lhe preparassem o café, começou a borbulhar dentro de mim. Nervosa, mas decidida, levantei a mão e pedi a palavra.

"Pois bem", comecei, "agradeço o que vocês todos disseram." Apresentei minha pessoa e a organização de que participava e prossegui: "Acredito na libertação em que vocês acreditam, e trabalho todos os dias por ela. Ouvi vocês dizerem muitas coisas, mas não ouvi nada sobre as mulheres e onde elas entram nesse quadro. Onde as pessoas queer entram nessa visão de vocês sobre a libertação negra?". Eu acabava de fazer minha versão pessoal do discurso "E eu não sou uma mulher?", de Sojourner Truth, e a sala caiu em silêncio.

Fazia muito calor. O ar pairava pesado na sala lotada. As pessoas se mexiam nas cadeiras, incomodadas. Alguns homens evitaram qualquer contato visual comigo. Será que eu tinha dito algo errado? Nos quarenta minutos que o homem de idade ficou falando e nos outros quarenta minutos mais que os outros homens ficaram concordando enfaticamente sobre a libertação dos homens negros, não se mencionou em momento algum como as pessoas negras em seu conjunto encontrariam a liberdade. Era como se, ao falarem dos homens negros, fôssemos automaticamente supor que isso significava todas as pessoas negras. Olhei para ele, primeiro com timidez e então com ar cada vez mais desafiador. Ele começou a falar como "as irmãs" eram importantes para o projeto de libertação negra, mas àquela altura, para mim, era tarde demais. O cerne da questão já fora atingido. E então minha síndrome do impostor voltou. Quem essa garota negra pensava que era, questionando a visão e a liderança desse homem negro?

Mais tarde, perguntei ao meu colega de trabalho se eu tinha pisado na bola ou passado do limite. "Não", ele respondeu. "Foi uma pergunta boa e importante." Bom, se era uma pergunta "boa e importante", por que tive de ser eu a fazê-la? Por que os homens na sala, inclusive meu colega, não perceberam que mulheres, queers e trans não estavam presentes não só na sala, mas tampouco na visão do que poderia ser a liberdade para as pessoas negras?

Essas são generalizações muito abrangentes, claro. Havia homens que ajudavam e havia mulheres que pontificavam. Mas o padrão era regular o suficiente para que nós organizadores tivéssemos de ajustar nossa prática a fim de corrigi-lo explícita e implicitamente. Nem sempre acertávamos, mas não

A *síndrome do impostor e o patriarcado* 249

podíamos deixar de tentar só por não termos confiança de que ficaria perfeito. Precisávamos levar em conta quem falava na sala, e tínhamos de garantir que as pessoas assumissem tarefas compatíveis com as que seus vizinhos se dispunham a fazer. Cuidávamos para que as mulheres assumissem papéis de liderança e desenvolvíamos a capacidade das mulheres de desempenhar esses papéis. Providenciávamos atendimento às crianças em todas as nossas reuniões, para que as mulheres pudessem participar, e garantíamos atividades para elas, em vez de ficarem apenas paradas diante de uma televisão. Tomávamos todas essas providências para que as mulheres pudessem ter papéis significativos na construção de um movimento com potencial de transformar as condições em suas comunidades e garantir que conseguiríamos pôr um fim aos sistemas de poder que nos moldavam.

Foi estudando o movimento dos direitos civis, o movimento Black Power e outros marcos na busca da libertação negra que se formou minha maneira de entender a construção dos movimentos e a importância disso. Assim também se fortaleceu minha decisão de não repetir os erros do passado. Foi lendo e acompanhando aquelas que agora são idosas, mas que tinham a minha idade quando os movimentos estavam no auge, que vi como as mulheres eram excluídas da história, às vezes totalmente ausentes das estratégias desses movimentos. Vi como Rosa Parks foi reduzida a uma mulher que estava com os pés cansados, em vez da mulher estrategista e organizadora que fazia parte da NAACP. Vi como Claudette Colvin, de quinze anos de idade, se recusou a ceder seu assento nove meses antes de Rosa Parks. Como Diane Nash, Ella Baker e Fannie Lou Hamer foram passadas para trás em favor de Ralph Bunche, do reverendo dr. Martin Luther King e de Ralph Abernathy. Como Elaine Brown e Kathleen Cleaver, Ericka Huggins e Janet Cyril formularam a estratégia para o Partido dos Panteras Negras, promoveram a organização enquanto o Estado continuava a mirar o cofundador Huey Newton e montaram programas que ainda continuam a existir de uma forma ou de outra passados mais de cinquenta anos.

E embora para alguns esses sejam erros do passado, eles parecem persistir até hoje. Ainda é verdade que o patriarcado racializado continua vivo e forte em nossos movimentos e, a menos que tenhamos a firme intenção de mudá-lo, continuará a persistir por muito tempo após partirmos.

Tal como nos anos 1960 e 1970, em 2020 continuamos a procurar heróis masculinos e a relegar as mulheres a papéis secundários, negando-nos a ver como as mulheres sustentam grande parte do que ocorre dentro dos movimentos. É por isso que fico sabendo dos homens em papéis de liderança em nossos movimentos que cometem violência física e emocional contra as esposas por trás de portas que não estão bem fechadas. É por isso que apareço para falar em nome da minha organização numa conferência progressista para membros do Congresso e levo uma cantada de um famoso parlamentar minutos antes de subir à tribuna. É por isso que, mesmo eu sendo a diretora de uma organização, os doadores procuram o homem que devo estar representando. É por isso que um rapaz negro usando um colete azul de marca parece mais agradável para mulheres negras de mais idade do que três mulheres negras e fortes na casa dos trinta com décadas de experiência na transformação

A síndrome do impostor e o patriarcado 251

de nossas comunidades. É por isso que o mesmo homem pode ser identificado como "o" líder do Black Lives Matter, mesmo não tendo absolutamente qualquer filiação com a organização, e é por isso que o Black Lives Matter ainda hoje pode ser descrito como "um esforço para salvar homens negros" em vez de uma organização que trabalha em favor de todos nós.

Então você vê: a síndrome do impostor é algo que mulheres como eu carregamos nas costas porque o mundo nos diz que nossas preocupações, experiências, necessidades e sonhos não existem. Não tenho síndrome do impostor por me negar a crer que faço coisas boas e importantes no mundo. Tenho síndrome do impostor porque o crédito pelo que faço no mundo é sempre atribuído a um homem. Se sou inteligente, é porque um homem me fez assim. Se sou boa estrategista, é porque um homem repetiu a mesma coisa que eu já dizia e levou as pessoas a fazerem o que eu falava que precisava ser feito. Se sou inovadora, o crédito pela minha criatividade é atribuído a um homem.

Assim, esta sobrevivente da síndrome do impostor pede a todos nós para não repetirmos os erros do passado em prol da nossa visão para o futuro. Todos nós temos de trabalhar para nos desvencilhar do patriarcado racializado. Uma maneira é nos lembrarmos que, como diz a criançada de cinco anos, o branco não manda na gente e nem é o centro do universo. Outra maneira é termos a firme intenção de descentralizar as experiências das pessoas brancas como sendo de todos. Assim como o band-aid que se anuncia "cor da pele" está, na verdade, se referindo à cor da pele branca, o feminismo que toma como centro apenas as experiências das mulheres brancas é um que continuará a excluir todas as outras mulheres. Se você fica furiosa com a diferença salarial, certifique-se de trabalhar para corrigir a diferença salarial justo onde ela é mais gritante, para que o maior número de pessoas possa se beneficiar. Se você fica indignada com a violência e o terror sexual, certifique-se de que se sente igualmente indignada com os estupros e agressões sexuais de policiais contra mulheres negras pobres, e com os homens que fazem sexo escondido com mulheres negras trans e então abandonam seus cadáveres depois de matá-las.

O PATRIARCADO RACIALIZADO NÃO É um fenômeno unidirecional. Não se resume simplesmente a apoiar que os homens reduzam a dignidade e o bem-estar das mulheres. Ou melhor, sim, esse é um elemento fundamental do problema, mas há outros efeitos colaterais, como o fato de algumas mulheres pisarem em outras por algumas migalhas a mais. Mas, para mim, uma das razões importantes pelas quais o patriarcado racializado é absolutamente repulsivo é que ele impede os homens e as pessoas com identidade masculina de terem relações íntimas e significativas com as pessoas que são importantes para eles. O patriarcado racializado os impede de terem relações com outros homens e com outras pessoas com identidade masculina que não estejam arraigadas em algum tipo de violência. Ele os impede de terem relações significativas com seus filhos. O patriarcado racializado diz aos homens e às pessoas com identidade masculina que não são homens de verdade caso chorem ou deem qualquer mostra de humanitarismo, que são gays caso abracem ou toquem outro homem, ou que são fracos se tentam romper a prisão dos papéis e normas de gênero.

A *síndrome do impostor e o patriarcado* 253

O QUE MAIS ME ENSINOU sobre o modo de funcionamento do patriarcado racializado foi ter uma plataforma de alta visibilidade. Já é esperado que os homens negros usem minha presença e liderança para tentar retomar seu lugar de direito como reis de nossas comunidades (insira-se aqui um revirar de olhos). Há algo de ameaçador na presença de mulheres negras ocupando a liderança, sobretudo para os homens cis negros. Talvez tenha alguma coisa a ver com o persistente legado da escravidão, uma vergonha que nos abala profundamente até hoje. Um aspecto da escravização culturalmente decisivo era negar aos homens cis negros o acesso à masculinidade. A masculinidade, em minha avaliação, não é um projeto intrinsecamente patriarcal. Ela foi apropriada pelo patriarcado racializado. É claro que ações deliberadas — como a castração como forma de violência sexual racializada contra os homens negros, a recusa de reconhecer a legitimidade das famílias negras ou um sistema que não permite que os homens negros protejam seus entes queridos contra o extremo terror físico e sexual — certamente têm um impacto duradouro. A mãe da minha avó foi escravizada: a história da escravidão americana continua ainda muito próxima de nós.

Tomo cuidado para não perpetuar velhas noções da masculinidade negra que remontam à África, quando os homens eram reis e as mulheres eram rainhas de nossas civilizações (aqui insira-se uma piscadinha, claro, pois a África não é unificada como um país e, ademais, de que civilizações estamos propriamente falando?). De minha parte, creio que todas as comunidades são intrinsecamente confusas e que nosso ponto de vista depende do convívio que temos com um tipo ou outro de pessoa. Num nível humano, a masculinidade negra nos Estados Unidos sofreu alguns danos graves. A meu ver, os homens negros e as pessoas masculinas negras também merecem mais do que estão recebendo. Se quisermos construir uma masculinidade saudável, precisamos nos livrar do patriarcado racializado. Antes afirmei que ser feminista não significa odiar os homens, e realmente acredito nisso. Não acho que criticar os homens por sua relação parasitária com as mulheres seja o mesmo que odiar os homens, mas também entendo que, para algumas pessoas, o feminismo é um ódio pelos homens. Meu feminismo é negro, é queer e inclui homens, masculinidade e virilidade que se sustentem por si sós, sem depender da subjugação das mulheres para existir.

Até chegarmos lá, continuo a prever que os homens em geral me sexualizarão, com ou sem o meu consentimento, se recusarão a me levar a sério e levarão e receberão crédito por coisas para as quais deram pouquíssima contribuição. Prevejo uma propensão à violência da parte deles contra mim, mesmo daqueles que dizem me amar. E trabalho muito para que os homens que combatem o patriarcado racializado deixem algum dia de ser a exceção à regra e, mais que isso, não se limitem à solidariedade pelas mulheres. Trabalho para que um dia os homens entendam que há outra masculinidade possível — mas não sob essa égide.

O patriarcado racializado também aparece na forma de mulheres negras falando sobre #BlackGirlMagic* e, dali a um

---

* Cunhada por CaShawn Johnson, a expressão, que significa "magia da garota negra", deu origem a um movimento que celebra a beleza, o poder, a resiliência e as conquistas das mulheres negras. (N. E.)

A *síndrome do impostor e o patriarcado* 255

instante, mostrando uma ambivalência, para dizer o mínimo, diante da ideia de outras mulheres negras na liderança. Essas líderes enfrentam o dilema específico de serem tidas como excessivamente firmes e insuficientemente firmes. Uma vez, fui obrigada a ouvir de uma pessoa que trabalhava comigo que eu era "fria". Ao ser questionada, essa pessoa deu a impressão de que me aceitava bem numa posição de liderança apenas se isso significasse sermos amigas e colegas. Lembrei a ela, em tom firme e gentil, que não éramos amigas antes e, assim, a expectativa de que eu a convidasse para sairmos juntas em vez de chamá-la para conferirmos o trabalho que estávamos fazendo era irrealista.

Longe de se restringir a essa pessoa específica, essa tem sido uma experiência frequente minha como mulher negra em papéis de liderança. Tenho plena certeza de que não haveria as mesmas expectativas se a chefe fosse uma mulher branca ou mesmo outra mulher de cor. Como mulheres negras, espera-se que cuidemos das pessoas, e o patriarcado racializado exige que cuidemos antes dos outros que de nós mesmas. E sim, embora não se toque muito no assunto, isso também ocorre entre as mulheres negras, mesmo quando pomos em nossas selfies a hashtag #BlackGirlMagic. Espera-se que sejamos a amiguinha camarada que entenderá por que fulana não apareceu hoje na reunião, mas, quando precisamos garantir o cumprimento das tarefas, deixamos de ser a amiguinha camarada. Viramos aquelas mulheres que então são chamadas de frias, ríspidas e coisas do tipo.

No meu feminismo, é conversa fiada dividir as mulheres negras entre "legais" e "chatas". "Legal" geralmente significa que tem uma pessoa recebendo aquilo que deseja enquanto a outra fica à sombra para que o brilho da primeira ganhe força, ao passo que "chata" é reservado para a mulher negra que impõe limites. Mas essa dicotomia é especialmente problemática ao ser propagada por mulheres negras. Temos sobre as mulheres negras as mesmas expectativas questionáveis que dizemos abominar? Desmantelar o patriarcado racializado e nos livrar dele poderia significar que deixaríamos as mulheres negras fazerem seu trabalho sem atrelá-las à expectativa de que arcarão com o peso por todos os outros. Assim, não teríamos a expectativa de que nós, mulheres negras, somos super-heroínas e carregamos o mundo nas costas. Tomaríamos o que é apropriado a nossas forças, em vez de estarmos supostamente disponíveis a qualquer um que queira sugar nosso seio, tal como se esperava que amamentássemos, além dos nossos, os bebês das mulheres brancas. A questão não são as altas expectativas — a questão são as expectativas irrealistas dentro de um patriarcado racializado, a expectativa de que as mulheres negras serão bestas de carga, não só para pessoas brancas mas também para pessoas negras.

A tradição radical negra nos ensina que um movimento eficaz não pode ter medo nem da liderança e nem de mulheres negras como líderes. Por que repetir velhos erros quando poderíamos aprender com eles e cometer erros novos, que mostrem que aprendemos uma coisa ou outra?

14. Sem base não há movimento

A VERDADEIRA HISTÓRIA POR TRÁS de qualquer movimento de sucesso é a união de muitas pessoas para criar a mudança que querem ver no mundo. Essa verdade tem sido enfraquecida por narrativas muito propaladas sobre uma mudança social bem-sucedida, as quais costumam girar em torno das ações corajosas e da limpidez moral de uma única pessoa, em geral um homem heterossexual cisgênero. Mas, ultimamente, a tecnologia e as mídias sociais também têm enfraquecido o sentido fundamental da atividade organizativa: construir uma base de pessoas atingidas que aprendem juntas a criar uma mudança real e duradoura.

Como comentei antes, uma base é um grupo de pessoas unidas em torno de uma questão ou de um objetivo. É preciso distinguir entre base e coletividade: a segunda pode incluir a primeira, incluindo também pessoas afetadas por uma questão ou uma série de questões, mas sem que estejam organizadas para combatê-las. Por exemplo, as comunidades negras formam uma coletividade: podem incluir grupos de pessoas organizadas em torno de um objetivo, como as igrejas, os sindicatos ou as organizações comunitárias, mas também incluem indivíduos e instituições que não estão organizados em torno de questões específicas. Uma mulher negra que tenha sofrido violência doméstica faz parte da coletividade das comunidades negras, mas, se não participa de uma iniciativa organizada para abordar a violência doméstica, ela não faz parte de uma base. Hoje, a internet nos conecta. O ponto de conexão costuma ser pessoal: amigos no Facebook ou seguidores no Twitter. Mas as pessoas também estão se encontrando em grupos cujos membros têm alguma afinidade, como o Pantsuit Nation, um grupo de discussão on-line com o objetivo de ajudar na vitória eleitoral de Hillary Clinton.

No entanto, seguidores no Twitter e amigos no Facebook não são o mesmo que pessoas que de fato se unem para agir em conjunto no local.

Qualquer coisa que se construa em direção ao céu precisa ter um alicerce sólido que a sustente. É assim que penso os movimentos: eles desafiam os limites para alcançar o que é considerado impossível. E, para se conservarem firmes, precisam de uma base — pessoas que mantêm os movimentos ancorados nas necessidades, nos sonhos e nas experiências concretas daqueles que são diretamente afetados pelo problema em questão.

Certa vez, por exemplo, a Power conduziu uma campanha pelo transporte público gratuito para a população jovem de San Francisco. Soubemos por alguns pais em nossa organização que o Distrito Escolar Unificado de San Francisco (San Francisco Unified School District, sfusd) eliminara os ônibus escolares devido a quedas na receita, e muitos agora tentavam descobrir como os filhos fariam para ir e voltar da escola. Numa cidade cujo custo de vida já era astronômico, o único recurso para muitos pais que usavam esse serviço era

Sem base não há movimento 259

o transporte público, pressionando ainda mais o orçamento doméstico já apertado.

Então, o que fazer para mudar essa situação? Um organizador diria que temos de unir as pessoas atingidas pelos cortes e expor o que queremos, para então determinar quem tem o poder de tomar a decisão. Se queremos influenciar os responsáveis pela decisão para que a revertam ou façam alguma outra coisa, precisamos demonstrar que essa questão é importante para muita gente e que haverá consequências se não fizerem o que precisamos que façam.

E foi assim que procedemos. Procuramos os pais afetados pelo fim dos ônibus escolares, batendo de porta em porta em comunidades como Bayview Hunters Point e o Mission District, e também os localizamos por intermédio dos filhos, através do trabalho que desenvolvíamos com jovens nas escolas de ensino médio pela cidade. Reunimos esses pais para entender a decisão e debater suas implicações. Levamos os pais a um encontro com a diretoria do SFUSD e nos reunimos com o órgão que supervisiona o sistema de transporte público em San Francisco. Juntos, elaboramos um plano para reivindicar que o Departamento de Transporte Municipal financiasse um programa-piloto para o uso gratuito dos ônibus municipais por menores de dezoito anos.

Nos reunimos com os responsáveis pelas decisões, levando junto jovens e pais atingidos pela medida. Em nossas reuniões, os jovens e os adultos expuseram como estavam sendo afetados pelos cortes, e então propusemos uma solução que diminuiria o peso sobre eles, ao mesmo tempo promovendo o uso do transporte público por toda a cidade. Nossos jovens fizeram apresentações a outros estudantes em suas escolas, expondo a luta pelo transporte público gratuito. E conseguimos que pessoas das nossas comunidades ligassem para membros do Conselho de Supervisores, da Comissão de Transportes e das diretorias das escolas dando apoio à proposta. Obtivemos sucesso na campanha porque tínhamos uma base organizada que pressionou os responsáveis pela tomada de decisões. Sim, usamos o Facebook e o Twitter para divulgar nossa mensagem. Mas, para vencer, não poderíamos contar apenas com as mídias sociais. Precisávamos organizar. Precisávamos unir as pessoas e fazer nós mesmos a nossa defesa.

Há muitas questões com que as pessoas se preocupam, e há muito em jogo — mas não estamos organizados em número suficiente para ter o impacto que pretendemos. Nós que queremos assistência médica e um ensino de qualidade para todos, que queremos assegurar a defesa do meio ambiente, nós que queremos garantir que as vidas negras importem e que as mulheres sejam tratadas como pessoas temos a tarefa de construir um movimento para conquistar o mundo com que sonhamos. Para construir esse movimento, precisamos nos dedicar à tarefa de construir as bases — grupos cada vez maiores de pessoas organizadas em torno da nossa visão para a mudança.

Como sabemos quando as pessoas estão organizadas numa base? Quando está em curso um trabalho educacional deliberado para entender o problema e a quem cabe a responsabilidade. Quando as pessoas entram em ação para atrair mais gente para a luta. Quando as pessoas se juntam regularmente para elaborar soluções e defendê-las nos lares, nos locais de trabalho, nos locais de culto, nas escolas e junto ao governo.

Sem base não há movimento 261

Quando Brett Kavanaugh foi indicado para o Supremo Tribunal e a dra. Christine Blasey Ford veio a público contar que fora sexualmente atacada por ele, houve um comparecimento de mulheres e homens em massa para protestar contra a confirmação dele no cargo. Eram pessoas que tinham sido encorajadas pela Marcha das Mulheres em 2017 e pelo desmascaramento de Harvey Weinstein como predador contumaz por meio do movimento #MeToo. Estavam inspiradas e até mobilizadas — mas isso não significa de forma alguma que estivessem organizadas.

A mobilização é uma oportunidade para organizar, para engajar pessoas de forma intensa e coesa em torno de determinadas questões. Quando Oscar Grant foi assassinado a poucas quadras da minha casa em Oakland, eu me senti movida a participar de uma série de ações para que o policial do Bart que o matara respondesse por seu crime. Estive nas passeatas. Cantei as palavras de ordem. Recebi jatos de gás lacrimogêneo e ajudei a cuidar de outros atingidos por eles. E, em certos aspectos, essas atividades tiveram êxito. A coalizão das pessoas que se uniram teve grande sucesso na mudança de curto prazo: Johannes Mehserle foi demitido da força policial do Bart, acusado e condenado por homicídio culposo.

Mas será que eu estava organizada numa iniciativa duradoura pela mudança sistêmica? Era uma apoiadora, mas nenhum organizador veio até mim para perguntar por que eu me envolvera. Nenhum organizador me perguntou se eu queria me manter envolvida e avançar mais, nem me apresentou um plano para ficar e continuar envolvida. Eu fazia parte de uma coletividade de pessoas que moravam em Oakland e se preocupavam com o que acontecia no local; eu estava mobilizada e inspirada, mas não estava organizada numa base pronta para entrar em ação a fim de realizar uma mudança sistêmica.

Assim, quando construímos movimentos, precisamos nos perguntar: entre as novas pessoas que entraram na luta, quantas delas se consideram parte de um movimento organizado que estamos construindo juntos? E quantas delas não são pessoas às quais já estamos conectados?

Para construir o tipo de movimento de que precisamos para conquistar as coisas que merecemos, não podemos ter medo de formar uma base mais ampla do que o círculo de pessoas com quem nos sentimos bem. Movimentos e bases não podem ser panelinhas de pessoas que já se conhecem. Temos de ir além do coro e levar a sério a tarefa de organizar os não organizados — as pessoas que ainda não falam a mesma língua, que não comem, dormem e respiram justiça social, as pessoas que têm tudo a perder e estão tentando ficar menos isoladas e mais conectadas, e que querem conquistar mudanças em suas vidas e nas de seus entes queridos.

Alguns alegam que não é preciso haver organizações para participar de um movimento. Considero essa ideia equivocada e a-histórica. Todos os movimentos sociais de êxito se apoiavam solidamente em organizações: o movimento sufragista, o movimento contra o apartheid, o movimento contra a guerra. Mesmo na era da tecnologia, é uma falácia crer que as organizações são irrelevantes ou desnecessárias. A tecnologia permite que nos conectemos, mas também existem indicações de que a tecnologia, na verdade, aumentou o isolamento — se nunca precisamos estar no mesmo espaço físico das pessoas

Sem base não há movimento 263

com quem interagimos, isso pode afetar o valor e a profundidade dos relacionamentos que criamos. Desconfio também que o fluxo incessante de informações com que somos bombardeados pode nos deixar insensíveis a seus efeitos e nos desconectar de coisas que estão acontecendo em nossas próprias comunidades em tempo real — coisas que afetam as vidas de pessoas reais não só por um ou dois minutos enquanto rolamos a timeline, mas durante uma vida toda ou durante gerações. Nos ambientes das mídias sociais, onde tudo se move muito rápido, os relacionamentos são os primeiros a sofrer baixa. Muitos têm observado a cultura do descarte em nossos movimentos, a disposição de eliminar ou cancelar pessoas dos movimentos por supostos desvios, mas a meu ver essa cultura é, na verdade, uma manifestação de relacionamentos construídos através das mídias sociais. Nesses meios, se não gosto do que uma pessoa diz, posso bloqueá-la, ignorá-la ou juntar meus amigos para atacá-la on-line. Passei pessoalmente muitas horas nas mídias sociais atacando e sendo atacada por pessoas que não gostavam do que eu tinha a dizer ou que diziam coisas das quais eu não gostava. Inevitavelmente, a conversa termina com uma das partes bloqueando a outra. Essas divergências podem se transferir para a vida off-line, quando pegamos uma divergência on-line e a usamos para justificar o fim de relações com pessoas que antes julgávamos ter as mesmas metas e objetivos que nós.

Hoje existem organizações poderosas construindo uma base de pessoas diretamente afetadas, que estão se unindo para mudar suas condições de vida e transformar o modo de funcionamento do poder — inclusive algumas que se desenvolveram e cresceram devido à nossa oposição. Essas organizações são capazes de mobilizar, ativar e engajar milhões de pessoas em questões que afetam suas vidas. E são capazes disso porque têm a firme intenção de construir uma comunidade política para e com aqueles que se sentem insatisfeitos com suas condições e querem mudá-las. Tais organizações desenvolvem a comunidade com e em torno de sua base, e investem nas vidas desses membros. Elas ajudam as pessoas que as integram a combater a sensação de isolamento ou solidão, trazendo-as para o corpo da comunidade, para junto de outros indivíduos com experiências semelhantes.

O mais importante é que elas oferecem um caminho para avançar. Em organizações com base, os membros não têm como continuar desiludidos, sentindo-se impotentes. Essas bem-sucedidas organizações dão às pessoas uma percepção de seu próprio poder.

15. Educação política e senso comum

APENAS QUANDO ENTREI NA FACULDADE comecei realmente a entender a questão racial. Tivera experiências com o racismo, mas — talvez porque meus pais quisessem me proteger da complexidade das relações raciais nos Estados Unidos — não criei um contexto para minhas experiências até sair de casa. Essa contextualização significava que eu me sentia menos só, menos isolada, menos propensa a achar que havia algo de errado comigo. Entendi que o racismo, como a maioria dos sistemas de opressão, não é uma questão de gente ruim fazendo coisas medonhas com quem é diferente, e sim uma forma de manter o poder na mão de certos grupos às custas de outros. Saber que a opressão não era uma função da maldade das pessoas umas com as outras, mas sim um meio para atingir um fim, me ajudou a ver que valia entrar na briga e trabalhar para tomar e remodelar o poder.

Bom, é claro que esse salto não se deu num único instante. E certamente não se deu na faculdade. Ainda está em andamento. Mas esse foi o início da minha educação política, que primeiro me preparou para ser parte de um movimento e, depois, alguém que ajuda a moldar movimentos.

A educação política é uma ferramenta para entender os contextos em que vivemos. Ajuda as pessoas e os grupos a analisarem as correntes sociais e econômicas, as políticas e as ideologias que influem em nossas vidas — e a usarem essa informação no desenvolvimento de estratégias para mudar as regras e transformar o poder.

Ela vem sob formas variadas. A educação popular, desenvolvida pelo pedagogo brasileiro Paulo Freire, é uma forma de educação política em que o "educador" e os "participantes" aprendem juntos a refletir sobre questões críticas em suas comunidades e a agir para resolver essas questões. Uma vez, participei de uma oficina que usava os métodos da educação popular para explicar a exploração no capitalismo, e — apesar de ter duas graduações, em antropologia e em sociologia — meu mundo se abriu enormemente. Eu tinha feito cursos sobre a teoria marxista, mas nunca havia aprendido como ela ganhara vida nas lutas de libertação do Terceiro Mundo, como os pobres no Brasil, na África do Sul, no Vietnã usavam essas teorias para mudar seus governos, mudar as regras e mudar suas condições de vida. Se eu tivesse aprendido essas teorias aplicadas de forma real à minha vida, ao meu contexto, às minhas experiências, provavelmente as teria analisado e implementado de outra maneira. Como o contexto da informação tinha pouco interesse para mim, foi fácil descartá-la (sobretudo porque eu não a entendia totalmente) e perder uma oportunidade de ver meu mundo com um pouco mais de clareza.

Outra forma de educação política é entre pares. Desde os doze anos, comecei a me envolver muito na educação entre pares — como mediadora de debates, conselheira de colegas, instrutora de saúde sexual. A educação de saúde sexual foi a porta de entrada para o meu envolvimento na luta pelos direitos reprodutivos. Minha educação sexual se deu quando eu tinha uns oito ou nove anos de idade, e minha mãe, ávida

Educação política e senso comum 267

colecionadora de cupons, finalmente juntou uma quantidade suficiente de códigos de barras recortados das embalagens de absorventes para receber de brinde um vídeo intitulado *The Miracle of Life*, um documentário sensato sobre a gestação, desde a concepção ao nascimento. Eu estava andando de bicicleta pela rua e minha mãe me chamou para dentro de casa e me pôs na frente da televisão. Deu certo. A partir daquele momento, eu não tinha medo de falar de sexo e não me sentia constrangida em dizer "vagina" ou "pênis".

Aos doze anos, soube que muitos colegas estavam experimentando o sexo pela primeira vez. Muitos se sentiam incomodados em falar sobre o corpo, constrangidos em perguntar sobre sexo, intimidade e desejo, e mais ainda em falar sobre a possibilidade de gravidez ou de doenças sexualmente transmissíveis. Era uma comunidade abastada, em que alguns se julgavam inatingíveis, sobretudo por problemas como gravidez na adolescência ou DSTs, por muito tempo entendidos como problemas das classes baixas. Além disso, muitos deles não tinham conversas francas e honestas sobre sexo com os pais. A maioria recebia informações de irmãos mais velhos ou de outros colegas — assim, era razoável supor que um ensino de saúde sexual ministrado por um colega seria mais eficiente do que as preleções de adultos.

Atuei em centros estudantis, centros de saúde e organizações por cerca de dez anos, ao longo do ensino médio e da faculdade. Boa parte do trabalho que fazíamos recebia o título de "prevenção à gravidez adolescente". Nos víamos como cruzados combatendo uma epidemia de adolescentes engravidando e contraindo doenças sexualmente transmissíveis por falta de informações precisas. Trazíamos convidados às salas de aula para contar como haviam enfrentado esses flagelos. Fosse um caso de aborto ou de contaminação por HIV, a mensagem, pelo menos em parte, era sempre a mesma: isso pode acontecer com vocês se não pensarem melhor. A coisa era feita com boas intenções, mas transmitir essa mensagem às vezes parecia coercitivo e estigmatizador — era a parte que eu menos apreciava em nosso trabalho.

A minha parte favorita era a abordagem: radicada basicamente em princípios da redução de danos e da positividade do sexo. De modo geral, não nos detínhamos em condenar nem julgar o que excitava as pessoas. Incentivávamos conversas sobre o prazer, desde que também tratassem da responsabilidade.

Assim, quando entrei na faculdade, fiquei animada em me aprofundar num assunto em que me sentia proficiente, embora eu mesma não o praticasse muito: o sexo. Desse modo, a educação política que começara com uma educação entre pares se ampliou e se moldou pelo trabalho acadêmico formal. Um dos textos no curso que fiz sobre a sociologia da sexualidade humana era *Intimate Matters*, de John D'Emilio e Estelle Freedman, que apresentava momentos fundamentais na história da sexualidade humana. Um deles era o movimento pelo controle da natalidade, liderado por Margaret Sanger.

O movimento inicial de controle da natalidade se situava solidamente no contexto dos direitos das mulheres. Durante a Grande Depressão, as ativistas defendiam inflexivelmente que as mulheres deviam ter controle sobre seu corpo e sua vida reprodutiva; naquela época, eram óbvias as implicações de um planejamento familiar controlado. Até aí, tudo bem. Mas havia outro lado, liderado por eugenistas, com o sequestro do movimento para sustentar que o controle de natalidade era

Educação política e senso comum

necessário para impedir que raças indesejáveis se reproduzissem. A lógica dos eugenistas levou a esterilizações forçadas de mulheres negras e porto-riquenhas durante esse período. No curso, vimos como Margaret Sanger veio a ser conhecida como a mãe do movimento pelo controle da natalidade. Seu trabalho era sustentado pelo marido rico, mas esse mesmo marido era um proponente da eugenia — e mais tarde Sanger se somou a ele. A lógica da eugenia que levou a esterilizações forçadas também permitiu que a pílula anticoncepcional se tornasse de amplo acesso à maioria das mulheres, inclusive mulheres de cor.

Enquanto eu fazia esse curso, também estava trabalhando com uma organização estudantil dirigida pela Planned Parenthood. Quando comemoraram o Dia de Margaret Sanger, parei de trabalhar com eles e me afastei por um bom tempo do trabalho pela justiça reprodutiva, especialmente de ações que não atuavam segundo a perspectiva de raça, classe e gênero. Examinei com mais atenção outras iniciativas que partiam da Planned Parenthood, perguntando-me se elas estavam mesmo apoiando as mulheres de cor ou apenas usando-as como chamariz. Esse se tornou um critério que vim a usar com maior frequência ao longo dos anos.

A educação política nos ajuda a ver o mundo de várias perspectivas, sem alçar o ponto de vista dos homens brancos, cristãos e heterossexuais acima dos demais — inclusive daqueles grupos que sofreram o apagamento de sua presença, de sua história e de suas contribuições. A educação política faz parte do processo de sustar as velhas dinâmicas de poder em nossas comunidades, aquelas que privilegiam algumas experiências, táticas e perspectivas em detrimento de outras.

Nas últimas décadas, o movimento conservador também tem dado atenção à educação política, visando aos programas de ensino médio e ensino superior, para alcançar os jovens em seus principais anos de formação e moldar a maneira como veem o mundo. Um distrito escolar no Texas, por exemplo, votou pela mudança do currículo para eliminar qualquer material sobre o tráfico escravo e, em lugar disso, ensinar aos jovens que as pessoas negras decidiram livremente imigrar para os Estados Unidos em busca de trabalho, tal como fizeram os europeus. Esse é um exemplo que mostra claramente como a capacidade de controlar as histórias que nos definem é uma forma fundamental de poder. A educação política reconhece que não existe educação neutra — toda informação tem uma história por trás de si e traz implícita uma agenda própria.

NESTE PAÍS, a educação é frequentemente negada a parcelas da população — por exemplo, os estudantes negros da era pós--Reconstrução e da era segregacionista, ou estudantes atuais em escolas públicas abandonadas e com poucas verbas. Em vista da nossa complicada história com a educação, algumas pessoas envolvidas em movimentos pela mudança não gostam da ideia de adotar a educação ou a educação política como maneira de construir uma base. Essa forma de anti-intelectualismo — a tendência de evitar a teoria e os estudos durante a construção dos movimentos — é uma resposta ao fato de que nem todos têm a mesma chance de aprender. Mas, mesmo assim, a educação continua a ser necessária.

Nós que queremos construir um movimento capaz de mudar nossas vidas e as das pessoas que amamos devemos inda-

Educação política e senso comum 271

gar: como podemos usar a educação política para ajudar a desenvolver a capacidade de pensamento crítico e de análise daqueles com quem estamos construindo uma base? Não podemos construir uma base ou um movimento sem educação.

Antonio Gramsci foi um político e filósofo marxista italiano cuja obra oferece algumas ideias importantes sobre o papel essencial da educação política. Nascido em 1891 na Sardenha, foi um dos fundadores do Partido Comunista Italiano e depois preso pelo regime fascista de Benito Mussolini. Durante o tempo em que esteve na prisão, escreveu os *Cadernos do cárcere*, um conjunto de mais de trinta cadernos e 3 mil páginas de teoria, análise e história.

Gramsci é mais conhecido por suas teorias sobre a hegemonia cultural, um termo requintado para designar as formas como o Estado e a classe dirigente instilam valores que vêm a ser gradualmente aceitos como "senso comum" — em outras palavras, o que consideramos como normal ou statu quo. Ele estudou como as pessoas vêm a consentir com o statu quo. Segundo Gramsci, existem duas maneiras para o Estado persuadir os seus súditos a fazer o que ele quer: pela força e violência ou pelo consenso. Embora o Estado não hesite em empregar a força para implantar e manter sua agenda, ele também sabe que a força não é uma opção sustentável para que os súditos cumpram sua vontade. Em vez disso, o Estado se baseia no consenso para dar andamento à sua agenda, fabricando o consenso por meio da hegemonia ou convertendo seus valores, regras e lógica no "senso comum" das massas. Dessa forma, os indivíduos acompanham de boa vontade o programa do Estado, sem precisar ser coagidos pela força e pela violência.

Isso não significa que os indivíduos não sejam também coagidos pela força e pela violência, sobretudo quando ousam transgredir a hegemonia do Estado. A hegemonia americana é branca, masculina, cristã e heterossexual. O que não segue esse senso comum é agressivamente vigiado e policiado, às vezes por meio da violência direta do Estado, mas, com mais frequência, por meio da hegemonia cultural.

Por exemplo, as pessoas que se identificam como transgênero são mais propensas a sofrer essa violência porque desafiam o "senso comum" sobre o gênero. No momento em que estou escrevendo, pelo menos vinte pessoas trans, na maioria mulheres trans negras, foram assassinadas neste ano em crimes de ódio. Em 2019, foram assassinadas nos Estados Unidos 27 pessoas trans ou não conformes de gênero, e, da mesma forma, a maioria dos assassinatos foi de mulheres trans negras. Para pessoas que se identificam como lésbicas, gays, bissexuais e não conformes, as estatísticas são ainda mais estarrecedoras. Os números são meros indicadores do que acontece quando os súditos desafiam o senso comum do Estado. Em muitos casos, quando a hegemonia é desafiada, o Estado não precisa ser o árbitro da força ou da violência, pois os próprios súditos farão valer o statu quo por meio da violência vigilantista.

A hegemonia, na acepção gramsciana, se desenvolve e se reforça sobretudo no campo cultural, em formas que são em larga medida invisíveis mas possuem grande poder e influência. Por exemplo, a ideia de que o rosa é para as meninas e o azul é para os meninos é uma noção muito difundida, reforçada entre toda a sociedade. Se formos procurar um brinquedo ou uma roupinha para um bebê a quem foi atribuído o sexo masculino ou o gênero masculino, encontramos uma prepon-

Educação política e senso comum 273

derância de artigos azuis. Se os meninos usam rosa, às vezes são ridicularizados. Esse binarismo, rosa para meninas e azul para meninos, ajuda a manter rígidos papéis de gênero, que por sua vez reforçam as relações de poder entre os sexos. As transgressões não são vistas com bons olhos, pois romper com essas regras seria romper com a distribuição de poder entre os sexos. Vestir uma criança identificada como menina com roupas azuis ou vestir um menino com roupas cor-de-rosa causa consternação ou até mesmo violência. Esses são exemplos vigorosos da hegemonia em ação — papéis implícitos seguidos pelos indivíduos numa sociedade porque se tornaram senso comum; "é assim que as coisas são" ou "é assim que as coisas devem ser".

É importante entender a hegemonia porque ela mostra como as ideias são adotadas, transmitidas e mantidas. Podemos aplicar a ideia de hegemonia a quase todas as dinâmicas sociais — racismo, homofobia, heterossexismo, sexismo, capacitismo. Precisamos sustar essas dinâmicas tóxicas ou elas consumirão nossa capacidade de construir os tipos de movimentos que nos são necessários. Mas para isso é preciso entendermos, em primeiro lugar, de onde as ideias vêm.

Por exemplo, ao longo de toda a história do movimento das mulheres, houve inúmeros momentos em que as mulheres brancas não ficaram ao lado de suas irmãs de cor ou trans. Por trás disso está uma ideia hegemônica: a de que sua branquitude lhes confere um privilégio em relação às outras irmãs. Existem outras ideias, muitas vezes tácitas, dentro desse "senso comum" hegemônico — por exemplo, a ideia de que as mulheres trans não são mulheres. Ou que as mulheres de cor não são adequadas para ocupar papéis de liderança, ou que são suscetíveis demais em relação à raça, ou que sequer existe privilégio entre mulheres brancas e mulheres de cor. Temos de examinar a fundo as ideias subjacentes e trazer à luz o senso comum hegemônico para entender como criar uma verdadeira unidade e companheirismo no movimento das mulheres.

Há alguns exemplos próprios do atual momento político. Desde a ascensão do movimento Black Lives Matter, nosso avanço tem sido tolhido por ideias hegemônicas. Um caso de senso comum hegemônico é a ideia de que os homens negros constituem o foco central do Black Lives Matter e devem ser enaltecidos o tempo todo. A mídia correu para ungir um jovem negro gay como o fundador do movimento, muito embora não fosse o caso. Esse mesmo tipo de priorização se deu por todo o país: jovens negros alçados ao papel de líderes do Black Lives Matter, a despeito do trabalho que de fato dedicaram ao movimento. Por que lhes foram atribuídos esses papéis, injustificadamente? Acredito que é porque a hegemonia nos Estados Unidos atribui papéis de liderança a homens. Nas comunidades negras em particular, a liderança é atribuída a homens negros, mesmo quando são mulheres negras que estão dando andamento ao trabalho, concebendo as ações, desenvolvendo e executando a estratégia. O simbolismo muitas vezes pode se apresentar como a substância efetiva, mas são coisas diferentes. Esse foi um caso em que uma ideia hegemônica não examinada causou danos e distorções.

Outro exemplo oportuno é a ascensão de Donald Trump.

A campanha presidencial de Trump foi um brilhante exercício da utilização da hegemonia em benefício próprio. Seu grande sucesso se deu em alcançar os indivíduos brancos, em especial os homens brancos, que se viam excluídos da eco-

Educação política e senso comum 275

nomia e do governo. Eles se sentiam dessa forma não só por causa da influência indevida da classe corporativa e da elite, mas também por uma impressão de que a riqueza, o acesso e o poder que lhes tinham sido prometidos estavam sendo distribuídos a mulheres, pessoas de cor e queers. A campanha de Trump se baseou na ideia hegemônica de quem constituía a "verdadeira" América, quem eram os protagonistas e quem eram os vilões na história do país. Os protagonistas eram pessoas brancas insatisfeitas, tanto homens quanto mulheres, e os vilões eram as pessoas de cor, com algumas comunidades tendo sua participação própria e exclusiva na história.

Por exemplo, a repetição de "lei e ordem" durante a campanha se aplicava a uma nova geração negra exigindo direitos, respeito e autodeterminação, enquanto Trump reavivava velhas narrativas dos indivíduos negros como criminosos e transgressores que precisavam receber uma lição. Os termos "ilegais" e "estrangeiros" eram amplamente aplicados a imigrantes latinos, mas serviram também para abarcar diversos grupos de imigrantes, em especial do mundo islâmico. Ilegais, violando a fronteira, estavam vindo para os Estados Unidos, ameaçando nosso modo de vida, tomando empregos destinados a americanos, descumprindo as regras. As proteções parcas, mas importantes, para as pessoas trans nas Forças Armadas foram posteriormente retiradas a pretexto de eliminar o politicamente correto, sujeitando uma categoria de pessoas, antes salvaguardadas, a violência e discriminação brutal e constante. Também se pode ver a eliminação do politicamente correto nas promessas de campanha de um retorno às coisas como eram — um tempo em que tudo era mais simples e certos grupos de pessoas conheciam seu devido lugar.

Essas ideias são ditas hegemônicas por serem entranhadas e reproduzidas em nossa cultura. Os filmes de faroeste encarnam a história das origens da nação mostrando os homens brancos como heróis e as comunidades indígenas como selvagens que precisam ser domesticados. A ideia de que as mulheres brancas são superiores às negras está codificada em filmes como *Conduzindo Miss Daisy* e *Histórias cruzadas*, em que as mulheres brancas são retratadas como heroínas e salvadoras, enquanto as mulheres negras desempenham papéis secundários ou precisam ser salvas. Está codificada em propagandas de roupas, como o polêmico anúncio da Gap em que uma modelo branca está literalmente posando com o braço em cima da cabeça de uma garota negra, como se ela fosse um móvel ou um objeto de apoio. Esse exemplo indica o papel essencial da cultura como um complemento da educação política.

A CULTURA E A POLÍTICA SE AFETAM e se influenciam mutuamente, e portanto os movimentos sociais, para terem êxito, precisam se engajar em ambas. Não é uma ideia nova — faz muito tempo que a direita sabe da relação entre cultura e política. É uma das razões pelas quais ela investe tão maciçamente na esfera das ideias e do comportamento. As campanhas de direita estudam como enquadrar culturalmente suas ideias e valores como senso comum.

A cultura tem sido, desde longa data, exaltada como arena da mudança social — apesar disso, muitos organizadores a desqualificam como um trabalho supérfluo, enquanto a política seria o trabalho efetivo. Mas não pode haver mudança política sem

Educação política e senso comum 277

mudança na complexa rede de ideias, valores e crenças que dão sustentação ao statu quo. Durante meu treinamento como organizadora, julgava-se que o trabalho cultural era para quem não conseguia lidar com as atividades realmente organizativas. Ninguém dizia isso com todas as letras, mas havia uma hierarquia — a atividade organizativa da comunidade no topo e a atividade organizativa cultural em segundo plano. A bem da verdade, alguns trabalhos culturais realmente entravam nessa categoria. Afinal, a distribuição de cartazes e panfletos entre a coalizão de pessoas já dispostas a participar do movimento, mais do que gerar alguma mudança, apenas reforçava as convicções dos engajados.

Quando se dá uma mudança cultural, é porque os movimentos se infiltraram na arena cultural e transpuseram o véu por trás do qual todos encontram mensagens explícitas e implícitas sobre o que é certo ou errado, normal ou anormal, quem faz parte e quem não faz. Os movimentos sociais, quando ingressam nessa arena, subvertem as ideias comuns, concorrendo com elas ou as substituindo por novas ideias que questionam o chamado senso comum.

A cultura também fornece oportunidade para revelar e questionar os valores e a hegemonia da oposição. Karlos Gauna Schmieder, organizador veterano e especialista em estratégias de comunicação, escreveu que "devemos reivindicar a sociedade civil e lutar por espaço em todos os lugares onde se produz e se cultiva o conhecimento". Ao reivindicar a sociedade civil, estamos afirmando que existe uma alternativa ao "senso comum" branco, masculino, cristão e heterossexual que constitui o statu quo — e trabalhamos para gerar um novo conhecimento que não só reflete nossa visão de uma nova sociedade mas também inclui uma nova visão para as relações entre nós e com o planeta.

É esse desafio — reivindicar a sociedade civil e lutar por espaço em todos os lugares onde se produz e se cultiva o conhecimento — que os movimentos precisam assumir com vigor, da mesma forma como a direita tenta reivindicar esses lugares para construir seu movimento. A cultura, nesse sentido, é o que dá força e um apelo irresistível aos movimentos de direita. É o que prepara o solo para a mudança real e duradoura da política.

O movimento pelo casamento igualitário é um poderoso exemplo de como as forças progressistas reivindicaram os lugares onde se produz e se cultiva o conhecimento a fim de mudar leis que afetam a vida de milhões de pessoas.

Por várias décadas, a direita controlou o sentimento público sobre a sexualidade e a família. A heterossexualidade compulsória é a base da agenda da direita, a qual afirma que todas as relações sexuais "normais" se dão entre um homem e uma mulher. A heterossexualidade compulsória foi rigorosamente imposta pela cultura e pela política. Durante décadas, a ausência generalizada de personagens LGBT na televisão, por exemplo, foi uma maneira de reforçar a heterossexualidade compulsória. E quando porventura esses personagens apareciam, eram apresentados com estereótipos negativos que marginalizavam ainda mais a comunidade LGBT.

A direita lançou um ataque em grande escala às sexualidades queer nos anos 1980 e 1990. A epidemia da aids estigmatizou ainda mais essas comunidades, enquanto milhares de pessoas morriam por causa da inércia, do preconceito e da discriminação do governo. Ser gay virou sinônimo de ter uma doença,

Educação política e senso comum 279

e, para piorar as coisas, qualquer relacionamento não heterossexual também era visto como pecado contra Deus; esses dois fenômenos perpetuavam a velha ideia de que o sexo não heterossexual merecia punição, o que, por sua vez, exacerbava ainda mais a inércia diante da epidemia.

No auge da crise da aids, a presidência era ocupada por George H. W. Bush. Ele e Ronald Reagan, notoriamente anti-LGBT, em larga medida se mantiveram em silêncio enquanto mais de 150 mil pessoas morriam durante seus mandatos. As verbas para pesquisas sobre a aids, a assistência a pessoas portadoras e que morriam de aids, a educação sobre a prevenção e a desestigmatização ficavam para trás enquanto a crise se expandia nas comunidades por todo o país. Além dos homens gays, as pessoas negras também sofreram um impacto desproporcional com a epidemia.

Foram necessários anos de defesa e ação direta para atrair a atenção do mainstream para a crise. Formaram-se grupos como o Act Up para pressionar o governo a aplicar mais recursos à prevenção e ao tratamento da aids/HIV. E esses grupos também trabalhavam para romper o silêncio em torno do HIV e da aids, radicado na homofobia.

Mas, para que toda essa mudança se tornasse permanente, foi preciso uma mudança cultural, uma mudança nas ideias que eram consideradas o statu quo. Personagens gays começaram a aparecer na televisão levando o mesmo tipo de vida das pessoas heterossexuais. Personagens gays eram apresentados tendo relacionamentos significativos e "normais". A cultura estava mudando, deixando de retratar gays como párias e pedófilos e passando a apresentá-los como parte de todas as comunidades e de todas as famílias.

Essa mudança não se deu apenas na televisão, com programas como *Will & Grace*, *Ellen* e *Grey's Anatomy*. Deu-se também em gibis e no hip-hop, e teve um efeito de propagação que chegou até a Casa Branca. O rapper e empreendedor social Jay-Z foi a público em apoio ao casamento igualitário em 2012, dizendo: "Você pode amar quem quiser". O músico Frank Ocean contou a atração que sentira por outro rapaz quando tinha dezenove anos. A Marvel e a DC Comics reelaboraram o papel do super-herói, de forma que incluísse personagens identificados como LGBT, como a Batwoman. Por essas vias, o senso comum muda — não numa sala de aula ou entre pares, mas através dos meios de comunicação.

A EDUCAÇÃO POLÍTICA NOS AJUDA a deixar visível o que antes era invisível. Não temos como desfazer o emaranhado de ideias do senso comum sobre o funcionamento do mundo sem fazer esse trabalho. A educação política ajuda a desenterrar as suposições que dividimos sobre o mundo e que mantêm as mesmas dinâmicas do poder funcionando continuamente. Ela sustenta nossa capacidade de sonhar e de construir outros mundos. E nos oferece um quadro mais nítido de tudo a que nos opomos.

16. Frentes unidas e frentes populares

OS MOVIMENTOS EXIGEM QUE as pessoas se juntem acima das diferenças, unidas na busca por um objetivo comum. Para alguns, os movimentos abarcam pessoas que pensam e agem parecido — mas, na verdade, eles ganham vida quando pessoas que teriam pouco em comum se juntam a fim de alcançar algo.

Às vezes, o objetivo final é criar as condições para uma união que dure, que consiga enfrentar possíveis divergências sobre condução, estratégia ou outros pontos de conflito. Outras vezes, essa união é temporária.

Aprendi que essa é a diferença entre frentes unidas e frentes populares, e esse aprendizado sempre me foi útil para decidir a quem e em que termos eu me aliaria. Ele me permitiu entender melhor como montar a equipe necessária para atingir um objetivo ou um conjunto de objetivos.

Hoje em dia, ouço gente clamando pela construção de um movimento, como se fosse uma mera questão de acrescentar água, óleo e leite a uma mistura para bolo; trinta minutos no forno e o movimento está pronto. Mas não é tão simples assim. Construir um movimento significa estabelecer alianças. O perfil das pessoas a quem nos aliamos num momento qualquer indica o que estamos tentando construir juntos e quem julgamos ser presença necessária para essa construção.

A questão das alianças às vezes é confusa. Podemos confundir as alianças de curto prazo com as de longo prazo. Ou não saber muito bem se as pessoas a quem nos aliamos numa determinada campanha precisam se aliar a nós em tudo. Mas eis a verdade: as pessoas com as quais precisamos formar alianças não são necessariamente aquelas com as quais concordaremos em tudo, ou mesmo na maioria das coisas. Ademais, ter uma estratégia, um plano para vencer, nos leva a fazer as coisas de uma maneira diferente do que fazíamos antes.

Em muitas iniciativas para construir um movimento, existe uma tendência de montar alianças apenas com aquelas pessoas com quem nos sentimos mais à vontade, que já falam nossa língua e partilham nossa visão de mundo. Podemos nos tornar tão intransigentes nisso que criticamos os que escolhem lançar uma rede maior a fim de construir um movimento mais amplo. Há nisso um certo senso de superioridade moral. Podemos nos convencer de que todos os outros não estão realmente a fim de construir um movimento, que somos os únicos que entendemos a situação de verdade e sabemos como chegar à transformação.

Já caí nessa armadilha. Passo muito tempo como organizadora entre gente com políticas radicais, o que às vezes me deixa pouco à vontade com pessoas que poderiam partilhar meu objetivo de um mundo transformado, mas não partilham minha política.

Penso que precisamos construir um movimento na escala dos milhões de pessoas para criar uma verdadeira mudança, e que esses milhões precisam continuar aumentando em número a fim de manter e transformar o poder. Muitos dos nossos movimentos sociais se sentem bem em escala reduzida e homogênea. Mas quando examinamos alguns dos fatores que

Frentes unidas e frentes populares 283

os movimentos sociais precisam enfrentar para ter êxito, a homogeneidade é um problema.

Daí a importância de saber a diferença entre frentes populares e frentes unidas — é um passo a mais para entender e praticar a governança.

As frentes populares são alianças que se formam entre uma variedade de convicções políticas com o propósito de alcançar um objetivo a curto ou médio prazo, ao passo que as frentes unidas são alianças de longo prazo, baseadas no grau máximo de alinhamento político. Muitas vezes há um uso invertido ou indiferenciado das expressões, mas isso não deveria acontecer.

Hoje em dia, muitas coalizões ativistas assumem a forma de frentes populares e se unem em torno de um objetivo a curto ou médio prazo. Quando eu desenvolvia um trabalho organizativo em Bayview Hunters Point, montamos uma frente popular com a Nação do Islã, a Greenaction for Health and Environmental Justice e algumas outras entidades menores, como igrejas locais e organizações de defesa como a Environmental Justice Alliance e a Church of St. John Coltrane. Estávamos unidos para promover uma medida para consulta pública a ser incluída nas eleições, assegurando que 50% de todas as novas moradias construídas na comunidade tivessem preço acessível a pessoas com renda equivalente ou inferior a 40 mil dólares anuais. Emprestávamos ativos uns aos outros. Éramos uma pequena organização de base que levaria trinta dias para mobilizar cem pessoas, enquanto a Nação do Islã conseguia mobilizar mil pessoas em três dias.

Tínhamos muitas discordâncias políticas.

Às vezes, isso gerava tensão entre nossas organizações. Por exemplo, eu era a organizadora-chefe da campanha, o que significava que as decisões sobre a estratégia e o tipo de abordagem ficavam a meu cargo. Nas reuniões, eu costumava ser uma das únicas mulheres no grupo, e certamente a única mulher queer. No entanto, estando na liderança da campanha, eu precisava despachar as decisões. A Nação operava de outra maneira. As decisões eram, em larga medida, tomadas por homens e, até onde sabíamos, não havia nenhuma mulher, muito menos uma mulher queer, decidindo os rumos para seus objetivos de campanha. Quando eu ia às reuniões na mesquita, as mulheres ficavam sentadas num dos lados da sala e os homens no outro. Sendo quem sou, eu me sentava no lado dos homens. Sabíamos e conhecíamos nossas diferenças políticas — e também sabíamos que precisávamos uns dos outros para vencer. Muitas vezes comentávamos entre nós que, numa pauta de dez itens, provavelmente discordávamos em nove deles — mas, se era o décimo item que nos unia, nos comprometíamos a dar tudo o que tínhamos.

Claro que nem sempre era possível manter o foco apenas na tarefa diante de nós. Às vezes, nossos membros eram contrários à ideia de montar uma frente popular com a Nação do Islã. Embora nossa organização não fosse religiosa, nossas bases eram majoritariamente cristãs. Da mesma forma, nossa organização era pró-queer, anticapitalista, ferrenhamente multirracial e feminista. Defendíamos e praticávamos a ação direta pacífica. A Nação do Islã diferia de nós em muitos dos pilares políticos que eram os alicerces da nossa organização. A Nação não era anticapitalista; na verdade, era pró-capitalismo negro. Em termos organizacionais, não eram pró-queer e nem multirraciais. Tínhamos posições substancialmente diferentes sobre o patriarcado.

Frentes unidas e frentes populares

Apesar disso, o que nos tornava perigosos juntos era o fato de sermos indivisíveis na questão da iniciativa. Demonstrávamos um respeito mútuo por nossas diferenças, o que nos permitia apreciar as forças que trazíamos à mesa. E, mais importante, a comunidade respeitava nossa unidade: se duas organizações com diferenças políticas tão grandes podiam trabalhar juntas, certamente aquela era uma luta na qual valia a pena se envolver. Nunca vou esquecer um vigoroso sermão pregado pelo pastor Christopher Muhammad sobre a libertação queer, em que ele reconhecia suas dificuldades em abandonar a discriminação contra as pessoas queer mas que por fim se convencera de que precisávamos uns dos outros para nos libertarmos. De nossa parte, ainda tínhamos preocupações e reservas quanto a suas políticas, das quais discordávamos. Mas o nível de organização deles, o nível de disciplina interna e as formas como davam prioridade à atividade organizativa entre a população negra mais oprimida mereciam respeito. Quando vim a conhecer mais os membros da mesquita e soube como se tornaram membros da Nação, entendi que podíamos aprender com eles, a fim de fortalecer nossa própria organização.

Não fechamos os olhos às nossas diferenças — encontramos coragem para olhá-las de frente.

As frentes unidas são alianças cujo nível de alinhamento político é muito maior. Elas reúnem organizações com uma mesma visão de mudança social no longo prazo e com a mesma teoria sobre as formas como essa mudança social ocorre.

Quando comecei na Power, ajudamos a construir uma frente unida conhecida como May 1st Alliance for Land, Work, and

Power. A frente abarcava cinco organizações de base — a Chinese Progressive Association, a Power, o St. Peter's Housing Committee, o San Francisco Day Labor Program e La Colectiva de Mujeres e o Coleman Advocates for Children and Youth — que se uniram por termos a mesma linha política, a mesma visão e o mesmo modelo organizacional. Ficávamos trocando experiências organizacionais, estudando teoria política e movimentos sociais, aprendendo mutuamente com nossos modelos organizacionais e realizando ações conjuntas. Depois de uns cinco anos, essa aliança se converteu em outra ainda mais forte, conhecida como San Francisco Rising — um veículo organizativo eleitoral com vistas a construir e conquistar poder efetivo para as classes trabalhadoras de San Francisco.

As frentes unidas têm muitas utilidades, inclusive o fato de serem bastante transparentes quanto aos integrantes de suas equipes. Em certo sentido, é para ter uma frente unida que trabalhamos e organizamos: para construir equipes sempre maiores de pessoas com estratégia, visão e valores em comum. Mas, se eu tivesse que adivinhar, diria que o próximo período se caracterizará por uma quantidade maior de frentes populares, o que me parece uma coisa boa.

As frentes populares ajudam a nos envolvermos com o mundo tal como ele é, ao passo que as frentes unidas mostram o que ele poderia ser. As frentes unidas nos permitem construir novas alternativas, testar juntos novas ideias, porque já existe um alto nível de confiança, de entendimento e unidade política. As frentes populares, porém, nos ensinam a ser flexíveis, a construir relações por entre as diferenças em prol da nossa sobrevivência.

Frentes unidas e frentes populares

As frentes populares são ferramentas importantes para os organizadores atuais. Condizem com a realidade de hoje: nós que queremos ver um país e um mundo fundados na justiça, na igualdade, na capacidade de viver bem e com dignidade não estamos bem representados entre os que tomam decisões sobre nossas vidas. Somos uma pequena parcela dos atualmente presentes no Congresso, um pequeno percentual dos prefeitos e governadores e um pequeno percentual dos que têm voz nos conselhos municipais ou nas diretorias de ensino.

Não somos maioria entre os responsáveis pelas decisões, embora provavelmente representemos a maioria em termos do que todos queremos para o futuro. Nos tempos atuais, é tentador insistirmos com as pessoas mais próximas, que já partilham nossa visão, valores e política. Mas para conseguir alguma coisa temos de encontrar um terreno comum, pois é assim que podemos alcançar o poder político que nos falta.

Muita gente não se sente à vontade com frentes populares, temendo que um trabalho com os adversários dilua sua política própria. Concordo que frentes populares sem frentes unidas são perigosas exatamente por essa razão — sem uma âncora, sem uma percepção nítida da nossa posição, sem saber a quem responder, pode ser difícil manter a integridade e a firmeza ao trabalhar com pessoas com outros valores e outras visões, diferentes dos nossos.

Mas não acredito que esse seja o maior problema; a meu ver, estamos numa posição tão confortável junto daqueles que concordam conosco que temos medo de ser questionados. É natural procurar segurança e conforto, mas, se temos uma visão de longo prazo para nossas comunidades e as pessoas que amamos, é preciso um pouco de desconforto.

Precisamos de movimentos capazes de abranger a complexidade para aprendermos a nos conectar, mesmo quando isso gera desconforto. Precisamos de movimentos com milhões de pessoas que possam crescer e aprender, onde as pessoas possam se apresentar como são desde que estejam dispostas a se transformar a serviço da total e completa libertação. Precisamos de gente que nunca fez faculdade. De gente que vem de ambientes religiosos fundamentalistas. Precisamos de gente que pensa que as abordagens corporativas para a solução dos problemas constituem a única forma de mudar o mundo. Precisamos de gente que acredita na caridade para melhorar o mundo. Precisamos de pessoas que pensem de todas essas maneiras, pois, se não fizerem parte de um movimento que lhes ofereça a oportunidade de ver e agir de modo diferente, elas continuarão a ver o mundo sempre do mesmo modo. Sem algum tipo de engajamento num movimento pela mudança, onde terão contato com outra forma de ver o mundo?

Como organizadora, aprendi que estamos à procura das pessoas que também estão nos procurando. Penso que isso ainda é válido, e é algo que sempre trago comigo. No entanto, o êxito do movimento conservador significa que nós, em nossa maioria, aprendemos que os problemas existentes no mundo decorrem do fracasso individual e não do sucesso sistêmico. As pessoas que estão à nossa procura podem ou não estar cientes disso, mas cabe a nós fornecermos a luz para ajudá-las em seu caminho. As frentes populares podem oferecer uma grande oportunidade de nos aproximarmos daqueles com quem partilhamos as mesmas aspirações, mas dos quais divergimos quanto à maneira de chegar lá. É por meio dessas relações que nos abrimos a novas formas de ver e interpretar o mundo.

17. Plataformas, pedestais e perfis de destaque

Os MOVIMENTOS QUE CONSEGUEM ENTRAR no mainstream muitas vezes veem seus líderes lançados às vistas públicas — onde são celebrados, admirados e minuciosamente examinados. A questão da celebridade — como lidar com as plataformas, os pedestais e os perfis de grande destaque dos líderes — não é nova nos movimentos sociais. O reverendo dr. Martin Luther King, que veio a ser conhecido por milhões de pessoas ao redor do mundo, era um nome obscuro quando começou a carreira. Um jovem pastor trabalhando com uma comunidade local, mas ganhou destaque durante o Boicote aos Ônibus de Montgomery e passou a ter reconhecimento nacional e internacional. Malcolm X não começou como ícone — na verdade, era chamado de Malcolm Little, levando uma vida difícil até conhecer a Nação do Islã. Rosa Parks foi por muitos anos uma organizadora relativamente desconhecida antes que alguém fora de seu círculo imediato ouvisse seu nome.

À parte o fato de serem líderes no movimento que buscava conquistar direitos civis e humanos, o que eles tinham em comum era a capacidade de comunicação. Suas ideias e imagens foram fundamentais para uma estratégia que promovesse a causa. Rosa Parks foi escolhida para o papel que desempenhou por causa do simbolismo que projetava — uma costureira trabalhadora, com os pés cansados após um longo dia de trabalho, era o símbolo perfeito para uma ação judicial que a NAACP moveu posteriormente em seu nome para acabar com a segregação. O atrativo de King era o fato de ser um homem de fé, uma bússola moral para seus paroquianos e, mais tarde, para a alma da nação. Malcolm X, encontrando o islã depois de enfrentar tempos difíceis, podia oferecer às pessoas negras formas de reivindicar e recuperar nossa humanidade. Esses três não escolheram a si mesmos como figuras de proa — foram estrategicamente selecionados pelos movimentos para comunicar sua visão e objetivos.

Ao ganhar destaque, esses líderes — e muitos outros não mencionados aqui — tiveram de entender e manter a autenticidade de seus papéis, ao mesmo tempo tentando ver como essas novas plataformas poderiam ser usadas para o bem coletivo. E, para alguns desses líderes, a obtenção de uma plataforma e o aumento de seu destaque público vinham acompanhados de inveja e zombaria de seus pares, de um aumento das pressões, ameaças e provocações da oposição, bem como das dúvidas e inseguranças pessoais.

DEDICO-ME À ATIVIDADE ORGANIZATIVA desde os 22 anos de idade. Quando trabalhava como organizadora local, batendo perna, indo às casas, liderando campanhas em Bayview Hunters Point, eu era relativamente desconhecida, até que ajudei a conduzir uma campanha relacionada a um grande projeto de reurbanização. A fim de atingir nossas metas, tínhamos de atuar no mesmo terreno do oponente — o que significava levar nossa luta aos meios de comunicação. A campanha contava com muitos líderes; o fato de ter sido eu a ganhar visibilidade

Plataformas, pedestais e perfis de destaque 291

dentro dela provavelmente decorreu de múltiplos fatores, mas foi em grande parte uma estratégia deliberada da nossa coalizão. Eu tinha educação formal e duas graduações numa universidade pública de alto gabarito, o que me dava qualificações específicas, inclusive condições de escrever ensaios e artigos de opinião sobre o nosso trabalho. As comunidades que estávamos organizando não me viam como uma figura polarizadora ou pautada por uma agenda — embora eu tivesse uma agenda. Eu era ao mesmo tempo uma organizadora treinada e em treinamento — isto é, eu aprendera a manejar ferramentas valiosas para a construção de relações com pessoas que nunca vira antes e a mobilizá-las para se envolverem na nossa campanha e, em algum momento, virem a se tornar líderes dentro dela. Como organizadora em treinamento, aprendi com três estrategistas do Centro pela Justiça da Mídia como me comunicar com eficiência através da mídia; naquela época, o centro ajudava as organizações com base na comunidade a comunicar com objetividade suas visões, valores e alternativas em plataformas da mídia mainstream que muitas vezes não partilhavam essas visões. Quando nosso oponente despejou quase 3 milhões de dólares numa campanha para uma medida a ser votada nas eleições — na qual gastáramos cerca de 10 mil dólares — para poder transmitir anúncios na emissora BET e enviar folhetos de propaganda semanais aos eleitores, vimos que precisávamos encontrar maneiras próprias de utilizar as plataformas mainstream para ganhar a adesão do público.

Embora soubéssemos que precisávamos atingir o maior número possível de pessoas para ganhar, ainda assim não nos sentíamos à vontade com o que isso envolvia.

Passei muito tempo dessa campanha escrevendo artigos de opinião, falando no rádio e debatendo com nosso oponente em fóruns públicos. O jornal local me contatou após a campanha para me informar que eu fora escolhida como "Heroína Local", o que trouxe algum prestígio para a comunidade organizativa progressista. Quando comentei a notícia com uma pessoa, colega de organização, ela respondeu que não era eu que devia ser reconhecida, e sim todos os que tinham trabalhado na campanha. Além disso, acrescentou ela, se o jornal se negasse a reconhecer o papel de toda a organização, eu devia recusar a homenagem.

Fiquei surpresa e um pouco magoada com essa chamada. Vinha de alguém que muitas vezes se esquivava de qualquer papel público e justificava isso dizendo que seria inapropriado, por causa de sua identidade racial (a pessoa era branca). Eu não me sentia especialmente animada em desempenhar um papel público como fiz, pois também me incomodava um tanto com as vantagens que percebia ter. Mas depois de meses trabalhando de doze a catorze horas por dia, de inúmeros debates e compromissos públicos, e com o coração destroçado por termos ao final perdido a campanha, aceitei a ideia de que havia pessoas na minha comunidade que queriam homenagear o trabalho que eu fizera. Como parte de uma coalizão, eu fora preparada para assumir aqueles papéis. Assim, depois de me dedicar àquele trabalho, por que estava sendo punida por ter sido eficiente e feito um bom serviço no papel que me fora designado?

Ganhei vários prêmios na comunidade progressista por meu trabalho naquela campanha. Alguns deles foram concedidos à organização, e alguns foram concedidos a mim especifica-

Plataformas, pedestais e perfis de destaque

mente. Mas isso levantou uma questão que, desde então, tem sido importante para mim: como os movimentos devem tratar as plataformas, os pedestais e os perfis de destaque?

A tecnologia e o surgimento das mídias sociais complicaram ainda mais essa questão, mudando a maneira como entendíamos a liderança e as responsabilidades de um líder. As plataformas, os pedestais e os perfis de destaque são versões novas de modelos antigos. Uma plataforma na época de Luther King podia ser a congregação de uma igreja, enquanto hoje uma plataforma pode ser uma página nas mídias sociais. Os perfis de destaque na época de Parks consistiam no que se sabia sobre a pessoa e o que ela representava. Os membros da comunidade descreveriam Parks como uma costureira que se tornara atuante na NAACP em 1943, conquistando o respeito de seus pares pelo trabalho de cadastramento eleitoral das pessoas negras em Montgomery, no Alabama. Hoje, um perfil de destaque ainda consiste no que se sabe sobre a pessoa e o que ela representa, mas, em vez de uma comunidade saber "qual é a sua turma", um perfil pode ser uma timeline bem trabalhada nas redes sociais, com opiniões e reações às últimas notícias, bem como um cuidado em desenvolver relações e visibilidade on-line. Um pedestal é onde pomos as pessoas quando temos alto apreço por elas. Malcolm X foi posto num pedestal pelas comunidades negras em particular, sobretudo por sua capacidade de falar sem pudor sobre os efeitos da supremacia branca na sociedade negra, e também por encorajar as pessoas negras a se defender e buscar a libertação "por qualquer meio necessário". Pôr as pessoas em pedestais pode transformá-las em símbolos sem conteúdo. Hoje, a pessoa pode ser posta num pedestal por ter construído uma marca forte — o conteúdo a que se liga essa marca pode fazer parte de um movimento ou não, responder ou não a ele.

Quando Patrisse, Opal e eu criamos o Black Lives Matter, que mais tarde se tornaria a Black Lives Matter Global Network, nós três viemos com nosso entendimento próprio das plataformas, pedestais e perfis. A essa altura, tínhamos dez anos de experiência como organizadoras e defensoras da justiça social. Nossas plataformas e perfis, e talvez até pedestais, vêm das relações que temos em nossas comunidades, das redes de que participamos e do trabalho que temos feito pelos direitos dos imigrantes, pela justiça no trânsito, racial, econômica e de gênero. Trabalhamos em silêncio durante quase um ano, usando nossas redes e experiências como organizadoras para levar as pessoas à ação, para conectá-las a recursos e análises e para engajar os que estavam em busca de um lar político. Nosso trabalho era contar uma nova história sobre quem somos nós, as pessoas negras, e o que nos importa, a fim de incentivar e empoderar nossas comunidades para que reajam contra a violência sancionada pelo Estado — e isso significava que nosso papel básico, inicialmente, era criar os espaços certos para esse trabalho e conectar pessoas dispostas a fazer o mesmo trabalho organizativo pela mudança.

Mas, quando uma conhecida organização do mainstream pelos direitos civis começou a dizer que tinha sido ela que fizera nosso trabalho, distorcendo a política e os valores por trás dele, decidimos assumir o controle da narrativa e nos colocar numa posição de mais destaque em nossa própria história.

TODOS OS DIAS EU PERGUNTO se tomamos a decisão certa. Para nós, era importante sermos as protagonistas de nossa própria

Plataformas, pedestais e perfis de destaque

história, mas aquela decisão trouxe e ainda traz consequências. Nossa preocupação era assegurar que a visão e os valores daquilo que criamos não fossem diluídos nem distorcidos. Até cheguei a escrever sobre isso em 2014, num artigo publicado no *Feminist Wire* com o incentivo de Darnell Moore. Inicialmente, o artigo se chamava "Erasing the Black from Black Lives Matter" [Apagando o negro do Vidas Negras Importam], mas, durante o processo de edição, passou para "A Herstory of the #BlackLivesMatter Movement" [Uma história feminina do movimento #VidasNegrasImportam]. Não queríamos que nosso trabalho fosse aplainado, e, embora desejássemos que o Black Lives Matter tivesse muitas vias de entrada, não queríamos que se apropriassem dele.

Ter uma plataforma, e um perfil resultante dela, põe a pessoa num pedestal que, embora possa ser merecido, nem sempre é desejado. Os organizadores que conheço e que ganharam um certo grau de visibilidade são na verdade, em sua maioria, pessoas muito reservadas, que não se sentem à vontade sob os holofotes e muitas vezes se esquivam de prêmios e homenagens. Se usamos plataformas e perfis de destaque, é para aumentar a visibilidade das questões que importam, recrutar mais pessoas para nossa luta e continuar a desenvolver o movimento que nos desenvolveu.

Lembro-me da primeira vez que Patrisse e eu estivemos na CNN. Era dezembro de 2014, e fomos convidadas para expor nossa posição sobre a decisão de um grande júri de não mover ação contra o policial Darren Wilson pelo assassinato de Michael Brown e, dias depois, sobre a decisão de um grande júri de não mover ação contra o policial Daniel Pantaleo pelo assassinato de Eric Garner. Já estávamos em Nova York para receber um prêmio do Black Women's Blueprint, numa cerimônia à qual mulheres negras compareceram para nos encorajar a prosseguir, nos mostrar afeto e assegurar que o trabalho das mulheres negras não seria apagado. Depois de ponderar um pouco, concordamos em aparecer na televisão. Naquela época, não havia muitas vozes negras nos principais canais de notícias. Melissa Harris-Perry conseguiu seu programa na MSNBC em 2012. Harris-Perry usava o programa para comentar o movimento que se espalhava pelo país — e convidava regularmente vários ativistas e organizadores para falar sobre ele. Don Lemon era âncora de notícias na CNN desde 2006, mas sua posição desde o começo não era de apoio — ele parecia muito mais interessado em criar sensacionalismo em torno do movimento do que em ajudar os espectadores a entendê-lo. Roland Martin era um colaborador habitual da CNN e tinha um programa na TV One, para o qual regularmente convidava vários ativistas. Mas afora eles e mais alguns outros, os âncoras e comentaristas negros eram poucos.

A cobertura também era um problema. Com poucos âncoras negros dispostos a oferecer uma plataforma positiva para o movimento, boa parte do que se apresentava na época era sob uma luz desfavorável. Havia imagens de manifestantes raivosos e destruição de propriedade, mas raramente havia entrevistas aprofundadas que pudessem ajudar as pessoas a entenderem que os protestos não se resumiam a um bando de indivíduos com raiva. Os meios de comunicação negros, embora tivessem posições um tanto variadas sobre o tema, pelo menos se davam ao trabalho de abordar as questões sistêmicas subjacentes que afetavam as pessoas negras nos Estados Unidos. Eram esses meios de comunicação que davam destaque

Plataformas, pedestais e perfis de destaque 297

à juventude negra que era arquiteta não só dos protestos mas também de organizações com demandas para transformar os sistemas que afetavam nossas vidas. Lembro que Patrisse e eu chegamos ao Columbus Circle sem saber muito bem aonde íamos. Na época, a CNN ficava ao lado de um shopping center, com uma estação de metrô entre eles. Eu estava com um vestido vermelho de mangas compridas que comprara no dia anterior num brechó do Brooklyn. Quando entramos no edifício, depois de alguns minutos de desorientação total, chegamos ao balcão da segurança, onde assinamos a entrada e tivemos nossos pertences vistoriados; então passamos pelos portões de segurança, tomamos o elevador e subimos até o andar indicado. Dali nos levaram para fazer cabelo e maquiagem, e então nos encaminharam ao set para a gravação.

Patrisse e eu fizemos um segmento curto com a apresentadora Brooke Baldwin. Tudo parece mais impressionante na televisão do que na vida real. Os sets do estúdio consistem numa simples mesa sobre um estrado no meio de um escritório cercado de mesas de trabalho e câmeras de TV. No set, há cadeiras atrás da mesa e fones de ouvido que permitem que o apresentador e os convidados ouçam os produtores e os convidados remotos. Na mesa, ficam xícaras de café bem posicionadas na frente de cada assento, mas geralmente estão vazias, sem café nem nada dentro. Na tela, é como se todos estivessem na mesma sala, mas, na verdade, são três pessoas num estúdio olhando para um teleprompter e um outro monitor com um feed.

Lembro que me sentei ao lado de Patrisse naquele set, nervosa mas determinada. O ciclo de notícias estava decidido a desencorajar os protestos e encorajar as pessoas a aceitarem a decisão dos grandes júris, mas Baldwin era uma voz amigável que realmente avaliava todas as opções. Nesses segmentos, nunca há tempo suficiente para dizer tudo o que precisa ser dito. No entanto, nosso treinamento de mídia foi muito útil nesse aspecto — conseguimos ser objetivas sobre alguns pontos de discussão, comunicando que os grandes júris que se negam a abrir processo contra policiais acusados de assassinato constituem a norma, não a exceção; que as famílias das vítimas mereciam mais do que conselhos para tocarem a vida em frente; e que o Black Lives Matter não pararia de lutar enquanto não alcançássemos justiça para todos nós.

Quando tiramos os microfones e saímos do set, algo mudara na trajetória do movimento. O Black Lives Matter deixara de ser apenas um slogan usado em todo o país. Não era apenas a raiva espontânea que movia o Black Lives Matter, e ele não era uma revolta gratuita, sem análise, estratégia ou agenda. Na saída do estúdio, fomos abordadas por um produtor de outro programa que queria nos colocar no ar. Fazia meses que os noticiários estavam falando *sobre* o Black Lives Matter; agora, de repente, os meios de comunicação tinham pessoas por trás do movimento para falar *por* ele. Antes de irmos embora naquele dia, gravamos três segmentos em três programas diferentes.

ESSE FOI O COMEÇO de um perfil de destaque em plano nacional e até internacional para nós três como as cofundadoras do Black Lives Matter, individual e coletivamente. Nenhuma de nós queria ou quer esse destaque como fim em si mesmo. Não fomos à CNN para construir nossa marca — aceitamos ir

Plataformas, pedestais e perfis de destaque 299

porque havia coisas que precisavam ser ditas mas não estavam sendo, e havia suposições problemáticas que não estavam sendo contestadas como deveriam. Procuramos usar os meios de comunicação como forma de amplificar não nossas vozes, e sim as vozes, esperanças e sonhos daqueles que, do contrário, não seriam ouvidos. E com o desenvolvimento desses perfis e dessas plataformas, fomos postas em pedestais e atacadas por aqueles que querem nos derrubar.

Na época em que eu fazia o treinamento para ser organizadora, os fóruns das mídias sociais não tinham a amplitude e a popularidade que têm hoje. Os debates sobre estratégias, resultados ou mesmo reclamações se davam na forma de "cartas abertas", em geral circulando por e-mail. Na época, parecia um mundo vasto e importante, mas retrospectivamente, em comparação ao alcance global das mídias sociais, era muito, muito pequeno.

Apesar disso, mesmo no meu pequeno cantinho do mundo havia organizadores de base relativamente desconhecidos que passavam a ter mais poder e influência. E eu via como os movimentos podiam se mostrar ambivalentes em relação aos membros de maior visibilidade, considerando que aqueles indivíduos tinham ido longe demais, muito além do pequeno alcance dos próprios movimentos.

Quando Ai-jen Poo, atual diretora da National Domestic Workers Alliance e codiretora da Caring Across Generations, criou um perfil e uma plataforma com base no êxito em conseguir que as trabalhadoras domésticas conquistassem sua primeira Carta de Direitos das Trabalhadoras Domésticas no estado de Nova York, isso gerou rumores dentro do movimento em que ela se desenvolvera. As pessoas não tinham certeza de que era uma boa coisa sua fama ir além daquele pequeno cantinho do mundo. Quando Van Jones passou de revolucionário da extrema esquerda para reformista bipartidário que entrou no governo Obama como o "czar das atividades ambientais", seu movimento de origem prontamente o desautorizou. Mesmo quando Patrisse Cullors começou a ampliar uma plataforma e um perfil que ia além do trabalho na Bus Riders Union, pelo qual eu viera a conhecê-la, um projeto do Centro Estratégico de Trabalho/Comunidade em Los Angeles, recebi um telefonema de um dos seus mentores questionando a capacidade dela de "liderar o movimento de libertação negra". Num piscar de olhos, movimentos em desenvolvimento e movimentos em plena força são capazes de hostilizar os que rompem barreiras para ingressar no mainstream, onde podem apresentar as ideias do movimento a novos públicos.

Há críticas à ascensão dos indivíduos dentro dos movimentos que são valiosas. Alguns dizem que plataformas e perfis de destaque levam a um "culto à personalidade", e que o movimento como um todo pode ser obscurecido por um líder carismático. Como os indivíduos são falíveis, há o risco de que o excesso de atenção a um indivíduo prejudique o movimento — em especial se aquele indivíduo não representa os objetivos e metas autênticas do movimento.

Outra crítica é que o excesso de atenção aos indivíduos promove as metas dos sistemas que estamos tentando desmantelar. O capitalismo, um sistema que coloca o lucro acima das pessoas, movido pela exploração da mão de obra e dos recursos em benefício das elites e das corporações, segue a lógica do individualismo, que prega a concorrência de uns contra os outros para sobreviver. O capitalismo monetiza tudo, criando uma

Plataformas, pedestais e perfis de destaque 301

dinâmica em que se pode comprar e vender absolutamente qualquer coisa, inclusive os movimentos. Quando um indivíduo se torna o rosto de um movimento perante o mundo, o movimento pode ser enxergado — às vezes pelo indivíduo — através de uma lente capitalista: o indivíduo se torna um vencedor na concorrência pela liderança e pela visibilidade; o indivíduo colhe os benefícios do trabalho do movimento. A supremacia branca, sistema que coloca as pessoas brancas acima das comunidades de cor, seleciona líderes palatáveis para os que se sentem incomodados com o questionamento das formas como o racismo continua a operar em nossa sociedade. Os que são alçados a posições de mais destaque costumam ser os que oferecem um "apelo amplo" — ganham credibilidade por causa da maneira como se expressam, de como apresentam a si mesmos e do que oferecem como soluções, as quais, na maioria das vezes, se baseiam no que agrada ou desagrada às pessoas brancas.

Outra uma crítica valiosa é que alguns indivíduos que ganham uma plataforma e um perfil de destaque a partir dos movimentos não representam autenticamente os interesses desses movimentos, sobretudo quando ficam famosos antes de dedicar seu tempo a construir uma organização ou quando sua fama os dispensa de prestar contas a qualquer organização ou coletividade. Usam sua plataforma ou destaque dentro de um movimento como trampolim para enriquecer, ganhar fama ou se aproximar de celebridades, em vez de contestarem direta e sistematicamente as estruturas que degradam as vidas de nossas comunidades.

ESSAS CRÍTICAS LEVANTAM QUESTÕES e contradições valiosas a serem enfrentadas pelos movimentos. Os movimentos precisam criar a mudança; essa mudança se manifesta às vezes em guinadas culturais, às vezes na transformação das linhas de ação política. Mas as duas formas exigem poder, e a fonte de poder de um movimento são as massas. Isso significa que os movimentos devem ingressar nas arenas em que há milhões de pessoas engajadas — e essas arenas nem sempre são progressistas.

No entanto, o que o período final da era dos direitos civis teria alcançado se suas táticas e lideranças não tivessem sido divulgadas pelos meios de comunicação, entrando nos lares de todo o país? Teria existido um movimento Black Power se ele não tivesse sido adotado, em parte, por alguns membros de Hollywood? O movimento de liberação das mulheres dos anos 1970 teria tido o mesmo sucesso e se tornado tão amplamente conhecido se não houvesse nenhuma Gloria Steinem, nenhuma revista feminista *Ms.*? Podem os movimentos se contentar com uma popularidade apenas entre os que já são familiarizados e os que se beneficiam diretamente deles? Ou precisam criar pontos focais — líderes, meios de comunicação, instituições — para ganhar visibilidade entre o público mais amplo?

Não podemos ter certeza quanto a isso, mas tais movimentos aproveitaram as ferramentas de que dispunham para mudar o modo de vida de milhões de pessoas no país.

Assim, o erro não é passar da relativa obscuridade para o mainstream — mas será que é um erro criar pedestais para líderes e colocar o destino do movimento nas mãos deles? Será um erro que os líderes se tornem celebridades, anunciando o movimento como um produto ao alcance de todos pela mera

Plataformas, pedestais e perfis de destaque 303

proximidade com tais líderes, e não pelo trabalho e as contribuições que dão? Todo ator dentro de um movimento social tem um papel a desempenhar e contribuições a oferecer que, em algum momento, deveriam ganhar reconhecimento. Mas os pedestais que criamos para alguns indivíduos têm o efeito contrário: turvam as contribuições das pessoas. Servem para concentrar o sucesso de um movimento numa única pessoa, em vez de reconhecer que ele se baseia na ampliação do movimento para além de si mesmo. Na melhor das hipóteses, convertem gente que está simplesmente desempenhando seu papel em celebridades que são admiradas pela capacidade de "dizer a verdade ao poder". Na pior das hipóteses, atribuem papéis a gente que não os merece — ou a pessoas que, criando um culto à personalidade, se tornam elas mesmas um vestígio dos sistemas sociais e econômicos que se está tentando desmantelar. As plataformas e os perfis de destaque não são intrinsecamente ruins, e podem servir como uma boa ferramenta para os movimentos. Os pedestais, porém, raramente ou nunca têm alguma serventia para ajudar um movimento a atingir suas metas e objetivos.

TENHO PERCORRIDO O PAÍS CONVERSANDO com aspirantes a líderes, que têm esperança de trazer mudanças a suas comunidades. Reconheço que sinto um certo desânimo quando as pessoas me perguntam: "Como posso construir minha plataforma?".

Ou quando se apresentam a mim como "influenciadores". Sério: uma irmã negra jovem e brilhante me deu recentemente seu cartão de visitas, em que se apresentava como "influenciadora estudantil".

Minha resposta, às vezes rilhando os dentes, é: "A favor de que e de quem você está criando uma plataforma e um perfil?".

Continuo a não acreditar que os seguidores do Twitter e os amigos do Facebook representem o grau de influência que uma pessoa tem. Minhas amigas que são organizadoras digitais vão me matar por eu dizer isso, mas não tenho a intenção de desrespeitar ninguém. Se uma pessoa tem 1 milhão de seguidores no Twitter, está influenciando alguém e alguma coisa. No entanto, a pergunta permanece: em prol de quem e de quê?

O Black Lives Matter começou como uma hashtag e então cresceu e se tornou um conjunto de páginas nas mídias sociais conectando pessoas on-line. Mas ele só se tornou eficaz quando um grande número de pessoas começou a agir em favor do Black Lives Matter. Imagine se a gente continuasse apenas a tuitar nossas reclamações, sem levar nossa insatisfação diretamente aos responsáveis pelas decisões? Imagine se a gente continuasse apenas a escrever nas redes sobre o que há de errado, sem aparecer em coletivas de imprensa e reuniões de arrecadação de fundos, sem montar acampamentos na frente das prefeituras e delegacias de polícia? Que impacto teríamos? Seria sequer considerado um movimento?

O Black Lives Matter reuniu gente on-line para a ação conjunta off-line. Jamais consideramos que o mero organizar, educar ou pontificar on-line constituísse uma atividade organizativa eficaz. Mas, mais do que isso, juntar as pessoas off-line requer a construção de uma infraestrutura e de relações que podem ajudar na ampliação do movimento. Protestos nunca são o suficiente para construir um movimento. Eles exigem planejamento e preparação. Alcance e comparecimento. Acom-

Plataformas, pedestais e perfis de destaque 305

panhamento. Esquemas de assistência e segurança. Mensagens e alvos. Demandas. Componentes culturais. Tudo isso requer veículos que possam oferecer às pessoas razões de envolvimento entre um protesto e outro, fora do alcance das câmeras. Para mim, a única utilidade de uma plataforma ou de um perfil de destaque é sua serventia para a estratégia de um movimento. Não interessa quantos seguidores tenho nas mídias sociais se não lhes desperto uma motivação para fazermos juntos algo fantástico off-line — o que é a única esperança para alcançar as mudanças tão necessárias e que tanto merecemos. Não interessa se alguém quer "ser como eu" mas não quer fazer o trabalho que faço e que faz de mim quem *sou* — e esse trabalho se situa no contexto de um movimento. Não é o trabalho que faço isolada ou por conta própria. Será que consigo motivar as pessoas que me seguem no Twitter a votar de modo a destituírem os responsáveis por decisões problemáticas e instilar nelas uma visão e um projeto? Será que consigo transformar meus amigos de Facebook em ligas de defensores da democracia em cinquenta estados — pessoas que garantam que todas as vozes sejam levadas em conta? Se não consigo... bom, então dane-se a plataforma, dane-se o perfil. Plataformas e perfis só têm utilidade quando estão a serviço de metas e objetivos.

Preocupa-me que estejamos incentivando as pessoas a montar perfis e plataformas sem uma estratégia para conquistar as mudanças que queremos ver no mundo — a pensar que podem mudar o mundo conforme o número de seguidores que têm nas mídias sociais. Aprendi que precisamos de bases, não de marcas.

DeRay Mckesson frequentemente recebe os créditos por ter lançado o movimento Black Lives Matter junto com o trabalho que Patrisse, Opal e eu iniciamos. No entanto, Mckesson ilustra uma lição importante sobre os pedestais, as plataformas e os perfis de destaque — revelando por que precisamos ter cuidado ao atribuir papéis que são falsos e incorretos. A primeira vez que encontrei Mckesson foi em Ferguson, no Missouri, um ano depois que Patrisse, Opal e eu havíamos lançado o Black Lives Matter. A forma como esse encontro se deu é significativa. Patrisse e Darnell Moore haviam organizado uma caminhada pela liberdade, à qual se juntaram organizadores, enfermeiros, advogados, professores, médicos e jornalistas negros vindos de todo o país para ir até Ferguson. Fui a St. Louis para ajudar outra organização local. A caminhada pela liberdade coincidiu com o tempo que passei em St. Louis, e quando estavam me apresentando um resumo da situação nos meus primeiros dias por lá falaram-me de um jovem chamado DeRay Mckesson.

Mckesson estava em Ferguson como jornalista comunitário in loco. Ele e Johnetta Elzie tinham criado um informativo chamado *This Is the Movement*, e lembro que Mckesson me abordou numa reunião convocada pelo que, a partir de então, veio a se tornar o Movement for Black Lives e perguntou se podiam entrevistar nós três sobre o Black Lives Matter. Eles até nos apresentaram em seu informativo e deram um link para comprar nossas camisetas. No número 29, destacaram uma palestra dada por Patrisse, "do #BlackLivesMatter", na igreja St. John's, durante a Caminhada pela Liberdade. (A igreja serviu de alojamento para os participantes da caminhada em St. Louis.)

Plataformas, pedestais e perfis de destaque 307

A vez seguinte em que vi Mckesson foi numa mesa-redonda que Patrisse organizara entre algumas jovens que haviam formado um grupo ativista na esteira dos protestos. Essa mesa--redonda se deu em St. Louis, onde estávamos todos reunidos para o Fim de Semana da Resistência, cerca de um mês depois da Caminhada pela Liberdade, no fim de semana do Dia do Trabalho de 2014. As jovens eram amigas, mas a pressão dos protestos em curso, além de outros fatores, causara uma cisão entre elas. Patrisse, com o talento que tem para a cura, tentou reuni-las para que pudessem discutir suas diferenças cara a cara em vez de ficarem se atacando nas redes sociais, como já tinham começado a fazer. Elzie fizera parte do grupo ativista por algum tempo, e levara Mckesson como apoio. Patrisse havia me chamado para ajudá-la na conversa.

Quando Mckesson chegou, perguntei se ele e uma outra mulher que viera junto se incomodariam em esperar do lado de fora, para que as moças pudessem ter uma conversa franca sem sentir que precisavam encenar para um público. Ele se aborreceu, certamente, mas naquele momento não me preocupei muito. Não o conhecia e não me incomodava fazer o papel de chata se isso significasse que aquelas jovens poderiam ter o espaço necessário para passar suas divergências a limpo.

Quando saí de Ferguson, tinha praticamente esquecido Mckesson. Assim, fiquei surpresa quando o vi de novo, em seu colete azul da Patagonia, vangloriando-se no Twitter por ser o único ativista que Beyoncé seguia nas redes sociais.

Comecei então a tomar conhecimento das farpas que ele andava lançando contra o nosso trabalho. Tenho seguidores nas redes sociais, mas não fico obcecada com eles. Talvez seja por causa da minha idade, ou talvez porque o tempo que passo em reuniões e telefonemas com outros organizadores, financiadores, elaboradores de programas públicos e parlamentares não me deixa muito espaço de sobra para monitorar tudo que acontece nas redes sociais. Só ficava sabendo de algo que ele tinha dito nas redes quando alguém me escrevia perguntando minha opinião.

Lembro-me de uma postagem em particular: ele declarava que não é preciso fazer parte de uma organização para fazer parte de um movimento. Mckesson estava criticando o Black Lives Matter, que, naquela época, estava se defendendo dos ataques de agentes da direita. Esses agentes tentavam nos atribuir as ações de ativistas autodenominados Black Lives Matter mas que não faziam parte das atividades organizativas que estávamos desenvolvendo por meio de uma estrutura em rede, desdobrada em seções. Os ativistas tinham encabeçado uma passeata em que a multidão entoava *"Pigs in a blanket, fry 'em like bacon"*.* Os noticiários se atiçaram como abelhas ensandecidas com os comentários, e nossa equipe estava frenética, tentando esclarecer que nem todos os que se identificam como Black Lives Matter fazem parte da organização formal. Não era a primeira vez que os repórteres procediam daquela forma — quando dois policiais no Brooklyn foram emboscados e assassinados, a mídia conservadora tentou vincular seus assassinatos ao Black Lives Matter, mas teve de recuar rapidamente quando se descobriu que o atirador, também assassinado, havia escrito nas redes sociais que, a seu ver, o Black Lives Matter

---

* Ao pé da letra, seria: "Rolinhos de linguiça, frite-os feito toucinho". A questão é que Trump considerou serem palavras de ordem conclamando as pessoas a matarem policiais (os "rolinhos de linguiça"). (N. T.)

Plataformas, pedestais e perfis de destaque 309

era "bonzinho demais". Não tínhamos qualquer relação com esses manifestantes e estávamos cada vez mais preocupados, devido à ausência de uma estrutura forte e formalizada, com o perigo de infiltrações na organização e, pior ainda, de sermos responsabilizados por riscos que não havíamos coletivamente aceitado correr.

Em vez de atacar Mckesson no mundo virtual, procurei por meio da minha rede uma forma de entrar em contato diretamente. Liguei para o celular dele e tivemos o que julguei ser uma boa conversa. Perguntei qual era o propósito de seus comentários e expliquei o que estávamos tentando fazer como Black Lives Matter. Também expliquei o papel que as organizações desempenham nos movimentos, expus como eu viera a entender a importância das organizações e que a nossa organização não pretendia ser excludente — pelo contrário, pretendia dar transparência a valores e objetivos, a visões e estratégias. Encerramos a ligação combinando que manteríamos canais de comunicação abertos entre nós, e lembro-me de ter dito explicitamente que, se ele tivesse alguma pergunta sobre algo que estávamos fazendo ou dizendo, eu estava sempre aberta para conversar. Falei que as redes sociais muitas vezes me pareciam pouco eficazes para tratar de divergências, e ele concordou.

Algumas semanas depois, num gesto de boa-fé, convidei Mckesson e Elzie para um encontro que organizei no interior do estado de Nova York, reunindo um grupo intergeracional de organizadores, ativistas, teóricos e praticantes para desenvolver relações mais sólidas entre si. Mckesson estava visivelmente desconfortável naquele espaço e, durante os dois dias do encontro, ficou o tempo todo com Elzie. Os dois se mantiveram bastante reservados, sem se dispor a criar relações.

Fiquei bastante chateada com o comportamento dele na ocasião e achei que talvez tivesse sido um erro convidá-lo. Numa advertência a mim mesma, prometi que não faria mais isso.

Voltei a ver Mckesson quando ele estava numa reunião com Hillary Clinton e a equipe dela numa conferência em 2016, organizada pelo Movement for Black Lives — apesar da solicitação explícita de que nenhum candidato comparecesse ao evento. O Movement for Black Lives é uma coalizão de organizações lideradas por pessoas negras de todo o país, que coordena as atividades para promover as metas e objetivos do movimento pela liberdade negra. A Black Lives Matter Global Network era integrante do Movement for Black Lives. Os organizadores da conferência ficaram irritados, e eu também. Depois de toda aquela falação de Mckesson criticando o Black Lives Matter, por que ele apareceu numa conferência do movimento e combinou um encontro que os organizadores haviam solicitado explicitamente que não ocorresse ali, por desejarem manter um grau de independência diante dos candidatos à presidência em busca de palco para granjear votos? Por que ele não consultou os organizadores antes de fazer aquilo, visto que tinham passado meses angariando fundos para o evento, planejando as oficinas e as atividades? Além disso, por que marcou aquela reunião durante a conferência mas não convidou as organizações que a haviam montado?

Eu tinha acabado de aterrissar em Nova York depois da conferência do Movement for Black Lives em Cleveland, Ohio. Havia sido uma bela experiência, mas terminara de maneira um tanto difícil quando um grupo nosso se sentou para uma

Plataformas, pedestais e perfis de destaque 311

conversa de reconciliação com um grupo de ativistas de Ferguson. Os ativistas estavam irritados com o destaque que o Black Lives Matter vinha conquistando, com a confusão que se fazia entre Ferguson e o Black Lives Matter e com a pouca atenção dada aos ativistas e organizadores locais. Um amigo me enviou uma notícia com a chamada CLINTON SE ENCONTRA COM ATIVISTAS DO BLACK LIVES MATTER EM CLEVELAND, e subi pelas paredes. O artigo deixava evidente que Mckesson estava entre os ativistas do Black Lives Matter citados, mas não mencionava as dezenas de líderes que tinham encabeçado os protestos em Ferguson e em outras cidades do país. Mais tarde, vim a saber que eles nem tinham sido convidados ou sequer avisados da reunião.

O Black Lives Matter, de fato, passou a ser um rótulo genérico para o trabalho organizacional e o ativismo relacionados com a violência policial. Isso se deve, em parte, à preguiça de jornalistas e outros atores nos noticiosos — descrevendo tudo o que está relacionado a indivíduos e protestos negros como Black Lives Matter, em vez de especificarem com precisão que o Black Lives Matter é uma organização, e um movimento maior do que nossa organização, que se espalhou pelo país e pelo mundo.

Pode-se argumentar que é difícil fazer a distinção, sobretudo quando tanta gente se identifica com os princípios e os valores do Black Lives Matter. Mas nós que estamos envolvidos no movimento sabemos a diferença porque trabalhamos uns com os outros. Dividimos o mesmo ecossistema. Sabemos a diferença entre o Movement for Black Lives, com o amplo leque de organizações que compõem essa aliança, e o movimento mais amplo pela libertação negra.

Uma coisa é a pessoa se sentir alinhada com os valores de algo, outra coisa é alegar que desempenha (ou deixar que outros digam que ela desempenha) um papel que não desempenha de fato. Se eu deixo que alguém lhe diga que sou a líder da NAACP e não corrijo a informação, sou cúmplice. É comum que as pessoas me confundam com Patrisse, embora não sejamos parecidas e ela more em Los Angeles e eu na Bay Area. Se alguém me chama de Patrisse, eu corrijo. Se sei que a pessoa está procurando Patrisse e por engano vem a mim, ponho ambas em contato direto e saio do caminho. Mentir e não dizer a verdade são formas diferentes de fazer a mesma coisa.

Nem sei quantas vezes estive em eventos em que vinha alguém me dizer que conhecia o outro cofundador do Black Lives Matter, DeRay Mckesson. Recentemente, fui oradora numa cerimônia de gala pela NAACP. Tirei um rápido intervalo para ir ao banheiro e estava lavando as mãos quando uma jovem branca, saindo do reservado, se aproximou de mim junto à pia e começou a discorrer sobre a importância do Black Lives Matter para o nosso país. Falou que trabalhava na Salesforce e que "o outro cofundador do Black Lives Matter, DeRay Mckesson", fora fazer uma palestra na empresa. Ela ficou boquiaberta quando expliquei que Mckesson, embora fosse um ativista, não era cofundador do Black Lives Matter.

Gostaria que fossem erros inocentes, mas não são. Dizer que essas declarações errôneas são mal-entendidos é uma forma de manipulação para encobrir o problema. Mckesson foi orador num evento da revista *Forbes*, "Forbes 30 under 30" [Os 30 abaixo de 30 da Forbes], e foi descrito no programa como cofundador do Black Lives Matter. Não mostrou nenhuma pressa

Plataformas, pedestais e perfis de destaque 313

em corrigir o erro — e certamente não o retificou em nenhum comentário que fez naquele dia. Houve uma gritaria nas mídias sociais, o que obrigou Mckesson a entrar em contato com os organizadores do evento para que mudassem a descrição. Mas se não fossem as reclamações de gente farta de ver essa dinâmica enganadora, não teria ocorrido mudança alguma.

Em 2016, Tarana Burke escreveu um artigo sobre essa representação errônea na revista on-line *The Root*, um ano antes que o movimento #MeToo se alastrasse pelo país, criticando Mckesson por deixar que exagerassem seu papel. Ela cita uma lista da *Vanity Fair* com líderes do "novo establishment" em que Mckesson aparece como o número 86, acompanhado do seguinte texto:

> Sua grande realização: transformar uma hashtag do Twitter, #BlackLivesMatter, num movimento nacional sólido e durável, reivindicando o fim dos assassinatos de afro-americanos cometidos pela polícia. Pode ter perdido as eleições para a prefeitura de Baltimore, mas é o líder de um movimento.

Burke então prossegue:

> Tenho visto Mckesson e alguns dos seus irem às redes sociais com comentários grosseiros dizendo que não são do Black Lives Matter. Isto é, até que alguém da imprensa diga que eles são — aí não se faz qualquer retificação. Se ele não quer fazer, os mais informados precisam fazê-lo, pois do contrário, quando o tema aparecer nas escolas daqui a vinte anos, haverá ainda mais mentiras e apagamentos.

Burke sabe do que está falando. Um ano depois, Alyssa Milano tuitou #MeToo para mostrar sua solidariedade com as sobreviventes da violência sexual. A atriz então passou a ser designada como fundadora do #MeToo — embora Burke tivesse criado o #MeToo dez anos antes. Hoje em dia, ela é amplamente reconhecida como a criadora do movimento #MeToo; no entanto, isso demandou muito trabalho — inclusive que Milano usasse sua própria plataforma para dizer que não fora ela a criadora da hashtag e nem a instigadora do movimento.

Alguns podem se sentir tentados a considerar esse relato algo mesquinho ou egoísta, ou talvez mais uma questão de ego do que da unidade necessária para alcançar os objetivos de um movimento. O problema dessa visão é que os conflitos e as contradições também fazem parte dos movimentos, e ignorá-los ou simplesmente pedir que todos se deem bem não resolve os problemas — é apenas uma maneira de enterrar os problemas por comodidade, em detrimento da transparência necessária para realmente entendermos nosso ecossistema e o amplo leque de práticas, políticas, valores e graus de responsabilidade dentro dele.

Os movimentos precisam lidar com a narração das nossas histórias — principalmente quando não somos nós a contá-las. Precisam lidar com suas fronteiras, deixando claro quem está dentro e quem está fora. Precisam lidar com o conflito de maneira direta. Em seu livro, quando Mckesson atribui a criação da hashtag #BlackLivesMatter a um professor relativamente desconhecido da Ucla, não faz isso com o objetivo de informar — e sim para anular e desacreditar deliberadamente os papéis que Patrisse, Opal e eu, junto com muitas outras pessoas, desempenhamos em congregar indivíduos para agir em conjunto

Plataformas, pedestais e perfis de destaque 315

e em engajar nossas comunidades em torno de uma nova teoria sobre a composição da vida negra, quem são as pessoas que a compõem e por que isso é importante para nossa libertação. E, em muitos aspectos, ele faz isso na tentativa de justificar seu papel inflado no Black Lives Matter.

EM 2017, PATRISSE, Opal, Mckesson, Elzie e eu fomos alvo de uma ação judicial por parte de um policial da Louisiana que foi ferido num protesto em Baton Rouge. A acusação: incitação à violência. O policial processou a hashtag e todos nós nos tornamos, individualmente, réus do processo.

Não tenho conhecimento de muitos protestos que tenham sido organizados por Mckesson, mas ele certamente organizou o de Baton Rouge — ou, pelo menos, foi o que ele disse nas redes sociais. Patrisse, Opal e eu não estivemos presentes, não participamos de qualquer planejamento dele e tampouco recrutamos quem quer que fosse para participar. Nem a Black Lives Matter Global Network nem ninguém em nome da rede organizou coisa alguma na Louisiana, e creio que o mesmo se aplica ao Movement for Black Lives. No entanto, ali estávamos nós enfrentando uma ação judicial por atos que não eram nossos. Mckesson rapidamente se distanciou dos protestos de que participara, organizando e promovendo, e da responsabilidade por tê-los organizado.

A ação acabou sendo julgada improcedente, e o juiz, entre outras razões para isso, citou a impossibilidade de processar uma hashtag. Mas a questão permanece: após anos de investidas e ameaças de morte, ficamos ainda mais cautelosas. Uma coisa é usar o Black Lives Matter e a imagem de que você é o líder dele em proveito e ganho próprios; outra coisa totalmente diferente é abandoná-lo quando a situação aperta. Patrisse, Opal e eu tivemos um excelente respaldo jurídico que trabalhou agilmente para nos proteger da ação. Mas e se não tivéssemos tido? Poderíamos — eu, nós, a Rede — acabar sendo sujeitos de um processo judicial por uma ação da qual não participamos? E se o Black Lives Matter, como organização, tivesse de responder por aquela ação, mesmo não tendo absolutamente nada a ver com ela?

É provável que as origens do Black Lives Matter sejam sempre controvertidas. Começos e fins dependem da posição e da experiência, e o mesmo se dá nesse movimento. Éramos muitos trabalhando ao mesmo tempo pelos mesmos objetivos, e quase um ano se passou até virmos a nos conhecer. Conheci Charlene Carruthers, a primeira diretora nacional do Black Youth Project 100, quando eu ainda era a diretora executiva da Power em San Francisco. Durante quase dois anos desde a fundação do Black Youth Project, eu não fazia ideia de que ele viria a se estabelecer como organização de ponta no Movement for Black Lives. Quando lançávamos o Black Lives Matter como uma série de plataformas on-line, o Dream Defenders, que eu não conhecia, e o Power U, que eu conhecia bem, estavam ocupando o Capitólio da Flórida, exigindo o fim da lei Stand Your Ground. Conheci o diretor do Dream Defenders, que naquela época era Phillip Agnew, numa reunião da Black Alliance for Just Immigration em Miami, em 2014, poucos meses antes do levante em Ferguson. Lembro que estava em Ferguson quando um jovem ativista me perguntou desconfiado se eu já tinha ouvido falar na Organization for Black Struggle. Eu não só tinha ouvido falar deles, claro, como também aprendera

Plataformas, pedestais e perfis de destaque 317

muito com uma famosa líder daquela organização, "Mama" Jamala Rogers. Nossa realidade é moldada pela época e pelo lugar onde estamos em determinado momento. Para alguns, o movimento começa em 2014 em Ferguson, no Missouri. Para outros, começa em 2013 com a absolvição de George Zimmerman pelo assassinato de Trayvon Martin. Para outros ainda, o movimento começa quando Oscar Grant foi assassinado em 2009. E para outros mais, começa quando pessoas negras ficaram entregues à morte nos telhados de New Orleans durante o furacão Katrina, ou quando Rodney King foi brutalmente espancado por policiais de Los Angeles e as cenas foram gravadas em vídeo, ou quando Sean Bell foi assassinado no dia de seu casamento, ou quando Amadou Diallo foi alvo de 41 disparos. Mas é impossível negar que há algo de desagradável — e também algo de estratégico — nesses tipos de omissões.

O que aprendemos com os movimentos que nos precederam? Por que continuamos em busca de uma segunda vinda do reverendo dr. Martin Luther King? A meu ver, essa busca tem menos a ver com um enaltecimento dos líderes e mais com nossa preguiça e credulidade, com nossa falta de disposição em lidar com o modo como as ideias hegemônicas, mesmo e sobretudo nas comunidades negras, atribuem a liderança a homens, independentemente de sua real contribuição.

Permitimos que Mckesson exagerasse seu papel, sua influência e impacto no movimento Black Lives Matter porque ele é, em muitos aspectos, mais palatável do que as inúmeras pessoas que ajudaram a lançar essa nova forma de movimento. Ele tem uma marca própria, com seu colete azul que ajuda as pessoas a identificá-lo num oceano de gente, todos dizendo representar o Black Lives Matter. Ele não é nada polêmico, e quase nunca faz o público avançar além de crenças profundamente arraigadas e amplamente aceitas sobre o poder, a liderança e o impacto. É ousado o suficiente em sua disposição de documentar os protestos e, com essa documentação, alegar que desempenhou um papel maior do que o que teve de fato, porém afável o suficiente para estar em conformidade com o mainstream. Não cria desconforto para o poder. Mckesson é exatamente o tipo de representante do Black Lives Matter que deixa os ocupantes da Casa Branca à vontade. Reuniu-se de bom grado com o casal Obama e altos integrantes de seu governo, como Valerie Jarrett e David Axelrod, depois que o Black Lives Matter desistiu de ir a uma reunião que, embora nos tivesse sido proposta como "off-the-record", havia sido, logo no dia seguinte após aceitarmos o convite, divulgada num comunicado à imprensa. Não estávamos dispostas a ser usadas como símbolos — queríamos entabular uma discussão real, não ensaiada nem encenada, sobre as mudanças que eram necessárias. Mckesson também não hesita em traduzir o movimento para os integrantes da indústria do entretenimento, muitos dos quais estão escudados contra a política por uma indústria que não se importa com a politização, desde que combine com sua imagem.

Às vezes ficamos acomodados demais para questionar plataformas, pedestais e perfis quando condizem com nossas ideias sobre a liderança dos movimentos e quem deveria exercê-la — e quando as pessoas que alegam liderá-los nos deixam mais confortáveis do que as que realmente estão liderando. Embora Mckesson seja gay e enfrente discriminação dentro e fora de seu trabalho como ativista, em algum momento é preciso reconhecer a dinâmica histórica do poder que pousa os homens em pedestais pelo trabalho feito por mulheres. Não é uma

Plataformas, pedestais e perfis de destaque 319

mera questão de quem está disposto a desempenhar outros papéis. Não haveria nada de errado numa estratégia coordenada dentro do Black Lives Matter que designasse alguns ativistas para se reunir com o presidente e seus principais conselheiros e outros ativistas para protestar do lado de fora da reunião. O problema aqui é que Mckesson, como é um ativista avulso, sem coordenação com os vários ativistas que trabalharam para construir pressão suficiente que forçasse a realização de tais reuniões, muitas vezes está nos protestos no papel de documentarista — não no papel de manifestante. Usa a plataforma e o perfil do Black Lives Matter para ter acesso, mas não sabemos a quem se destina esse acesso porque não sabemos quem ele organiza, a quem ele responde e quem, para começo de conversa, o alçou a líder desse movimento.

Em muitos aspectos, Mckesson continua a desempenhar um papel importante, documentando e traduzindo para os novatos em nossos movimentos o que está acontecendo e como é possível se envolver. Ele preenche um espaço que nossos movimentos deixaram vazio, e muitas vezes digo a seus críticos que, se não gostam do que ele faz e de como faz, é imperioso que se organizem mais e melhor em vez de ficar falando mal dele pelas costas. Mas Mckesson e suas palhaçadas oferecem uma boa oportunidade para examinarmos as plataformas, os perfis e os pedestais de forma diferente do que fazíamos antes. Cabe a nós parar de esperar o novo advento do reverendo dr. Martin Luther King e tratar das questões importantes aqui apresentadas.

De modo geral, não me incomodo mais que me perguntem por que eu, por exemplo, tenho uma plataforma e um perfil de destaque. Mas é desconcertante que, pelo visto, não tenhamos aprendido muito com as lições que nos são apresentadas pelos erros cometidos por outros movimentos no passado. Essas lições, conseguidas a duras penas, deveriam aprimorar os movimentos futuros, que são os movimentos de agora. Uma dessas lições merece ser explicitada: temos de começar a reconhecer o trabalho das mulheres negras e parar de atribuir o crédito aos homens negros. Podemos afirmar com grandiloquência que o movimento não pertence a ninguém, e mesmo assim perguntar por que então atribuímos a homens negros como DeRay Mckesson os créditos de fundador do movimento ou da organização que Patrisse, Opal e eu criamos. Creditar a Mckesson o crescimento ou o desenvolvimento desse movimento é como creditar ao reverendo dr. Martin Luther King a recusa de se sentar no fundo do ônibus. É a-histórico e serve apenas para perpetuar o apagamento do trabalho, da estratégia e da existência das mulheres negras.

Movimentos que miram a vitória sabem que as pessoas em nossa sociedade tendem a atribuir mais importância ao dia a dia das celebridades do que às decisões sendo tomadas pelos que comandam o país. Os movimentos que receiam ingressar no mainstream terão dificuldades cada vez maiores em ser relevantes ou acessíveis aos milhões de pessoas que buscam por eles, e alguns movimentos simplesmente se recusam a enxergar isso. Em muitos aspectos, é mais cômodo conversarmos entre nós mesmos e com pessoas que já concordam conosco do que ocupar todos os cantos da sociedade, da economia e do governo. Precisamos abandonar a zona de conforto e ter criatividade no uso de nossas plataformas e perfis não como pedestais, mas para lidar com a política e o poder.

18. No fim: o poder

Hoje sou obcecada com o poder — o poder negro, especificamente. Acredito que as comunidades negras têm o potencial para fazer deslanchar uma nova democracia, uma nova sociedade civil e uma nova economia nos Estados Unidos. Acredito que as comunidades negras têm o poder não só de salvar o país, mas de liderá-lo.

Antes eu era cética. Quando estava desenvolvendo minha visão de mundo, desenvolvendo minhas ideias, trabalhando em comunidades, eu não acreditava em salvar os Estados Unidos e não tinha nenhuma vontade de liderar o país.

Na última década, esse ceticismo se transformou numa profunda esperança. Não no sentido de apenas acreditar que há algo melhor em algum lugar, como a terra de Oz. É uma esperança lúcida, que me impulsiona. É a esperança que os organizadores trazem, uma esperança que entende que enfrentamos algo muito poderoso, algo que não sumirá com tranquilidade só porque queremos.

É uma esperança que sabe que não temos escolha a não ser lutar e tentar despertar o potencial da verdadeira mudança.

Sei que há esperança porque ajudei a despertar um potencial que nem considerava possível mesmo lutando por ele — o potencial de que outras pessoas negras vejam que temos um valor imensurável e permitam que essa esperança implacável nos impulsione. Vi o que pode acontecer quando desvendamos o código que permite aos outros acreditarem ser exatamente as pessoas de que precisamos para mudar este país. Podemos transformar o poder para que ele deixe de gerar desgraça e miséria no mundo.

HOJE EM DIA, dedico meu tempo a construir novos projetos políticos, como o Black Futures Lab, um laboratório inovador e experimental que testa novas formas de construir, mobilizar e transformar o poder negro nos Estados Unidos. No BFL, acreditamos que as pessoas negras podem ser poderosas em todos os aspectos da vida, e a política não é exceção.

Senti-me impelida a lançar essa organização após a eleição presidencial de 2016. Depois de três anos construindo a Black Lives Matter Global Network e de quinze anos em atividades organizativas de base em comunidades negras, senti que nosso movimento para garantir justiça, equidade e participação popular precisava de instituições correspondentes, capazes de reagir a um legado de racismo e perda de direitos, ao mesmo tempo também se engajando de modo proativo na política como tal a fim de criar as condições para conquistar a política como queremos que ela seja. E simplesmente não existe uma quantidade suficiente de organizações com centro e foco nas pessoas negras que operem na escala necessária e que não estejam apenas interessadas em sentar à mesa de discussão, mas que estejam prontas para montar a mesa e determinar as regras do que se passa ali. Faz quase vinte anos que me sento a essas

No fim: o poder 323

mesas de discussão, reclamando baixinho sobre o que não estava funcionando, sobre o que podia estar acontecendo, sobre o que era preciso fazer. Por fim, resolvi parar de reclamar do que não existia, do que não funcionava, do que exigia investimento e, em vez disso, criar o que faltava, tentar as estratégias que eu achava que podiam funcionar, investir no que eu achava que precisava de investimento e ousar fazer o que eu achava que não estava sendo feito com qualidade o bastante, por gente o bastante ou alto o bastante.

O Black Futures Lab trabalha para que as pessoas negras tenham poder na política. Coletamos dados recentes e relevantes sobre as complexidades da vida das pessoas negras a fim de obter e moldar programas de ação nas cidades e nos estados. Organizamos influenciadores e celebridades para que usem suas plataformas não só para produtos, mas também para a política. Equipamos as comunidades negras com as ferramentas necessárias para terem poder na política, desenvolvendo e treinando líderes não só para alterar a balança do poder, mas também para governar e liderar. Trabalhamos para reduzir a distância entre os candidatos negros eleitos e as comunidades negras a que servem. Investimos em organizações lideradas por pessoas negras a fim de desenvolver sua capacidade de liderar e servir. E investimos em candidatos e candidatas negras que partilham nossa visão sobre as maneiras de tornar as comunidades negras politicamente poderosas.

Ao fim das eleições de 2016, prometi que me afastaria dos holofotes e voltaria a trabalhar discretamente nos bastidores com a National Domestic Workers Alliance, com mulheres que fazem faxina, tomam conta dos filhos de outras pessoas, cuidam de nossos familiares de idade avançada e ajudam nossos entes queridos com deficiências físicas a ter independência. Mas algo continuava a me incomodar — em particular, a ambivalência de ativistas e organizadores sobre a importância das eleições. Todo dia, quando o presidente anunciava mais uma iniciativa danosa para os membros vulneráveis da sociedade, eu fervia de raiva pelo fato de que as pessoas em melhor posição para fazer a mudança estavam ausentes dos mecanismos que trazem a mudança. Por maior que fosse a quantidade de seguidores no Twitter ou por maior que fosse o número de protestos, isso não alteraria a balança do poder nos Estados Unidos. Além disso, construir feudos cada vez menores com gente que já pensava parecido não criaria o tipo de movimento capaz de conquistar as mudanças de que precisamos para que as vidas negras importem em nossa sociedade, nossa economia e nossa democracia.

Para mim, a única maneira de romper o medo, a incerteza e a frustração resultantes da eleição de 2016 era trabalhar para construir o tipo de veículo que julgo necessário para criarmos uma mudança real nos Estados Unidos, feito por e para pessoas negras. Uma parte desse trabalho exige mudarmos nossa percepção de quem são as pessoas negras, contando um número maior de histórias e histórias com mais nuances sobre elas como um modo de criar uma profunda mudança em suas vidas. Uma parte desse trabalho exige construirmos a capacidade das comunidades negras de mudarem as políticas, para que estas passem a ser movidas pelas pessoas que vivem desproporcionalmente os impactos das políticas existentes, que servem para criminalizar, distorcer e tolher as vidas negras.

No fim: o poder 325

DURANTE GRANDE PARTE do ano de 2018, o Black Future Lab trabalhou para mobilizar o maior projeto de dados já feito com foco nas pessoas negras. Demos a ele o nome de Black Census Project e partimos para falar com o maior número possível de pessoas negras sobre nossas experiências na economia, na sociedade e na democracia. Também fazíamos uma pergunta fundamental, raramente feita nas comunidades negras: o que você quer do seu futuro?

Falamos com mais de 30 mil pessoas nos Estados Unidos: de diferentes geografias, ideologias políticas, sexualidades e países de origem, presidiários e ex-presidiários. Fazia quase 155 anos que não se realizava um levantamento tão abrangente quanto esse. Montamos parcerias com mais de quarenta organizações de liderança negra em toda a nação e treinamos mais de cem organizadores negros na arte e na ciência da atividade organizativa comunitária. Coletamos respostas on-line e off-line.

O QUE EU APRENDI durante esse projeto foi que as condições para construir movimentos sociais eficientes e eficazes não só existem como estão plenamente maduras neste momento. Em apenas um ano, nos envolvemos com mais de 100 mil pessoas negras por meio de várias iniciativas. Esse número parecia pequeno em comparação ao que podíamos alcançar, mas grande em comparação ao número de pessoas negras com que nossos parceiros tinham contato.

A resposta mais frequente que ouvíamos das pessoas negras contatadas pelo nosso projeto era que nunca ninguém lhes perguntara como elas queriam que fosse o seu futuro, o que desejavam que o futuro lhes reservasse. Com efeito, para muitas comunidades negras, o futuro parece predeterminado, e só nos resta fazer o que for possível com uma série inevitável de fatores que limitam nossas chances e reduzem os frutos da nossa vida. Apenas no ano de 2018, sem nem tentar, conseguimos uma lista de mais de 11 mil pessoas se engajando.

Criamos um instituto político focado no desenvolvimento da capacidade das comunidades negras de elaborar, desenvolver, negociar, vencer e implantar programas em cidades e estados. Estamos construindo veículos para influir nos resultados das eleições em toda a nação. Estamos com os olhos postos em Hollywood, trabalhando para organizar influenciadores e celebridades a usarem suas plataformas para lançar luz sobre algumas das principais questões que afetam as comunidades negras e conseguir que seus seguidores partam para a ação nas questões que são importantes para eles.

Também criamos veículos políticos que podem disputar o poder na arena eleitoral. Criei o Fundo de Ação Black to the Future e o Comitê de Ação Política Our Future is Black para investir em líderes negros dotados de uma sólida visão sobre o tipo de transformação que desejamos para nossas comunidades, líderes que estão dispostos a governar com comunidades negras a fim de tratar dos maiores problemas que nossa sociedade enfrenta hoje. Não acreditamos em apoiar líderes que são negros só por serem negros. Isso seria apoiar a situação da política que temos hoje. Apoiamos líderes negros que têm visão transformadora, que acreditam que a política deve envolver o maior número possível de pessoas no projeto de governança.

Uma governança eficaz e transformadora nesse período requer a participação e o engajamento de um número de pessoas sempre maior, e não cada vez menor. Para que a política mude e para que suas condições mudem, as comunidades negras devem não só

No fim: o poder

se engajar, mas também moldar as decisões que afetam nossas vidas. Precisamos estar envolvidos em nossa própria governança. No Black Futures Lab, é pela governança que estamos lutando. Pelo direito de tomar decisões para nossas próprias vidas e pela garantia desse direito aos outros. Neste momento, nossas comunidades são governadas pelas corporações e pelo capital financeiro. Nossos líderes sabem que, para se manter no cargo, precisam atender às necessidades e interesses dessas influências. Hoje, os representantes eleitos cuidam de não decepcionar essas forças, sabendo que, do contrário, colheriam consequências intoleráveis. Mas e se nossos líderes soubessem que a negligência com as comunidades negras traria consequências intoleráveis? E se nossos líderes receassem decepcionar as pessoas negras tanto quanto receiam decepcionar lobistas, bancos e outros atores corporativos?

Governança é poder. É o lugar onde decidimos quem toma qual decisão, onde decidimos os valores sobre os quais fazemos escolhas e onde escolhemos se haverá a governança da maioria ou da minoria.

FAZEMOS ESSE TRABALHO a fim de construir um movimento maior do que as hashtags e o número de seguidores nas redes sociais. Acreditamos que as comunidades negras merecem ter poder, e isso inclui o campo da política.

Quando declaramos que nosso futuro é negro, o que queremos dizer é que o atendimento das necessidades, interesses, esperanças e aspirações da gente negra trará um futuro melhor para todos nós. Mudará como e quem tem acesso à assistência médica, à educação, ao emprego e à moradia. A atenção às necessidades da gente negra manterá essas pessoas fora da cadeia e demandará investimentos para ajudá-las a reconstituírem suas vidas — acesso aos serviços de saúde mental e emocional, elaboração de novas soluções de encaminhamento quando seres humanos se prejudicam mutuamente, enquadramento de práticas racistas de condenação que criminalizam a vida negra. A concretização dos sonhos das comunidades negras significa o fim das desigualdades nas leis de imigração, expandindo as oportunidades para todos os tipos de famílias negras a fim de que tenham segurança de que seus filhos cheguem à idade adulta, e permitindo que os Estados Unidos sejam reconstruídos de forma a se aproximarem mais de suas promessas — liberdade, justiça e direitos para todos.

Somos apenas uma pequena parte da infraestrutura que é preciso construir nos Estados Unidos a fim de mudar as condições vividas pelas comunidades negras. Em nossos sonhos de liberdade, há toda uma rede de instituições que trabalham para mudar a história dessas comunidades e ajudá-las a prosperar, bem como para elaborar políticas que protejam as famílias negras da predação. Há instituições que trabalham para a plena reconstituição das comunidades negras, as quais por sua vez nutrem essas instituições por meio de seu total engajamento e participação. Em nossos sonhos de liberdade, as comunidades negras são imensuravelmente poderosas e somos livres para exercer esse poder em prol de nossos objetivos e necessidades, em colaboração com outras comunidades que, como nós, trabalham para se recuperar dos danos que o projeto americano infligiu a diversas gerações.

Não será fácil, e encontraremos resistência. Para ser mais precisa, temos em mãos um projeto muito maior, que é proteger o país de regredir à Idade Média. A ascensão da política fascista nos Estados Unidos é um perigo, e seus efeitos se pro-

No fim: o poder 329

longarão pela próxima década. Nunca tantas coisas estiveram em jogo. Mas agora não é hora de ceticismos, e sim de reimaginar o que mais pode nos conectar para além do medo, da violência, da pobreza e da degradação ambiental. É muito mais fácil apontar o que está errado. Nossas falhas são sempre fáceis de enxergar. Se a hashtag de hoje é Make America Great Again, o movimento que precisamos construir é um que obrigará a América a ser grande pela primeira vez. Um movimento no qual reconheçamos que precisamos uns dos outros para sobreviver e que nossa sobrevivência, em vez de ser parasitária, pode ser interdependente. Um movimento em que lembremos o que de fato conecta todos nós — o desejo de ser visto e valorizado, de aproveitar cada dia, de amar e ser amado. Um movimento em que resistamos a reproduzir as mesmas dinâmicas que combatemos.

Não acredito em utopias. Não existe um cenário em que de repente todo mundo entende e começa a se organizar com uma lente interseccional, a política se livra da corrupção, as corporações revertem seu controle mortífero da economia e da sociedade civil. O mais provável é que haja um passo adiante e alguns passos para trás, e que, como numa cebola, a cada camada que retirarmos, mais questões surjam, mais contradições, mais dificuldades que não tínhamos previsto. Esse é o trabalho difícil e bonito da construção de um movimento — resolvermos o problema de ser o que precisamos ser nesse momento para podermos ser poderosos juntos. É vermos como o "nós" precisa ser para que passemos para o nível seguinte. E numa nação que se construiu a partir do colonialismo, do genocídio, da escravização e do roubo, será mais fácil ficarmos criticando uns aos outros em vez de arregaçar as mangas e encarar a tarefa diante nós com honestidade.

Todos os dias de manhã, quando acordo, eu rezo. Encosto a cabeça no chão e dou graças a meu Deus por me permitir ver mais um dia. Dou graças pelas bênçãos que recebi, peço perdão por todos os aspectos em que ainda não sou a pessoa que quero ser e peço que me continuem a ser concedidas as dádivas da vida, para que eu possa trabalhar e chegar mais perto daquilo que quero ser. Em minhas preces, peço a meu Deus para me relembrar que o objetivo não é chegar na frente de ninguém, e sim viver de tal forma que eu me lembre de que devemos chegar ao outro lado juntos.

Nem todo mundo vai chegar lá. Nem todo mundo vai querer chegar lá. Mas para aqueles de nós que queremos chegar ao outro lado juntos será preciso lembrar que estamos nisso a longo prazo, que precisamos uns dos outros, que não nos reduzimos à pior coisa que fizemos na vida, que não nos reduzimos ao pior que já fomos. Rezo para me lembrar de acreditar em mim mesma, de acreditar em nós, e de acreditar que o futuro não só pertence às pessoas negras como cabe a todos nós moldá-lo.

Se você chegou até aqui, espero que, quando terminar de ler este livro, você também reúna sua fé para construir uma América como nunca vimos antes. Engrandecer a América é obrigá-la a cumprir sua promessa pela primeira vez. Engrandecer a América é garantir que ela lembre que cada um de nós é apenas uma partícula de poeira neste planeta, e que devemos aprender a coexistir de formas que permitam aos outros também viverem bem. Engrandecer a América é corrigir tudo o que foi feito de errado em nome do progresso e do lucro. E engrandecer a América é, em sua essência, o compromisso de assegurar que todos possam ter uma vida boa.

Epílogo: Cuide de si

ENQUANTO EU ESCREVIA ESTE LIVRO, minha mãe morreu inesperadamente.

Não sei a que marco terei chegado quando você estiver lendo, mas sei que, qualquer que seja o momento (faz dois anos que o escrevi), é provável que a dor não seja a mesma, porém ainda esteja presente. Talvez não seja tão intensa, tão pungente e penetrante como é agora, mas ainda estará comigo, acompanhando-me como um cioso guarda-costas.

Cada dia sem minha mãe literalmente dói. Sua doença foi súbita e breve, mas ela devia estar doente por algum tempo antes que se percebesse. Do diagnóstico à morte foram sete semanas excruciantes.

Nunca esquecerei o dia em que meu pai telefonou. Eu tinha acabado de aterrissar em San Francisco e estava a caminho de uma nova livraria na Haight Street para entrevistar Brittney Cooper sobre seu livro mais recente, *Eloquent Rage*, diante de uma plateia. Estava com medo de me atrasar para o evento, pois tinha chegado à Bay Area no pior horário possível — a hora do rush. Acabei chegando adiantada, graças ao motorista experiente que me levou.

Logo o pessoal começou a chegar. Fiquei do lado de fora, como de costume, aproveitando meus últimos minutos sozinha antes do evento (esse é meu lado introvertido). Quando me preparava para entrar, o celular tocou, e na tela apareceu "Papai". Pus a chamada no correio de voz e então recebi a mensagem de texto:

Me ligue quando puder.

OK estou entrando num evento. Deve terminar às 8h30. Te ligo então.

Obrigado!

O evento correu bem, e Brittney e eu nos divertimos muito ridicularizando o absurdo da branquitude. Depois que a última pessoa saiu, chamei um carro para me levar para casa e então achei que seria uma boa tomar uma dose depois de um evento tão legal.

Quando estava entrando no bar, liguei para o meu pai.

Ele atendeu ao primeiro toque. Falou que minha mãe andava estranha, esquecida, perdia-se dentro da casa em que moravam fazia dois anos e que na véspera ele a vira guardando toalhas dentro da geladeira.

Meu coração começou a bater forte. O que estaria errado com a Mami? Talvez tivesse sofrido algum tipo de derrame. Recomendei que papai a levasse ao médico no dia seguinte e pedisse uma ressonância magnética. Conte os sintomas, falei, e diga que você anda cada vez mais preocupado com a confusão mental e a perda de memória dela. Ele falou que estava apreensivo de que o seguro-saúde tivesse que aprovar o procedimento; tranquilizei-o dizendo que, se o médico julgasse o estado dela suficientemente preocupante, ele mesmo convenceria a seguradora quanto à necessidade da ressonân-

Epílogo 333

cia. Pedi que ele me ligasse logo cedo e me contasse o que o médico tinha dito.

Na manhã seguinte, levantei e retomei minha rotina habitual. Havia recebido um pacote enviado por minha mãe dias antes, quando eu estava viajando. Sentei-me no sofá para abri-lo, sem saber o que esperar, e ri quando vi que era uma caixa cheia de limões embrulhados um a um, do limoeiro dela, com um bilhete em sua bela caligrafia. No bilhete, ela dizia que não queria deixar que os limões congelassem lá fora e por isso os enviava para mim, e que eu os dividisse com minha companheira. Também me agradeceu por tê-la avisado sobre o especial do Mês da História Negra transmitido pelo canal de notícias local, do qual eu participara, pois raramente eu falava das entrevistas que dava ou dos eventos a que comparecia. Pus os limões de lado, sorri olhando para o bilhete e retomei os afazeres do dia.

À tarde, estava correndo pelo apartamento. Devia ir a um evento local e, como sempre, estava atrasada. Enquanto corria pela casa, com os sapatos de saltos altos demais na mão, o telefone tocou.

— Oi, papai — falei sem fôlego. — E aí?

Do outro lado da linha, meu pai emitiu um som que eu nunca ouvira da parte dele. Estava chorando forte. Ele balbuciou:

— T-t-t-tua m-m-mãe.

— Respire fundo. O que está havendo?

Ele levou alguns minutos até conseguir falar. Tinham encontrado um tumor no cérebro da mãezinha. Desmoronei e me juntei a papai emitindo sons que eu também nunca ouvira da minha parte.

As sete semanas seguintes foram surreais. Em poucos dias, minha mãe deixou de conseguir andar e falar e ficou na UTI por mais de uma semana com líquido no cérebro que precisava ser drenado imediatamente para mantê-la viva, quando então poderiam determinar se algum tratamento seria possível. Havia cirurgias, médicos, enfermeiras, outros pacientes, parentes que eu não via fazia muitos anos, e havia eu. Cancelei praticamente tudo que estava sob minha responsabilidade, exceto cuidar de mim mesma, e até isso foi difícil. Revirávamos a papelada enquanto tentávamos descobrir o que mamãe queria, pois ela muitas vezes não conseguia falar e, quando falava, nem sempre fazia sentido. Em alguns dias, eu chegava ao hospital e ela parecia quase recuperada — desperta, risonha, abrindo seu sorriso maravilhoso, brincando com as enfermeiras, comendo bolo de limão. Mas passava a maioria dos dias inconsciente ou calada. Tinha dificuldade para dormir e ficava dias a fio acordada, obrigando os médicos a sedá-la para que saísse do estado de delírio. Em sete semanas, fomos do consultório do médico para a UTI, para a unidade de tratamento agudo e então para a ala terminal. Sete semanas e fomos obrigados a tomar decisões que nenhuma família gostaria de tomar. Num de seus dias de lucidez, perguntei sobre suas últimas vontades; ela me olhou desconcertada e exclamou com doçura: "Filhinha, não estou preparada para morrer!". Momentos assim destroçam o coração e ficarão comigo para sempre. São momentos que reproduzo à noite, quando fecho os olhos, ou às vezes, quando menos espero que essas lembranças ressurjam. Posso estar no meio de uma conversa e ouço a voz dela dizendo que não queria morrer, que não estava preparada.

Epílogo 335

Não devia mesmo estar preparada. Tinha 63 anos, e eu achava que ela viveria para sempre.

A PERDA TÃO SÚBITA da minha mãe, minha melhor amiga, vitimada pelo câncer, foi o maior trauma pessoal da minha vida. Enquanto escrevo, estou com 39 anos. Tenho recursos para me tratar, para encarar de frente minha dor e meu trauma e lhes dar acolhida dentro de mim. Além disso, como tenho esses recursos, como tenho sorte suficiente para enxergar os vários lados da dor e do trauma e não ser apenas vítima deles, tenho plena consciência de que deixar de tratar, deixar de acolher e de curar a dor e o trauma pode literalmente nos matar.

A maioria de nós já sofreu algum tipo de trauma. E neste exato momento, enquanto escrevo, estamos em pleno trauma agudo e nacional: uma crise pandêmica mundial expondo uma desesperada crise de saúde pública, o agravamento de uma crise econômica rumando para uma depressão econômica e uma crise em nossa democracia, com o adiamento das eleições, a votação presencial cada vez mais insegura e o próprio ato de votar cada vez mais inacessível. Há dor por toda parte, uma espiral crescente de trauma.

Todos nós, cada um de nós precisa de conexão e intimidade na vida. O trauma e a dor certamente ameaçarão nossa capacidade de nos conectarmos com os outros. O trauma e a dor são dragões à espreita sob as pontes de nossas vidas — no momento em que estamos no meio da ponte, eles surgem e soltam fogo, incendiando os alicerces sob nossos pés. E nunca vêm sozinhos — eles têm seu séquito, formado pela insegurança pessoal, pela raiva e pela dependência, para citar apenas alguns de seus assustadores comparsas.

Graças a muitos anos de trabalho, vim a entender que tenho uma vida boa e quero viver mais, a despeito da dor e do sofrimento que encontrei ao longo do caminho. Quando adolescente, fui abusada sexualmente por uma pessoa que eu conhecia e na qual confiava. Estive em múltiplos relacionamentos abusivos, de parentes a amantes. Diariamente vivo o trauma de sistemas como o racismo, o patriarcado, o capitalismo, a homofobia e outros, que sugerem que eu me feche à possibilidade de conexão. E a cada dia, a cada momento, tenho a escolha, a oportunidade de me manter aberta à conexão, porque sei que preciso dela e sei que a mereço. Todos nós precisamos dela e a merecemos.

Imagino — não, eu sei — que há entre nós quem nunca se liberta do trauma ou da dor. Conhecendo agora a dor de perder minha mãe, penso com frequência naquelas pessoas em minha vida cujos pais estão mortos ou presos ou nas que nunca conheceram seus pais. Penso com frequência nas pessoas em minha vida, e naquelas que nem conheço, que todos os dias vivem uma série de traumas, da morte ao desespero, à desesperança e à dependência. Não há como evitar o trauma, mas alguns de nós o sentem mais do que outros em decorrência das iniquidades em nossa sociedade. Para alguns de nós, a dor e o trauma são o ar que respiramos, e não um episódio isolado que marca nossa vida.

Posso ver o impacto do trauma e da dor em nosso trabalho. O coração se destroça quando trabalhamos com uma família que sabemos que será despejada sem podermos impedir. O pranto da mãe que acaba de perder o filho único para a violên-

Epílogo 337

cia da comunidade, da polícia ou mesmo do suicídio. Muitas vezes, conseguimos associar nosso trauma e dor ao trauma e à dor de outros, encontrando uma causa comum em nossa desgraça, trabalhando juntos para garantir que consigamos construir um mundo o mais livre possível da dor que todos sofremos. Muitas das pessoas que se dedicam ao trabalho de mudança social são atraídas por ele porque, às vezes, encontram uma conexão humana através do trauma. O trauma e a dor — e a presença deles dentro de nós — podem ser o elemento para nossa conexão mútua. Contudo, se nos organizarmos apenas porque estamos com raiva ou sofrendo, isso nunca bastará. Ficar preso ao trauma só corrói a construção do poder. A questão que se põe diante de nós, portanto, é a seguinte:

O que podemos fazer para manter a resiliência diante da crise e do caos? Como podemos continuar voltando ao que nos motiva, ao que nos dá base, quando tudo parece se destroçar em torno de nós, entre nós, dentro de nós?

Muitas vezes cita-se Audre Lorde: "Cuidar de mim mesma não é autoindulgência, é autopreservação, e isso é um ato político". De fato, o "autocuidado" se tornou um refrão muito difundido entre organizadores e ativistas; mesmo assim, às vezes eu me pergunto se não seria um conceito equivocado em si mesmo, pelo menos da maneira como interpretamos e pomos em prática as palavras de Lorde.

Quando eu fazia meu treinamento como organizadora, o autocuidado era tido como um luxo, algo reservado apenas aos que dispunham dos meios sociais ou financeiros para cuidarem de si enquanto o mundo pegava fogo. Quando algum colega de trabalho dizia que precisava se cuidar, eu imaginava Maria Antonieta proclamando em seu palácio decadente: "Que comam brioches!". Em outras palavras, que egoísmo querer dar um tempo enquanto os outros se esgotam de tanto trabalhar. O esgotamento não era raro entre as pessoas com que eu construía comunidades políticas; na verdade, se a pessoa não estava esgotada, talvez simplesmente não estivesse trabalhando o suficiente ou fazendo o suficiente pelo "povo".

Em 2003, eu estava fazendo um estágio em organização numa entidade local com base na comunidade. Era verão em Oakland, e a temperatura passava dos 26 graus. Eu chegava ao escritório por volta das onze da manhã, participava durante algumas horas de ensaios e treinamentos e então pegava a prancheta, a caneta e os materiais de divulgação e ia de porta em porta numa das comunidades ao redor. Quando estava para sair do escritório, não raro tinha de passar por cima do meu chefe na época, que ficava estendido no chão sem conseguir se mexer por causa da dor nas costas. Lembro que ficava intrigada com aquilo: por que não parar de trabalhar, pura e simplesmente? Mas, com o passar do tempo, deixei de me surpreender tanto. Havia compromissos, reuniões, eventos, audiências e comícios infindáveis, que não deixavam tempo nem para curar um resfriado ou cuidar da coluna doída. Trabalhar doente ou enfrentando outras catástrofes virou padrão. Se eu era obrigada a ficar em casa por causa de alguma doença séria ou para não contagiar os outros, sentia-me aflita. O que deixei de fazer hoje? Quem obriguei a trabalhar no meu lugar?

Demorei um pouco até perceber que ficava resfriada com mais frequência porque nunca tirava o tempo necessário para uma plena recuperação. Meu corpo estava apitando e eu sentia

Epílogo   339

o coração se destroçar a cada dia, porque, mesmo com todo o trabalho que eu fazia, estava deixando de fazer o trabalho que precisava fazer comigo mesma. Por sorte, havia gente na comunidade que se preocupava comigo. Participei de programas destinados a ajudar organizadores e ativistas a aprenderem a equilibrar melhor todas as demandas do trabalho. Gerenciamento do tempo era uma parte da coisa, mas a outra era examinar como o trauma e a dor influenciam nosso modo de interagir com os outros. Esses programas foram importantes e tiveram impacto em mim. Mas só quando tirei uma licença — um período longe do trabalho, das redes sociais, das exigências da família e das exigências da vida — comecei realmente a entender os benefícios do autocuidado.

Passei um mês e meio longe do trabalho. Os primeiros dias foram cruéis, para dizer o mínimo. Eu estava esgotada. No primeiro deles me sentia um peixe fora d'água, entocada nas montanhas do estado de Washington, numa casa linda com mais duas pessoas que eu nunca tinha visto antes, sem saber se ia gostar muito delas. Levei uma mala cheia de livros, na certeza de que ia passar o tempo lendo. Mas o que aprendi naquele período foi que autocuidado não era preencher o tempo com recreação. Nem concluir tarefas. Era ter tempo para sonhar. Ficar (relativamente) sóbria. Caminhar quinze quilômetros, sendo que nunca tinha feito caminhadas na vida. Percorrer longas distâncias de carro, sem objetivo nem destino. Foi nessa época que me senti inspirada a deixar meu emprego e perseguir minha visão. Isso foi em abril de 2013. Poucos meses depois, nascia o Black Lives Matter.

Quando voltei da licença, tinha uma certeza inédita do meu propósito. Embora tivesse passado dez anos numa organização que amava e que era meu lar político, ficou evidente para mim que eu estava pronta para uma nova fase na vida. Não conservei todas as práticas que desenvolvi — mas mantive a percepção de como reiterar constantemente meu propósito.

Novos ativistas de todo o país me perguntam como consigo equilibrar tudo, e respondo: não consigo. Passo inúmeros dias sem dar conta de tudo e, se há algum resultado, não é o que eu gostaria que fosse. O segredo é que dar conta não é uma questão de sermos capazes de fazer as coisas, e sim de entender que a sociedade em que vivemos cria problemas que se reproduzem sem cessar, porque os problemas estão inseridos em sistemas em que é possível comprar e vender tudo mas algumas pessoas nunca terão dinheiro, acesso ou capital social para dispor do que precisam para cuidar de si mesmas.

Quando minha mãe estava doente, tivemos acesso a um excelente serviço de atendimento a pacientes terminais — porque uma bondosa assistente social do hospital onde ela esteve durante semanas sabia quem eu era e admirava o trabalho do Black Lives Matter. Aqueles cuidados paliativos sairiam por mais de 11 mil dólares semanais, custo totalmente inacessível à maioria das pessoas neste país. Minha mãe e minha família precisavam daquele cuidado, que era essencial para nosso tecido social em um período de terrível dor e crise. Muitas vezes eu pensava no fato de que havia muitas pessoas precisando justamente daquele tipo de cuidado e nunca teriam acesso a ele, porque o custo era proibitivo e elas não conheciam ninguém que se dispusesse a ajudar. O que é o autocuidado sem o cuidado da comunidade?

É isso que me parte o coração quando vejo ativistas e organizadores criticando uns aos outros, brigando por causa de

Epílogo 341

dinheiro, poder e reconhecimento, reproduzindo incessantemente nossos traumas com e contra aqueles que não estiveram
envolvidos na criação deles. A autoconsciência e as ferramentas
para lidar com o trauma, a dor e a perda constituem uma parte
da batalha; a outra parte é curar os sistemas que criam a desigualdade e se alimentam do trauma como parasitas.

Minha esperança é que comecemos a entender em nosso
íntimo como viver numa sociedade em que se pode comprar
e vender tudo, mas onde nem todos podem comprar ou vender é prejudicial à nossa saúde física, emocional e espiritual.
Que a melhor maneira de cuidarmos de nós é como descreveu Audre Lorde: conectarmo-nos de uma maneira que nos
leve, a todos nós, em direção ao cuidado — com nós mesmos
e para com os outros.

Mas, junto com essa esperança, também vejo a realidade.
Acredito de todo o coração que a mudança é possível e inevitável, mas minha avaliação sincera é que essa mudança ainda
está longe de nós.

Isso, para mim, significa que precisamos tratar nosso trabalho como um cuidado terminal que se dispensa ao que está
morrendo e como um cuidado pré-natal que se dispensa ao
que está nascendo.

No tratamento de pacientes terminais, o cuidado é a coisa
mais importante, o princípio em torno do qual tudo se organiza. Quando minha mãe estava na fase terminal, tudo funcionava para atender a suas necessidades visando a uma melhor
qualidade de vida, o que era importante para uma mulher
morrendo de um tumor que se alojara em seu lobo tempo-
ral e se espalhara por todo o cérebro. Com a nossa sociedade
acontece a mesma coisa: o câncer se aloja em determinadas

comunidades, mas também se espalha por todas as outras de vários modos específicos, e precisamos pensar seriamente em como cuidar dessas comunidades, como sanar os constantes ataques do racismo, do sexismo, da homofobia e da pobreza. Esse é o nosso trabalho para a fase terminal.

Mas o trabalho pré-natal é o eixo de grande parte deste livro e da minha vida — o trabalho de sonhar e agir para criar o mundo que merecemos. É darmos asas à imaginação e nos dispormos a criar e implantar soluções para nossos problemas, assim como para as mais profundas necessidades de conexão e comunidade que estão na base de toda a existência humana.

Esperança não é ausência de desespero — é a capacidade de voltarmos ao nosso propósito, repetidamente. Meu propósito é construir poder político na minha comunidade, para que possamos ser poderosos em todos os aspectos de nossas vidas. Meu trabalho é transformar a dor, o desespero e a raiva no amor de que precisamos para nos impulsionar. Não sou, não somos definidos pelo que nos falta — o que nos define é a nossa união quando tudo desmorona.

Agradecimentos

Escrever um livro deve ter sido a coisa mais adulta que fiz na vida. Quando minha mãe morreu pensei que este projeto tinha terminado, mas estava longe disso! Enquanto escrevia o livro, Mami me acompanhou em todos os passos do caminho. A cada vez que eu queria parar, a cada vez que me sentia insegura, ela estava ali. Peço desculpas por todas as vezes em que fiquei exasperada quando você me perguntava como ia o livro e quando seria publicado. Terminei-o por você — obrigada por me incentivar, mesmo de onde você está agora.

Meu editor, Chris Jackson, acreditou neste projeto desde o primeiro minuto em que conversamos. Você me impeliu adiante, dedicou seu tempo a me ouvir e foi um apoio firme em todas as etapas — obrigada. Obrigada à equipe da One World/Random House por se dedicar tanto à publicação deste trabalho em plena pandemia mundial: uma proeza e tanto. Obrigada à equipe da Skai Blue Media — Rakia, que alegria termos nos conhecido no campo de beisebol, não é mesmo? Obrigada à Hedgebrook por me dar tempo e espaço para começar a escrever, e a Hollis Wong Wear por me apresentar à hospitalidade radical. A Rashad Robinson e Heather McGhee, que me ajudaram a concluir este percurso do meu jeito. A Bayview Hunters Point, que me amadureceu ao longo de todo o caminho. A Willie e Mary Ratcliff, que me incentivaram a escrever, o tempo todo, sobre tudo. A todos os meus professores — obrigada por serem pacientes comigo. À minha comunidade — obrigada por elevar meu ânimo, por me dar respaldo, por caminhar comigo.

A meu amor, Malachi. Não há palavras que expressem o que teria de ser dito, então digo apenas obrigada. Por acreditar em mim quando eu mesma não acreditava. Por me incentivar. Por segurar o espelho diante de mim. Por oferecer terreno fértil para eu crescer e me transformar em mim mesma, sem me desculpar. A vida é melhor com você.

Este livro não teria sido possível sem todo um grupo de pessoas — mas qualquer coisa que lhe parecer abominável é de minha única e exclusiva responsabilidade.

Índice remissivo

99%, 114

Abernathy, Ralph, 250
aborto, 46
ação direta: usada durante a crise da aids, 44; usada durante o Boicote aos Ônibus de Montgomery, 178; usada pela Power em Bayview Hunters Point, 93
Act Up (Aids Coalition to Unleash Power), 44, 279
Action St. Louis, 165
Agnew, Phillip, 316
aids e HIV, 42, 44, 76, 278-9
Alexander, Marissa, 155
Alexander, Michelle, 58, 209-10
alianças: exemplos de, 107-8, 116, 155, 161, 285, 323; longo prazo versus curto prazo, 282
Alliance of Californians for Community Empowerment, 107-8
"American Tragedy" (episódio de *Law & Order: Special Victims Unit*), 156
AmeriCorps, 75
anti-intelectualismo, 270
armas, proibição de, 58
assédio sexual: conselhos da Mami, 24; contra Garza, 246, 250; Hill e Thomas, 54-5; no emprego, 46-8
Assistência Temporária a Famílias Carentes (Tanf), 61
Association of Community Organizations for Reform Now (Acorn), 159
ativismo e ativistas negras queer, 171

ativista-celebridade, importância de entender a tendência, 14
autocuidado dos organizadores, 337-8, 340-2
Auxílio a Famílias com Filhos Dependentes (AFDC), 36

Baker, Ella, 167, 250
Baldwin, Brooke, 297
bases: ampliação para além do coro, 262; como alicerces dos movimentos, 258, 260; construção de, 259; em comparação com a coletividade, 257; multirracialidade como elemento vital, 116, 187-93, 282, 287; necessidade da educação para a construção, 270
Baton Rouge, ação judicial por protestos em, 315-6
Bay Area Rapid Transit (Bart), 136-8, 140
Bay View, The (jornal), 101
Bayview Hunters Point, comunidade de: descrição da área, 85, 101-2; gentrificação, 111, 134; história, 99, 101; moradores, 90, 101-2; organizações antes da Power, 87; projeto de embelezamento urbano com fiação subterrânea, 90-3; projeto de reurbanização, 86, 94-105, 107-8; trabalho organizativo da Power, 86, 88, 91-2; uso de ação direta, 93
Biden, Joe, 223
Black Alliance for Just Immigration, 155

345

Black Census Project, 325
Black Futures Lab (BFL), 13, 322-3, 325-7
#BlackGirlMagic, 254-5
Black Lives Matter (BLM): circulação inicial da hashtag, 152; como rótulo genérico, 311-2; eleições de 2016 e, 214-5, 219-2; fundação e promoção inicial, 9, 153-4, 156, 316-7; hegemonia cultural dos homens negros como foco, 274; importância do termo "Black", 195-6; liderança, 200-5; logo, 154; Mckesson e, 307-15; mídia tradicional e, 295-8; missão, 154; origens, 135-44; política da respeitabilidade e, 171; presença nas mídias sociais, 153-5, 189, 294; questões pertinentes, 155-6
#BlackLivesMatter, 152, 313-4; ver também Black Lives Matter (BLM)
Black Organizing for Leadership and Dignity (Bold), 155
Bland, Sandra, 216
Boicote aos Ônibus de Montgomery, 178
branquitude: como parte essencial da hegemonia cultural americana, 269, 272-3, 275, 277; seleção de lideranças negras e, 301; Trump e uso do termo na ascensão ao poder, 274-5
Briseno, Theodore, 56
Brown, Elaine, 250
Brown, Michael, 158, 170
Brown, Willie, Jr., 89, 102
Buckley, William F., Jr., 30
Bunche, Ralph, 250
Burke, Tarana, 313-4
Burnham, Linda, 186
Bush, George H. W., 51, 54, 279
Bush, George W., 213
Butler, Octavia, 237

Cadernos do cárcere (Gramsci), 271
Caminhada Black Lives Matter pela Liberdade, 159-60, 167
campanha Fight for $15, 159
Carruthers, Charlene, 316
Carson, Ben, 208
Chimurenga, Thandisizwe, 157
Ciccone, Madonna Louise, 44
cidades sob Reagan, 36
Clance, Pauline Rose, 240
classe trabalhadora: salário mínimo, 36, 42; sob Reagan, 34-6, 42
classes ricas, sob Reagan, 36
Cleaver, Kathleen, 250
Clinton, Bill: americanos negros e, 213; eleição de 2016, 207; promovendo pauta da direita contra americanos negros, 58-9, 62-3; uso da comunidade negra, 210-1
Clinton, Hillary: criminalidade e, 58-9; eleição de 2016, 207-8, 214, 217-9, 258; Mckesson e, 310; racismo disfarçado, 208, 210
CNN, 295-8
Coalizão Arco-Íris da Push, 64
coletividade (descrição), 257
Colvin, Claudette, 249
Combahee River Collective, 230-1
Comissão para Oportunidades Iguais de Emprego, 46
Comitê de Ação Política Our Future Is Black, 326
Comitê de Emprego e Moradia em Bayview, 108
"complexo de salvador", 76
comunidade: acordos para obtenção de benefícios, 108, 110; organização para as eleições, 96-7, 99; reuniões, 102-4, 119
comunidade negra de San Francisco: complexidades da questão da reurbanização, 105; líderes, 88, 102; no Distrito de Fillmore,

105; Power e emprego em, 83; *ver também* comunidade de Bayview Hunters Point

Concerned Women for America, 32

Conferência da Liderança Cristã do Sul (SCLC), 64, 167, 201

Conjunto Habitacional Alice Griffith, 107

Conscience of a Conservative, The (Goldwater), 30

Conselho Americano de Intercâmbio Legislativo (Alec), 31

Conselho de Pesquisas sobre a Família, 32-3

Conselho de Política Nacional, 33

Conselho Trabalhista de San Francisco, 107-8

conservadores sociais, 33

construção de coalizões, 96-7

"Counted, The" (projeto do *The Guardian*), 148

covid-19 (coronavírus), 224

Crenshaw, Kimberlé, 55, 181, 183

Cruz, Ted, 208

Cullors, Patrisse, 9; ação judicial por protesto em Baton Rouge, 315; conversa sobre a absolvição de Zimmerman, 144; efeito da entrevista na CNN, 295, 297-8; em Ferguson, 306-7; fundação e promoção inicial do BLM, 154; logo do BLM, 154; origens, 155, 201; perfil na mídia, críticas, 300; prêmio Agentes de Mudança na Comunidade, 214; prêmios, 296

Cyril, Janet, 250

D'Emilio, John, 268

Daly, Chris, 95, 97

Davis, Angela, 219

Davis, Jordan, 170

Deen, Paula, 156

Dellums, Ron, 140

Departamento de Polícia de Oakland, 138-40

Departamento Municipal de Transportes de San Francisco, 135

Design Action Collective, 154

desigualdade e ordem social natural, 28

"Desmarginalizando a interseção de raça e sexo" (Crenshaw), 55

direita cristã e nova direita, 31

direita religiosa: infraestrutura de suas organizações ativistas, 32; Partido Republicano e, 32-3; valores familiares, 44

direitos civis sob Reagan, 35-6, 39-40, 46

discriminação por gênero: desigualdades salariais, 46, 243; líderes da hegemonia cultural americana, 273-4; papéis das mulheres nos movimentos pela mudança, 201, 245, 249, 318, 320; rigidez dos papéis de gênero, 272-3; sob Reagan, 46, 48

Distrito de Fillmore, San Francisco, projeto de reurbanização, 105

diversidade étnica, 117

Dobson, James, 32

dor, efeito nos relacionamentos, 335-7

Dream Defenders, 152, 316

Duncan, Arne, 212

educação: necessária para construir as bases, 270; sobre sexualidade humana, 266-9; *ver também* educação política

educação política: como ferramenta, 265; dinâmica do poder e, 269; forma de educação entre pares, 266-7; forma de educação popular, 266; oposição à, 42; para a atividade organizativa, 78; racialização do ensino público e, 270

educação sexual, 266-9
eleições: de 1980, 32; de 2008, 209; de 2016, 207-22, 258; de 2020, 223-5; Comitê de Ação Política Our Future Is Black, 326; importância das, 206, 221; organização da comunidade, 96-7, 99; propostas de medidas para consulta pública, 93, 97-8
Elzie, Johnetta: ação judicial por protesto em Baton Rouge, 315; grupo ativista de mulheres em St. Louis, 307; grupo intergeracional de organizadores, ativistas, teóricos e praticantes, 309; informativo com Mckesson, 306
Emanuel, Rahm, 212
Emenda da Vida Humana, 46
Emenda dos Direitos Iguais, 32, 45
empoderamento, 81
emprego: assédio sexual no, 46-8; campanha Fight for $15 pelo salário mínimo, 159; discriminação salarial contra as mulheres, 46; discriminação salarial por gênero e raça, 46, 243; exigências da Tanf, 62; iniciativas da Power em San Francisco, 83; proteções para trabalhadoras domésticas, 234; salário mínimo sob Reagan, 36, 42
encarceramento de negros: Hillary Clinton e, 217; índice atual, 195; sob Bill Clinton, 58; sob Obama, 211; sob Reagan, 38, 49
escravidão e patriarcado racializado, 253
Estaleiro Naval de Hunters Point, 85, 87, 99, 107, 110
estereótipos, 117-8
eugenia, 269
exigências de assinaturas para consulta pública, 95

exigências de renda para moradia acessível, 95
falta de moradia sob Reagan, 37
Fanon, Frantz, 19
FBI, 65
feminismo: interseccionalidade e, 24, 55; Mami e, 22-3; negro, 74-5, 232-3; ódio aos homens e, 254; ver também patriarcado; patriarcado racializado
Ferguson, Missouri: assassinato de Brown, 158; Caminhada Black Lives Matter pela Liberdade, 159-60, 167; como ponto de inflexão, 168-9; Cullors em, 306-7; Fim de Semana da Resistência, 161, 166; história, 13, 165-6; Jesse Jackson e, 168-9; liderança negra e, 168-9; Mckesson em, 306-7; organização dos protestos, 159-65; Sharpton e, 168-9
figura de linguagem da responsabilidade pessoal adotada por alguns negros, 61; Clinton e, 58, 62; como figura de linguagem da direita adotada por setores mais amplos da sociedade, 149; Obama e, 149-50; Reagan e, 37; usada como desculpa para falhas sistêmicas, 149-50
Fim de Semana da Resistência, 161, 166
Fiorina, Carly, 208
Focus on the Family (programa de rádio), 32
Ford, Christine Blasey, 261
Fórum Social dos Estados Unidos, 121-3, 161, 246-8
Freedman, Estelle, 268
Freire, Paulo, 266
frentes populares: em comparação a frentes unidas, 281, 283, 287; exemplos, 283-5

Índice remissivo 349

frentes unidas: descrição, 285, 287; em comparação a frentes populares, 281, 283, 287
Fundo de Ação Black to the Future, 326

gangsta rap, 51, 59-60
Garza, Alicia: ação judicial por protesto em Baton Rouge, 315; antecedentes familiares, 19, 21; aprendizagem da atividade organizativa, 201; atividade organizativa nos protestos de Ferguson, 159-65; efeitos da entrevista na CNN, 295, 297-8; experiências com abordagem policial, 128-33; formação, 41, 73; fundação e desenvolvimento inicial do BLM, 153-4, 156; grupo intergeracional de organizadores, ativistas, teóricos e praticantes, 309; importância da atividade organizativa, 71; infância e adolescência num bairro branco, 51-3, 59-60, 72; investidas sexuais contra, 246, 250; Mckesson e, 306-10; no Fórum Social dos Estados Unidos, 246-8; percepção de sua identidade própria, 76; prêmio Agentes de Mudança na Comunidade, 214; prêmios recebidos, 214, 296; reação à absolvição de Zimmerman pelo assassinato de Martin, 142-4, 151; tuíte sobre o assassinato de Stanley-Jones, 141; tuítes sobre o assassinato de Grant, 139; uso de mídias sociais para mobilizar protestos, 139-40
Gates, Henry Louis, Jr., 146
gentrificação: aquisição de terrenos, 99; como elemento positivo, 106; como sinônimo de desenvolvimento, 86; em Bayview Hunters Point, 81-112, 134

Gilbert, Tanaya, 136
Goldwater, Barry, 30
governo como problema e não solução, 34
Gramsci, Antonio, 271-2
Grant, Oscar, 136-9, 261
Grant, Tatiana, 137
Gray, Freddie, 170
Greenaction for Health and Environmental Justice, 97
Guardian, The, 148
Guerra às Drogas, 37, 49, 58
Guerra às Gangues, 58

Hamer, Fannie Lou, 250
hampton, dream, 156
Hampton, Fred, 63
Hands Up United, 165
Harding, Kenneth Wade, 134-5
Harris-Perry, Melissa, 296
hashtags e movimentos, 11, 27
hegemonia cultural: branquitude como parte essencial da americanidade, 269, 272, 275, 277; como imposição do "senso comum" pelo Estado, 271-3; descrição, 271; guerras dos anos 1980, 44; homens como líderes, 274; orientação sexual, 269, 272-3, 277-80; penalização, demonização e romantização da negritude, 51-2, 54, 59-60, 72-3; poder e normas modeladoras, 236; predomínio do estilo sobre o conteúdo, 14; racismo disfarçado, 236; relação com a política, 276-80; rigidez dos papéis de gênero, 273; usada por Trump na ascensão ao poder, 274-5
hemisfério Sul e Reagan, 35, 39
Heritage Foundation, 31
Higginbotham, Evelyn Brooks, 169-70
Hill, Anita, 54, 55

hiv/ aids, 42, 44, 76, 278, 279
Holliday, George, 56
Houston, Whitney, 45
Huggins, Ericka, 250

Imes, Suzanne, 240
indivíduos transgênero: discriminação e, 46, 235, 273; hegemonia cultural e, 197, 272; violência contra, 272
interseccionalidade: como prática e arcabouço, 183-4; Hill como exemplo de feminista, 55; movimentos e, 183; poder e, 181; primeiras aulas de Garza sobre feminismo, 24
Intimate Matters (D'Emilio e Freedman), 268

Jack'd (aplicativo), 180
Jackson, Espanola, 89
Jackson, Jesse: campanha para indicação democrata à presidência, 41; Ferguson e, 168-9; formação, 64-5; política da respeitabilidade e, 169; política de apadrinhamento e, 65-6
Jackson, Michael, 45
Jay-z, 280
Jeantel, Rachel "Dee Dee", 125-6
Jindal, Bobby, 208
Johnson, Wanda, 137
Jones, Van, 300

Kavanaugh, Brett, 261
King, Martin Luther, Jr.: assassinato, 63; como liderança religiosa e movimento pelos direitos civis, 167, 290; conflitos com outras organizações pelos direitos civis, 15; importância, 178, 201, 250, 289, 320; Jesse Jackson e, 64-5; Reagan e a criação do Dia de Martin Luther King, 39

King, Rodney, 56
Koon, Stacey, 56

Laboratório de Defesa Radiológica da Marinha, 100
Law & Order: Special Victims Unit (seriado de tv), 156
Lei contra o Abuso de Drogas (1986), 37-8
Lei da Violência contra Mulheres (1994), 58
Lei de Controle e Punição de Crimes Violentos (1994), 58
Lei de Responsabilidade Pessoal e Oportunidade de Trabalho (1996), 61, 63
Lemon, Don, 296
Lennar Corporation, 99, 102, 107
líderes e lideranças: apelo aos brancos na seleção e promoção de negros, 301; blm, 200-5; capacitação das mulheres para a liderança, 249; comunidade negra de Ferguson, no Missouri, 168-9; na comunidade negra de San Francisco, 88, 102-4; criticadas quando se tornam celebridades, 300-1, 303; descentralizadas, 200-1; foco na liderança versus foco na organização de movimentos, 178; no Fórum Social dos Estados Unidos, 246-7; homens líderes na hegemonia cultural americana, 274; lidando com a celebridade, 289-90; nas mídias sociais, 293-4; no movimento pelos direitos civis, 63-4, 167, 201, 236; mulheres negras como ameaça aos homens negros, 253; mulheres negras como líderes e patriarcado racializado, 255; mulheres relegadas a papéis de apoio, 245, 249; palatabilidade para os detentores do po-

Índice remissivo

der, 317, 319; tipos de liderança nas organizações, 200-5; *ver também* líderes negras; líderes negros líderes negras: capacitação, 249; como ameaça a homens negros, 253; na comunidade negra de San Francisco, 89; mulheres relegadas a papéis de apoio, 245, 249; patriarcado racializado, 255

líderes negros: apadrinhamento e política do jabá em San Francisco, 89, 102-4; apelo aos brancos na seleção e promoção, 301; BLM, 200-2, 204-5; comunidade de Ferguson e, 168-9; movimento pelos direitos civis, 63-4, 167, 201, 236; mulheres líderes como ameaça a homens líderes, 253; *ver também* líderes negras

"Like a Prayer" (canção), 45

López, Ian Haney, 34

Lorde, Audre, 74, 337

Los Angeles, espancamento de Rodney King e revolta, 56-7

Madonna, 45

"Maioria Moral", 32

Malcolm X, 63, 201, 289-90, 293

Mami (mãe de Garza): agente correcional na prisão, 47, 49; câncer e morte de, 331-5, 340-1; características, 22-5; casamento com o padrasto de Garza, 50; conselho quanto a investidas sexuais, 24; origens, 20

Marshall, Thurgood, 54

Martin, Roland, 296

Martin, Trayvon, 125-6, 141-2, 145-6, 149, 151

masculinidade e homens negros, 253

Maxwell, Enola, 89

May 1st Alliance for Land, Work, and Power, 285-6

McBride, Renisha, 156, 158, 171

Mckesson, DeRay: BLM, 307-15; em Ferguson, 306-7; Garza e, 306-10; Hillary Clinton e, 310; como líder de movimentos ativistas, 318-9; protestos de Baton Rouge, 315; uso de mídias sociais na campanha para prefeito, 179-80

Medicaid, 36

Mehserle, Johannes, 137, 139-40, 261

mídia: BLM e mídia tradicional, 295-8; perfis de líderes encobrindo os movimentos, 300-1, 303; *ver também* mídias sociais

mídias sociais: como conectoras, 258, 263; importância para eficácia dos movimentos, 139-40, 179-80, 303, 305; para divulgar mensagens, 260; perfis de líderes, 293-4; presença do BLM nas, 153-5, 189, 294; relacionamentos e, 263; uso por Mckesson na campanha para prefeito, 179-80

Milano, Alyssa, 314

Missourians Organizing for Reform and Empowerment (More), 159, 162, 165

Moore, Darnell, 157-9, 306

Mothers of the Movement, 218

Movement for Black Lives, 310, 315

movimento conservador: ampliação com ações de Clinton, 58-9, 61-2; assassinatos de pessoas negras como resultado de falta de responsabilidade pessoal, 149-50; crenças, 28; crescimento, 30; neoconservadores e, 31; nova direita e, 31-2; raízes do movimento atual, 29

movimento conservador da direita: assassinatos de negros como resultado de falta de responsabilidade pessoal, 149; direita religiosa

e, 32-3, 44; figura da responsabilidade pessoal, adoção pela sociedade, 149; no movimento conservador, 31-2 movimento pelos direitos civis: assassinato de líderes, 63; atual, 235; figuras masculinas carismáticas como líderes, 64; foco na liderança versus organização do movimento, 178; líderes tradicionais, 167, 201; mulheres excluídas da história, 249
movimentos pela mudança: alargando-se além do coro, 262; base como alicerce, 258, 260; capacitação das mulheres para papéis de liderança, 249; características básicas, 11; construção de relações e êxito, 71, 81-3; controle de natalidade para as mulheres, 269; crise da aids e, 44; educação política, 265-71; elementos para o êxito, 177, 180; fatores definidores, 12; foco sobre os líderes versus foco sobre a organização, 178; frente unida, comparação com frente popular, 281, 283, 287; hashtags não criam, 11, 27; homens em posições de liderança, 201, 245, 247; importância das mídias sociais, 139-40, 179-80, 303, 305; interseccionalidade e, 183; necessária diversidade de participantes, 116, 187-93, 287; necessidade de mudar a cultura, 276-7; necessidade de organização para o êxito, 262; necessidade de se tornar mainstream, 302; Occupy (2011-12), 114, 202; organizados em torno de visões, 27; papéis das mulheres, 167, 245, 249, 318, 320; perfis midiáticos dos líderes criticados por sombrear, 300-1, 303; preservação,

320; sub-representação dos americanos negros nos movimentos progressistas, 109-10; tensões em Ferguson e, 160; transferência do empoderamento para o poder e êxito, 81; transformativos, 172-4; *ver também* movimento pelos direitos civis; *movimentos específicos*
movimentos revolucionários negros anteriores, realizações de, 26
MTV, 42, 44
mudança social, teoria, 116
Muhammad, Christopher, 285
mulheres: assédio sexual contra, 46-8, 246, 250; capacitação para ocupar a liderança, 249; discriminação salarial por gênero e raça no emprego, 46, 243; excluídas da história, 249; exemplos de mulheres independentes, 45; movimento pelo controle de natalidade e, 269; papéis nos movimentos pela mudança, 167, 245, 249, 318, 320; programas de prevenção da violência contra mulheres, 76; sob Reagan, 45-6; *ver também* discriminação por gênero; líderes negras; mulheres negras; patriarcado; patriarcado racializado
mulheres negras: apoio a Hill, 55; Combahee River Collective, 231; como rainhas da assistência social, 38, 62; comparecimento às urnas em 2008 e 2012, 212; discriminação salarial por gênero e raça, 46, 243; encarceramento, 195; expectativas, 22; igualdade salarial sob Reagan, 46-7; igualdade sexual e, 24; mortalidade materna, 195; patriarcado racializado e expectativas irrealistas, 255; poder das, 111; síndrome do impostor, 241

Índice remissivo

NAACP (National Association for the Advancement of Colored People), 27, 249

Nação do Islã, 97-8, 201, 283-5

Nash, Diane, 250

National Association for the Advancement of Colored People *ver* NAACP

National Domestic Workers Alliance, 116, 161, 323

National Review, 30

negros americanos: âncoras de noticiários, 296; apelo de Obama para investir em garotos e homens negros, 147, 150; Bill Clinton com pauta de direita contra, 58-9, 62-3; capacidade de construção para projetar seu futuro, 13, 322-3, 325-7; como ameaça ao modo de vida americano, 62; como componentes fundamentais da liberação americana, 192-3; como sobreviventes da supremacia branca, 145; divisão na abordagem para resolver problemas da comunidade, 61; dizimação de comunidades não tratada pelo Congresso, 61; Guerra às Drogas como guerra contra, 38, 50; homens, escravidão e patriarcado racializado, 253; importância do trabalho organizado, 193-8; morando em comunidades brancas nos anos 1990, 51-2; mortos por americanos negros, 148; número de assassinatos pela polícia, 148; promoção da pauta de direita, 63; republicanos conservadores, 40, 46; responsabilidade dos políticos, 213; sob Obama, 211; sob Reagan, 36, 38-40, 42, 45-7; sub-representação em alianças progressistas, 109-10; usados pelos Clinton, 210-1; vistos erroneamente como unidade monolítica, 106; *ver também* Bayview Hunters Point, comunidade de; comunidade negra de San Francisco

neoconservadores e nova direita, 31, 33

neoliberalismo (descrição), 35

Netroots Nation, 216

New York Times, 55, 240

Newton, Huey, 63, 149, 201, 250

NGP VAN, 97

nova direita: direita religiosa e, 31; neoconservadores e, 31, 33

O'Malley, Martin, 216

Obama, Barack: americanos negros sob, 211; comentários sobre o caso Gates, 146; eleição de 2008, 209; reação ao assassinato de Martin e à absolvição de Zimmerman, 146-8, 150

Occupy Wall Street, Movimento (2011-12), 114, 202

Operação Cesta de Pão, 64

Operação Povo Unido para Servir à Humanidade, 64

ordem social natural e desigualdade, 28

organização: base multirracial indispensável, 116, 187-93, 282, 287; base organizacional versus coletividade, 257; coleta de assinaturas, 97-8; construção de relações e sucesso, 71, 81-3; cultural, 277; descrição do processo, 71, 259; educação política, 78; finalidade, 71, 81; formação de coalizões, 96-7; importância de conhecer a comunidade, 106; importância de, americanos negros, 193, 195-8; método de construir relações, 79; mobilização como oportunidade, 261; necessidade para uma mudança sistêmica, 262 organizações: à altura de seus ideais, 181; como comunicadoras de poder, 179; como cruciais para movimentos, 178; liderança descentralizada, 202-3; liderança hierárquica, 201; poder do povo, 264; repleta de líderes, 202; tipos de liderança, 200-5

organizadores: 99% e, 115; autocuidado e, 337-8, 340-2; características, 82-3; frentes populares e, 287; habilidades comunicativas, 291; importância de perguntar, 124; treinamento, 71, 78-9

Organization for Black Struggle (OBS), 159, 165, 316

orientação sexual: hegemonia cultural e, 269, 272-3, 277-80; poder e, 202, 233

Orloff, Tom, 138-9

Parks, Rosa, 27, 249, 289

Partido dos Panteras Negras, 63, 201, 221, 250

Partido Republicano: americanos negros conservadores, 40, 46; direita religiosa e, 32-3; Emenda dos Direitos Iguais e, 45; racismo como fator unificador das facções, 34

patriarcado: como sistema de poder e privilégios, 242; exemplo, em casa, 243; juízos pela lente patriarcal, 208; posições de liderança em movimentos pela mudança e, 201, 245, 247; síndrome do impostor como derivado, 240; ver também patriarcado racializado

patriarcado racializado: concorrência de mulheres e, 242; descrição, 242; efeitos sobre os homens, 252-3; mulheres negras como líderes, 255; no movimento pelos direitos

civis, 250; síndrome do impostor e, 251

Payne, Charles M., 26

Pendleton, Clarence, Jr., 40

People Organized to Win Employment Rights (Power): atividades organizativas em Bayview Hunters Point, 87-8, 91-2; base multirracial, 116; construção de coalizão, 97; delegação no Fórum Social dos Estados Unidos, 121-3; descrição, 83-4; emprego em San Francisco e, 83; Fórum Social dos Estados Unidos, 246-8; May 1st Alliance for Land, Work, and Power, 285-6; projeto de embelezamento urbano com fiação subterrânea na comunidade de Bayview Hunters Point, 90-1, 93; projeto de reurbanização da comunidade de Bayview Hunters Point, 93-105; transporte público gratuito para jovens em San Francisco, 258, 260; uso de ação direta, 93

People United for a Better Oakland (Pueblo), 138

Pirone, Anthony, 137-8, 140

Planned Parenthood, 74, 269

pobres: pobreza como falha individual, 37; rainhas da assistência social e racismo, 38, 62; sob Reagan, 35-6, 41

poder: como missão e finalidade da atividade organizativa, 81; definição, 81; educação política e dinâmica, 269; elementos moldadores das relações de poder, 74; de governança, 327; interseccionalidade e, 181; liderança descentralizada e, 200-1; organizações como comunicadoras de, 179; orientação sexual e, 202, 233; patriarcado como sistema de, 242; das pessoas

Índice remissivo

nas organizações, 264; política como arena de, 206; política identitária e, 233-8; racismo como forma de manutenção de, 48, 115, 235; relações desiguais como normais, 115; "senso comum" como valores, regras e sua lógica, 271; transformação do empoderamento em, 81-2; uso da hegemonia cultural por Trump para subir ao, 274-5; uso da tática de escalada para obter, 91-3

polícia e policiamento: abuso contra homens negros, 126-7; assassinato de Grant, 136-40, 261; assassinato de Harding, 134-6; assassinato de Rodney King, 56-7; assassinato de Stanley-Jones, 140; Clinton e, 58-9; experiências de Garza, 128-33; fiscalização de passagens no transporte público, 135; número de assassinatos de americanos negros, 148; Obama e, 211-2; práticas predatórias, 169; tiroteio de policiais de Dallas e Baton Rouge, 220-1; violência tida como inevitável, 12

"política da respeitabilidade", 169, 171
política de apadrinhamento, 102-4
política do jabá, 102-3
política identitária, 226-38
porcelana satsuma, 10
Povo Unido para Servir à Humanidade, 64
Powell, Laurence, 56
Power U, 316
Power ver People Organized to Win Employment Rights (Power)
Procura-se Susan desesperadamente (filme), 45
programas sociais: perda sob Reagan, 35-6; Power e "reforma da assistência social", 83; sistemas de

opressão e, 76; sob Bill Clinton, 61-2
Projeto de Organização de San Francisco, 107-8
projetos de embelezamento urbano, 90-1, 93
projetos de reurbanização: coalizão da incorporadora, 107-8; compra de terrenos, 99; comunidade de Bayview Hunters Point, 86-7, 93-105, 107-8; "consultores comunitários" da incorporadora, 103; no Distrito de Fillmore, 105; exigências de renda para moradia acessível, 95; favorecendo moradores da comunidade, 105; reuniões comunitárias, 102-4
Proposição F, 99, 110
Proposição G, 107, 110
protestos: após absolvição de Zimmerman pelo assassinato de Martin, 152-3; eficiência tática, 215; enforcamento de Bland, 216

racismo: como fator de união nas facções do Partido Republicano, 34; como forma de manter o poder, 49, 115, 235; contestação, 119, 121; criminalidade de americanos negros, 149; diferenças salariais, 243; discussões após o espancamento de King, 57; disfarçado ver racismo disfarçado; expresso em esfera privada, 118-9; expresso publicamente, 119; programas sociais e, 36; proteções para trabalhadoras domésticas e, 234; rainhas da assistência social e, 38, 62; tratamento diferenciado de crianças negras e brancas, 52-3; uso de metáforas, 57
racismo disfarçado: Hillary Clinton e, 208, 210; moldagem de normas

culturais e, 236; Reagan e, 34-7, 39; Trump e, 221

racismo reverso, 39

Ransby, Barbara, 26

Ratcliff, Mary, 101

Ratcliff, Willie, 101

Reagan, Ronald: aumento da desigualdade econômica, 36, 42; características, 34; eleição de, 32; Guerra às Drogas, 37, 49; HIV/aids e, 43, 279; mulheres e, 45-6; negros americanos e, 36-41, 45; neoliberalismo e, 35; origens políticas, 30; programas de redes de segurança, 36; racismo disfarçado e, 34-7, 39; racismo reverso e, 40; relações internacionais, 35, 39; responsabilidade pessoal e, 37; salário mínimo sob, 36, 42; uso dos conservadores negros por, 40

Rede de Ação Nacional, 64

Rede Mundial Black Lives Matter, 200, 294, 310, 315

"reforma da assistência social": Power e, 83; racismo e rainhas da assistência social, 38, 62; sob Bill Clinton, 61-2

relações: construindo relações em Bayview Hunters Point, 87-8, 91-2; construindo relações em Ferguson, 159-65; efeitos do trauma e da dor nas, 335-7; em sistemas de opressão, 76; método de construir relações, 79; mídias sociais e, 263; multirraciais como fundamentais, 113, 115; necessidade de ampliação, 111-2; poder desigual como normal, 115; poder e, 74; sucesso dos movimentos e, 71, 81-2

revitalização urbana como "remoção dos pretos", 84

Riders, 138-9

Rogers, "Mama" Jamala, 159, 317

Rubio, Marco, 208

San Francisco Women Against Rape (SFWAR), 76-7

San Francisco, comunidade negra de ver comunidade negra de San Francisco

Sanders, Bernie: antecedentes, 207; eleição de 2016 e eleitores negros, 207, 211, 214, 216-8; eleição de 2020, 224

Sanger, Margaret, 74, 268

Schmieder, Karlos Gauna, 277

Schultz, Debbie Wasserman, 215

SCLC (Conferência da Liderança Cristã do Sul), 64, 167, 201; ver também King, Martin Luther, Jr.

segregação: de bairros, 117; usada para manter o poder, 115

"senso comum": como valores, normas e lógica dos detentores do poder, 271; como imposição da hegemonia cultural, 271-3

Service Employees International Union, 159

sexualidade humana, educação sobre, 266-9

Sharpton, Al, 64-6; Ferguson, 167-9; política da respeitabilidade, 169

Sierra Club, 97

síndrome do impostor, 240-1, 251

solidariedade verdadeira, 196

srta. Linda (bibliotecária da comunidade de Bayview Hunters Point), 91

St. Louis, área de, 163; ver também Ferguson, Missouri

Stand Your Ground, lei, 152

Stanley-Jones, Aiyana, 140

Sterling, Alton, 220

subúrbios, mudança de brancos para os, 58

Suprema Corte, 54-5

Índice remissivo

teoria da mudança social, 116
This Is the Movement (informativo), 306
Thomas, Clarence, 46, 54-5
Tometi, Opal, 9; ação judicial por protesto em Baton Rouge, 315; desenvolvimento inicial do BLM, 155; origens, 155; prêmio Agentes de Mudança na Comunidade, 214; presença do BLM nas mídias sociais, 153-4
transporte público de San Francisco, 134-5
Trump, Donald: eleição de 2016, 207; racismo disfarçado, 221; sobre o tiroteio nos policiais de Dallas e Baton Rouge, 221; uso da hegemonia para ascensão ao poder, 274-5

"unidade preto-marrom", 187-90
"unir para lutar", princípio, 115

"valores familiares", 44
vídeos: assassinato de Grant, 137-8; espancamento de King, 56
violência intercomunal, 149
visões como eixos de organização dos movimentos, 27

Wafer, Ted, 156
Warren, Elizabeth, 224
#WeAreNotTrayvonMartin, 154
West Oakland, California, 79
West, Kanye, 173
Westbrook, Elouise, 89
Weyrich, Paul, 31
White, Ryan, 43
Wilson, Darren, 158, 170
Wilson, Starsky, 160
Wind, Timothy, 56

"X-ennials", 49

Zimmerman, George, 125-6, 141, 143-7, 150, 152-3

ESTA OBRA FOI COMPOSTA POR MARI TABOADA EM DANTE PRO E
IMPRESSA EM OFSETE PELA LIS GRÁFICA SOBRE PAPEL PÓLEN SOFT
DA SUZANO S.A. PARA A EDITORA SCHWARCZ EM JULHO DE 2021

A marca FSC® é a garantia de que a madeira utilizada na fabricação do papel deste livro provém de florestas que foram gerenciadas de maneira ambientalmente correta, socialmente justa e economicamente viável, além de outras fontes de origem controlada.